哈佛大学
1000个思维游戏

Harvard University 1000 Mind Games

程思宇◎编著

民主与建设出版社
Democracy & Construction Publishing House

图书在版编目（CIP）数据

哈佛大学1000个思维游戏 / 程思宇编著. -- 北京：
民主与建设出版社, 2016.7

ISBN 978-7-5139-1180-1

Ⅰ.①哈… Ⅱ.①程… Ⅲ.①智力游戏—青少年读物
Ⅳ.①G898.2

中国版本图书馆CIP数据核字(2016)第144945号

©民主与建设出版社，2016

出 版 人	许久文
责任编辑	李保华
封面设计	尚世视觉
内文排版	许　可
出版发行	民主与建设出版社
电　　话	（010）59417745　59419770
社　　址	北京市朝阳区阜遒东大街融科望京中心 B座601室
邮　　编	100102
印　　刷	三河市金泰源印务有限公司
成品尺寸	170mm×240mm
印　　张	16.5
字　　数	310千字
版　　次	2016年7月第1版　2016年7月第1次印刷
书　　号	ISBN 978-7-5139-1180-1
定　　价	35.00元

前　言

　　让孩子拥有良好的智力是每个家长的愿望。因为拥有好的智力意味着孩子学习成绩会好，孩子的学习成绩好了，就有可能取得好的成就。而这正是每个家长对孩子最大的期许。

　　智商高低虽然与遗传有关，但是孩子的大脑拥有非常强的可塑性。很多人后天的成功关键都在于后天对大脑的开发和利用。孩子的潜能是巨大的，只要家长引导得当，孩子的智力就会得到提升。

　　青少年时期，是人一生中成长的关键期，此时的大多数孩子都拥有强烈的好奇心和求知欲，如果家长能够抓住孩子的思维发展特点，给孩子做一些思维游戏题，无疑会刺激孩子的脑部发育。

　　因为在做思维游戏的过程中，需要发挥想象力，突破固有的思维模式，不断地设想、判断、推测，还需要很大的耐心，多角度、多层次地审视其中的问题。所以，思维游戏能在给孩子带来乐趣的同时，全面提升他们的辩证思考能力、数理思考能力、空间想象力、逻辑思维能力、速算能力、创造性思维能力、手脑能力、逻辑推理能力等，充分挖掘孩子的大脑潜能和智力极限，为孩子将来的成功打下良好的基础。

下面这个例子便是一个很好的例证：一个公司在面试员工时出了这样一道题：在一个下大雨的晚上，你开着一辆车，经过一个公交站台，发现有三个人正在焦急地等公共汽车：一个是生重病的人，需要马上被送往医院；一个是医生，他曾经救过你母亲的命，你一直想报答他；还有一个人，是你的梦中情人，你一直梦想和她结婚，错过就没机会了。但是你的车只能够载一个人，你会如何选择呢？

　　很多人看到这道题目都觉得为难，似乎难以三全其美。结果在多个来应征的人中，只有一个人被录用了，他说："我会给医生车钥匙，让他带着病人去医院，而我则留下来陪我的梦中情人一起等公车！"

　　相信大多数人都认为以上的回答是最好的，但又有几个人会想到呢？这个问题的解决需要人平时就具备很强的思维能力，这样在关键时刻才能够解答出来，把握住机会。

　　看了上面的故事，相信你一定知道了拥有良好的思维能力和智力的重要性。为了帮助家长朋友们提升孩子的智力，我们特意精选了全世界优秀的人都爱玩的思维游戏供青少年朋友阅读、思考，一起进入思维游戏的奇妙世界，对于培养优秀的人才是很有益的。

　　本书精选了哈佛大学1000个顶级的思维游戏，通过这些游戏，读者不但能够掌握全世界优等生都在用的思维方法和人类思维宝库中最有用的黄金思维训练，还可以逐步提升解决问题、辨别真伪、开拓创新的思维体系。本书是每一个渴望成功的学子不能不读的益智游戏经典读物。

目 录

第一章 咬文嚼字

——训练辩证思考力的思维游戏

1. 左边的左边是左边吗

蕊蕊在学校做游戏的时候，老师提出了一个问题：你的左边的左边的同学还是在你的左边吗？大家可以自由组合一下队列，然后告诉我答案。

蕊蕊低头看了一下，左手右手，我们很容易就可以分得清楚。可有时候，却又不是那么回事儿。比如说蕊蕊的左边是蕾蕾，蕾蕾的左边是露露，露露的左边是森森，那么请问森森永远都会在蕊蕊的左边吗？蕊蕊看看周围的同学，心里忽然一亮，有了答案。

2. 天气预报

爸爸正在看天气预报，然后他对雨晴说："爸爸给你出一个天气预报的题，看看你能不能猜出来？"

下面是北京、上海、天津、重庆4个城市今天的天气预报。我先告诉你这4个城市中有3种天气情况，北京和天津的天气相同，上海和重庆没有雨。那么我下面的4个推论哪一个是不正确的？

①北京小雨
②上海多云
③天津晴
④重庆晴。

3. 老山羊买外套

一山对爸爸总是有问不完的问题，爸爸决定反过来考考一山，好奇的一山认真地听着爸爸的这次考问，爸爸慢条斯理地说："小白羊、小黑羊、小灰羊一起上街各买了一件外套。3件外套的颜色分别是白色、黑色、灰色。在回家的路上，一只小羊说：'我很久以前就想买白外套，今天终于买到了！'说到这里，他好像发现了什么，惊喜地对同伴说：'今天我们可真有意思，白羊没有买白外套，黑羊没有买黑外套，灰羊没有买灰外套。'小黑羊说：'真是这样的，你要是不说，我还真没有注意到这一点呢！'"

爸爸笑着说："你能根据它们的对话，猜出小白羊、小黑羊和小灰羊各买了什么颜色的外套吗？"

4. 谁是第一

在阿紫埋头写字时，爸爸告诉阿紫，在中国的古代，曾经有一位皇帝很爱好书法。那位皇帝经常与臣子一位非常有名的书法家研习书法。有一次，他与书法家比试书法，两人各写一幅字后，皇帝问那位书法家："你说说看，我们两个人的字，谁的字可以得第一名？"

书法家听后，不禁感到很为难，因为这个问题很难回答，如果说皇帝的字比自己的好，明显是一句谎话，只会使皇帝不高兴；如果说皇帝的字不如自己，又会使皇帝感到没面子，可能会恼羞成怒，降罪于自己。

最终，书法家想到了一句很巧妙的回答。皇帝很快就领悟了书法家的言外之意，哈哈一笑，也就作罢，不再提这件事情了，而书法家也顺利地逃过了一次危险。爸爸摸摸阿紫的头说："你知道书法家是怎样说的吗？"

5. 百元钞票

周末，妈妈要去百货公司，爸爸跟琼枝作陪。百货公司里挤满了顾客。妈妈去试衣服了，琼枝跟爸爸坐在椅子上百无聊赖。这时，一个小青年挑好了自己喜欢的服装后，从钱包里掏出了钱，交给售货员。售货员见是一张断成两截的一百元钞票，就笑着对他说："你把它粘好了再来买吧。这衣服我给您留着。"可是这位小青年不乐意，理直气壮地说："这票子是刚才我在那儿买东西时，售货员找给我的，你不收不行。"说着指了指前面的柜台。售货员听后，笑了笑说："年轻人，说话要老实。"小青年不等她说完，马上气势汹汹地说："你也不过去问问，怎么就随便下结论？"售货员对着他的耳朵低声说了一句话，小青年马上偃旗息鼓，收起了自己的钞票。爸爸问琼枝："你知道售货员对他说了什么吗？"

6. 验证一句话

爸爸带着冰儿去参观科技馆，科技馆的讲解员带着他们参观，一边走一边讲解。在一台人工智能专家发明的预测机跟前，讲解员给他们讲了一件有趣的事情，他说："人工智能专家发明了这个预测机，任何一个人都可以问它：一小时之中会不会发生某件事。如果预测机预知这件事会发生，就亮绿灯，表示'会'；如果亮红灯，就表示'不会'。这个机器一经推出受到很多人的欢迎，特别是警察局的警员。因为这样可以减轻他们的工作任务，只有局长不高兴，因为他知道预测机根本就不可靠。用一句话就可以验证。"

冰儿听到这里，觉得很有趣，急忙问道："讲解员叔叔，局长到底说了一句什么话？"

讲解员笑呵呵地说道："小朋友你猜猜看。"

冰儿想了想，但是想不出来，她看着爸爸。爸爸想了一下，笑着说了一句话，讲解员听了以后，微笑着点点头，表示答案对了。

那么正确的答案是什么，你知道吗？

7. 英语考试问题

帆子的邻居哥哥是个大学生，最近这位哥哥参加了六级考试，他说他们班的考试结果出了问题。到底出了些什么问题呢？

因为考试结束以后，班里的很多同学就考试结果作了如下猜测：

甲：所有的人都通过了。

乙：班长没通过。

丙：肯定有人没通过。

丁：不会所有的人都没通过。

如果上述猜测中，只有一项是失实的，那么是哪一项呢？

A．甲猜错了，班长没通过。

B．乙猜错了，班长通过了。

C．丙猜错了，但班长通过了。

D．丁猜错了，班长没通过。

E．甲猜错了，但班长通过了。

帆子说："我知道哪一项是错误的。"你知道了吗？

8. 猜猜是谁

有一天，卓卓的老师给他们做了这样一个游戏：老师在手上用圆珠笔写了甲、乙、丙、丁 4 个人中的一个人的名字。她握紧手，对他们 4 人说："你们猜猜我手中写了谁的名字？"

甲说：是丙的名字。

乙说：不是我的名字。

丙说：不是我的名字。

丁说：是甲的名字。

4 个人猜完后，老师说："你们 4 人中只有一人猜对了，其余 3 人全部错了。" 4 人听了后，都很快猜出老师手中写的是谁的名字了。

你知道老师手中写的是谁的名字吗？

9. 哪些是一家人

最近，灵子家所在的院子里，又搬来 3 户新邻居。这 3 户中，每家有一个孩子，他们的名字是：虹虹、萍萍、乐乐。孩子的爸爸是赵叔叔、钱叔叔和孙叔叔，妈妈是张阿姨、李阿姨和王阿姨。

说起这 3 家人，灵子的爸爸风趣地说：

（1）赵叔叔家和李阿姨的孩子都参加了少年女子游泳队，乐乐不会游泳；

（2）钱叔叔家的女儿不是萍萍，孙叔叔家的女儿不是虹虹；

（3）孙叔叔和王阿姨不是一家。

爸爸问灵子：哪 3 个人是一家？你知道答案吗？

10. 聪明的老人

古时候有个聪明的老人，他有个打猎的朋友，送给他一只兔子。老人很高兴，当即拿着兔子做菜招待了猎人。几天后，有五六个人找上门来，自称"我们是送你兔子的那位朋友的朋友"，老人便拿出兔子汤招待了他们。又过了几天，又来了八九个人，对老人说："我们是送给你兔子的那位朋友的朋友的朋友。"

老人就给他们端来一碗泥水。客人很诧异，问这是啥？老人会如何回答呢？

11. 谁动了我的奶酪

永永放学后去外婆家玩，正巧3个小堂弟也来外婆家做客，而外婆正在生气。

永永问外婆是怎么回事儿，外婆生气地说，下午她在厨房的盘子里放了一大块奶酪，准备烤面包，中间去超级市场买牛奶，回来发现奶酪不见了，当时永永的3个小堂弟都在场，外婆问他们是谁吃了奶酪，得到的回答如下：

大堂弟说："我吃了，好好吃啊！"

二堂弟说："我看到大哥在吃，我也想吃。"

小堂弟说："总而言之，我和二哥都没有吃。"

永永说："这不就行了，大堂弟都承认他吃了啊，你为什么还生气呢？"

姥姥说："这3个小家伙说考考我，其实他们中有一个人在撒谎，让我猜到底是谁吃了奶酪。"

二堂弟笑着吐吐舌头，说："永永哥哥，你不是参加了学校的福尔摩斯社团吗，你来猜猜是谁吃了奶酪？"

永永想了想，一时判断不出究竟是谁说了谎。姥姥这次却赶在了永永前面说出了答案。

你知道是谁说谎了吗？

12. 国王的难题

从前，有一个国王，他想处死一个囚犯。他决定让囚犯自己选择是砍头还是绞刑。选择的方法是：囚犯可以任意说出一句话来，如果是真话，就处以绞刑；如果是假话，就砍头。

有个聪明的囚犯来到国王面前问："如果我说出了一句话，你们既不能绞死我，也不能砍我的头，怎么办？"

"如果真是那样的话，我就释放你。"国王说。

那个囚犯说了一句话，果然十分巧妙。国王听了左右为难，但又不能言而无信，只好把这位聪明的囚犯释放了。

你知道这位聪明的囚犯说了什么话吗？

13. 坚强的儿子

从前，当古罗马城陷入纷乱的时候，有位母亲对想趁着乱世称雄的儿子这么说：如果你正直的话，就会被大众所背叛；但如果你不正直，就会被神遗弃。反正都没有好下场，你就别强出头了。

这位坚强的儿子不但不放弃，还利用这番话中的盲点说服了他母亲。

你知道他是如何反驳的吗？

14. 到底是什么

老师让同学们辨认一块矿石。甲同学说；"这不是铁，也不是铜。"乙同学说："这不是铁，而是锡。"丙同学说："这不是锡，而是铁。"老师最后说："你们之中，有一人两个判断都对，另一个人的两个判断都错，还有一人的判断一对一错。"看看你的判断，这块矿石到底是什么？

15. 巧断讹诈案

有一次，平原县县令外出，看到一群人围着两个人议论纷纷，便命令停轿下去查问。

一个中年胖子立刻跪倒在地对县令说："我装着15两银子的钱袋被这个年轻人拾到了。可是，他说钱袋里只有10两银子。"

那个年轻人急忙跪下说："老爷，我早晨给母亲买药，拾到了一个装着10两银子的钱袋。因为着急先回家送药，然后母亲催着我回来等失主。这位先生来了硬说里面是15两银子。"

众人都说胖子讹人，替年轻人喊冤。县令见状便问胖子："你丢的银子真的是15两吗？"

"确确实实是15两银子。"胖子肯定地回答道。

县令当即说了两句话，众人都拍手称快。

请问：县令说了两句什么话？

16. 王子吃鱼

罗马国王对王子说："这儿有一个鱼块，假如你猜出是什么鱼就给你吃。用什么手段都可以，不过有一条，就是不许问鱼的名字。"

王子猜不出是什么鱼，但他说了一句话，使国王不得不让他吃了鱼块。猜一猜王子说了什么话？

17. 伯爵的遗嘱

在一个公墓的墙上写着这样一段话。

一位伯爵在临死时给自己的后人留下了这样一封遗嘱：

"我亲爱的家人，现在我将我的东西留给你们，当你们看完这封遗嘱后，就明白我给你们留下了什么：一个人对什么爱得胜过自己的生命，而恨得却胜过死亡或者致命的斗争。这个东西可以满足人的欲望，它是穷人所有的，却是富人所求的，它是守财奴所想花费的，却是挥霍者所保留的。然而，所有人都要把它带进自己的坟墓。"

你能明白这位伯爵给他的后人留下了什么吗？

18. 智者的问题

古代，有A、B两个相邻的国家，A国居民都是诚实的人，B国居民都是骗子。当你问一个问题时，A国居民会告诉你正确的答案，而B国居民给你的答案都是错误的。一天，一个智者独自来到两国中的某个国家。他分辨不清这个国家是A国还是B国，只知道这个国家的人既有本国的居民又有别国的来客。他想问这里的人"这是A国还是B国"，却又无法判断被问者的答案是否正确。智者动脑筋想了一会儿，终于想出一个办法，他只需要问他所遇到的任意一个人一句话，就能从对方的回答中准确无误地判断这是哪个国家。

你知道智者所问的是什么问题吗？

19. 谁在撒谎

有5个学生，在接受学校的小记者团采访时说了下面这些话，请你来判断他们中有几个人撒了谎。

小艾说："我上课从来不打瞌睡。"

小美说："小艾撒谎了。"

小静说："我考试时从来不舞弊。"

小惠说："小静在撒谎。"

小叶说："小静和小惠都在撒谎。"

20. 照片上的人

有一个人在上班时间看照片。当有人问这个人在看谁的照片时，这个人回答说："照片上的人的丈夫的母亲，是我丈夫的父亲的妻子的女儿，而我丈夫的母亲只生了他一个孩子。"

请问，这个人在看谁的照片？

21. 多多的玩具

多多最喜欢买玩具，多多的家简直成了一个玩具世界。

在她的玩具中：扔掉两只之后都是狗；扔掉两只之后都是熊猫；扔掉两只之后都是洋娃娃。

请问：多多都有一些什么玩具？

22. 什么职务

甲、乙、丙是同班同学，其中一个是班长，一个是学习委员，一个是小组组长。现在已经知道：丙比组长年龄大，学习委员比乙年龄小，甲和学习委员不同岁。你知道他们3个人分别担任什么职务吗？

23. 野炊分工

兄弟4个人去野炊，他们一个在挑水，一个在烧水，一个在洗菜，一个在淘米。现在知道：老大不挑水也不淘米；老二不洗菜也不挑水；如果老大不洗菜，那么老四就不挑水；老三既不挑水也不淘米。

你知道他们各自在做什么吗?

24. 谁是老实人

甲、乙、丙、丁、戊5个人当中,有两个人是从来不说谎的老实人,但是另外3个人是总说谎的骗子。

下面是他们所说的话:

甲:"乙是骗子。"

乙:"丙是骗子。"

丙:"戊是骗子。"

丁:"甲和乙都是骗子。"

戊:"甲和丁都是老实人。"

根据以上的对话,请找出老实人是哪两位?

25. 谁是杀人犯

有一位银行行长被谋杀了。警方经过一番努力搜查,将大麻子、小矮子和二流子3个嫌疑犯带回问询,他们的供词如下:

大麻子:"小矮子没有杀人。"

小矮子:"他说的是真的。"

二流子:"大麻子在说谎。"

结果,3个人中有一个人在说谎,不过真正的犯人说的倒是实话。

请问:哪一个是杀人犯?

26. 午饭游戏

星期天,灵灵在家里做一本游戏书里的趣味题,她遇到这样一个题目:

涵涵、德德和特特3个人去餐厅吃饭,他们每人要的不是火腿就是猪排。已知下列情况:

①如果涵涵要的是火腿,那么德德要的就是猪排;

②涵涵或特特要的是火腿,但是不会两人都要火腿;

③德德和特特不会两人都要猪排。

你知道谁昨天要的是火腿,今天要的是猪排吗?

灵灵想了很久,也不知道最终的答案是什么,你知道吗?

27. 聪明的警察

在一次激烈的战斗中,黑社会团体被打掉,有4名嫌疑犯甲、乙、丙、丁被抓,据情报显示,黑帮老大就在这4人里面。审问的时候,他们的回答不同:

甲说:"丙是老大。"

乙说:"反正我不是老大。"

丙说:"乙是老大。"

丁说:"甲是老大。"

其实,这4人只有一人说的是实话,其他人都说的是假话。很多警察糊涂了,但是聪明的警长很快便知道了老大是谁。你知道吗?

28. 难解的血缘关系

比尔、哈文和罗西之间有血缘关系，而且他们之间没有违背道德伦理的问题。现在只知道他们当中有比尔的父亲、哈文唯一的女儿和罗西的同胞手足。但是罗西的同胞手足既不是比尔的父亲也不是哈文的女儿。你知道他们当中哪一位与其他两个人性别不同？

29. 苏格拉底的生死之问

古希腊哲学家苏格拉底认为有知识的人才有美德，才能够治理国家。他因为公开反对与奴隶主民主派关系密切的智者流派，被控以传播异说毒害青年而被判处死刑。法官惜其才，欲拖延刑期。他准备了两瓶外观上毫无差别的酒。一瓶为美酒，另一瓶却为毒酒，让甲乙两个狱吏分别拿着。两个狱吏也知道自己手中拿着的是什么酒。

法官对苏格拉底说："人们都称你为智圣，我想试探你是不是真的有本事。现在你可以问狱吏一个问题，其中一个狱史说真话，另一个狱吏则说假话，你应该怎样问才能喝到美酒？"

苏格拉底该怎么问呢？

30. 真正的出路

3个小孩闯入了一座迷宫；他们在里面走了很久，一直没有找到出口，3个孩子吓坏了。这时，他们走到一个三岔口，发现每个路口上面都写了一句话。第一个路口上写着："这条路通向迷宫的出口。"第二条路口写着："这条路不通向迷宫的出口。"第三条路口上写着："另外两条路口上写的话，一句是真的，一句是假的，我的话绝对不会错。"那么，他们要选择哪一条路才能出去呢？

31. 人和魔鬼

有一个地方的人分为4类：正常人、神志不清的人、正常的魔鬼、神志不清的魔鬼。正常人都说真话，神志不清的人都说假话；对魔鬼来说，正常的都说假话，神志不清的却说真话。

现在要你问一个问题，就确定回答者到底是哪一类人，你能做到吗？

32. 水果在哪个盒子里呢

在桌子上放着4个盒子，每个盒子上都有一张纸条，分别写着一句话。A盒子上写着：所有盒子里都有水果；B盒子上写着：本盒子里有香蕉；C盒子上写着：本盒子里没有梨；D盒子上写着：有些盒子里没有水果。

如果这里只有一句话是真的，你能从哪个盒子里拿出水果来呢？

33. 聪明的纪晓岚

一天，乾隆想捉弄一下纪晓岚，要他回答两个问题。第一个问题是：北京九门每天进出各有多少人？第二个问题是：大清国一年生和死分别有多少人？

纪晓岚第一个问题回答是"两种人"，解释说："两人，一个是男人，一个是女人。"第二个问题回答是说："一年生一人，死十二人。"乾隆想了想，也无话可说。

你知道"一年生一人，死十二人"是什么意思吗？

34. 谁搞错了

3个人在一起散步。第三个人说："第二个人是第一个人的孩子。"但第一个人却反驳说："我不是第二个人的妈妈，他也不是我儿子。"他们的话都是事实，那么是谁搞错了呢？

35. 大家族

爱聊天打发时间的婆婆又在和路人说话了，她告诉路人自己家可是一个大家族：有一位祖父，一位祖母，两位父亲，两位母亲，四位孩子，三位孙子，一位哥哥，两位姐姐，两位儿子，两位女儿以及法律上的一位父亲，一位母亲和一位女儿，大家都住在一起。你知道这一家共有多少人吗？

36. 水果密码

经过破译敌人密码，已经知道了"香蕉苹果大鸭梨"的意思是"星期三秘密进攻"，"苹果甘蔗水蜜桃"的意思是"执行秘密计划"，"广柑香蕉西红柿"的意思是"星期三的胜利属于我们"。那么，"大鸭梨"是什么意思？

37. 谁来代填

某日课后，组长把同学们留下，说："学校发下来一些表格让大家填一下，如果有同学不愿意填，可由组长我代劳，当然，如果愿意填，就不用我费神了。"这时，有一个学生问："组长，你自己的谁填呢？"

"当然我自己填。"组长脱口而出。

"这样不行，"那同学说，"你刚才不是说，自己愿意填的话，你就不帮他填吗？"

"那我就不用填了。"组长又改口。

"这更行不通，因为你还说，不愿意填的你都帮助填。"那同学还是不让，这下可把组长难住了。

这时组长怎样回答才能解围呢？

38. 如何应对

某地有个女孩非常聪明，大人都喜

欢出问题考她，可总也难不倒她。这事传到了县官那里，他决定亲自去为难一下这个聪明的女孩。

一天早晨，他来到了女孩住的村庄，叫人把她喊出来。

女孩一听是县官来访，便急忙出门迎接。打开大门，她前腿刚迈出来，就看见县官站在马蹬上。县官站在马蹬上对她喊道："都说你很聪明，老爷我就考考你，你说我要下马还是要上马？"

女孩一听就知道老爷这是在向她发难，抿嘴一笑，说了一句话。县官马上无言以对，骑马回衙门了。女孩的话是什么？你知道了吗？

39. 到底什么时候会抽考呢

今天上午最后一节课，上的是颖颖最喜欢的数学课。在即将下课的时候，数学老师对大家说："下个星期我会抽考，同学们一定要抓紧时间复习了，不会的题随时可以问我。"

老师讲完后，颖颖问："老师，抽考是什么意思啊？"

老师说："就是在你不知道会有考试的那一天举行考试。"

颖颖下课后和同桌甜甜商量，她认为，下周抽考是不可能的。因为，如果下周五之前没考试，星期五就不会考了，因为大家都知道星期五会有考试，这不符合抽考的含义。所以，下周四也不会有考试。以此类推，可以一直推到星期一，每天都不会有考试。

聪明的读者，你说颖颖的说法是正确的吗？

40. 意外的宝贝

父亲告诉他的女儿："在你面前的这一排盒子里（共10个），分别编号为1号至10号，你转过身去，我将把一个宝贝放在其中的一个盒子里。依次打开盒子，我保证，你将在某个盒子里意外地发现宝贝。"

他的女儿想了想，显然父亲不能把宝贝藏进10号盒子，因为在打开9号盒子以后就会确知宝贝的位置。推演和反推依然生效。所以，她对父亲说："爸爸，按照这样的推理，你根本无法把宝贝放在盒子里。"

而父亲却说一定会让她感到意外的。

请问：这是为什么？

41. 警告错在哪里

一个作者写了一部巨著，书中有很多命题，他仔细检查过这些命题，但没有找到错误的命题。然而作者又坚信：任何一部如此长的书中至少有一个错误。于是，为了避免误导读者，他在书中的序言加了一个警告：本书中至少有一个命题是错误的。一个读者认为这个警告是说不通的。

请问：这个读者为什么说警告是说

不通的？你认为这个警告说的通吗？

42. 吹牛比赛

南希和琳娜是班上的两大活宝，特别受欢迎。他俩有一个共同的特点，就是爱吹牛。自习课上，他俩又开展了一场吹牛比赛，比赛谁吃得多。南希说："我能把江里的水一口喝了，我能把南极洲当蛋糕吃了，我还能把地球当成丸子一口吃了。"琳娜说了一句话，南希输了。你知道琳娜说的是什么话吗？

43. 吹破了牛皮

莎莉犯有吹牛的毛病，一天她向邻居炫耀说："我昨天刚发明了一种液体。无论是什么东西，它都可以溶解，这是最好的溶剂了，我明天就要去申请专利，我很快就要发财了。"邻居觉得很惊讶，虽然不信，但是不知道如何反驳。这时候，一名小孩说了一句话，莎莉立刻傻眼了，谎言不攻自破。你知道小孩说了什么吗？

44. 谁做的好事

甲、乙、丙3位同学中有一位做了一件好事，李老师问他们，谁做了好事？他们"调皮"地说了下面几句话：

甲说："我没有做这件事，乙也没

有做这件事。"

乙说："我没有做这件事，丙也没有做这件事。"

丙说："我没有做这件事，也不知谁做了这件事。"

当李老师追问时，他们承认上面每个人讲的话中都有一句真话、一句假话。根据这些条件，你能分析出到底是谁做了好事吗？

45. 墓地有多少人

在一块墓碑上刻着让人遐思的碑文，它曾经吸引了无数人前来推测和祭奠。这块墓碑的碑文如下：

这里躺着女儿，这里躺着父亲，这里躺着儿子，这里躺着母亲，这里躺着姐妹，这里躺着兄弟，这里躺着妻子和丈夫。

如果包括同母异父或同父异母的关系，埋葬在墓地里的最少有几个人？

46. 他有罪吗

在一起盗窃案的调查中，警官把嫌疑盯在甲、乙、丙3人中，并且得出这样的事实：

盗窃犯是带着赃物骑着摩托车走的；

如果丙和甲一起，丙绝对会作案；

乙不会开摩托车；

罪犯是3个人中的一个或者两个。

那么，在这个案件中，甲有罪吗？

47.巧变"德性"

一辆公共汽车正在行驶。忽然一个急刹车，使后面站着的小伙子倒在前面一位姑娘的身上。姑娘生气地说："德性！"小伙子急忙解释。

小伙子用一句话就给自己解了围，你知道他是怎么说的吗？

48.两只眼睛

有一个百万富翁碰到马克·吐温，问道："你猜得出来吗？我哪一只眼睛是假的？"马克·吐温端详了一阵，便指着他的左眼说："这只是假的。"富翁十分惊诧，不解地问："你怎么知道的？"马克·吐温十分平静地回答："因为你这只眼睛里还有一点点慈悲。"

马克·吐温的话里隐藏的意思是什么？

49.机智解围

舞台的帐幕徐徐拉开，女司仪风度翩翩地走出来。不知被什么绊了一跤，跌倒在地，观众哗然，后台的同事们替她着急。只见女司仪从容立起，神态自若，只说了一句话，观众便掌声四起。

请问，她说了一句什么话？

50.总统的回答

美国总统林肯主张废除奴隶制度，遭到地方奴隶主的反对。一天，他在民众集会上发表公开演讲，有人递上来一张纸条，打开一看，只有两个字："傻瓜"。这显然是挑衅。在公众场合，身为总统，当然不便发作。

这时，只见林肯扫视全场，以很镇静的语调说："本总统收到过很多匿名信，都只见信件正文却不见署名……"说完继续演讲。弄得那个写条子的人很尴尬。

聪明的你，能猜出林肯后面说的是什么吗？

51.漂亮与否

有一次，马克·吐温与一位夫人对坐。他对她说："你真漂亮。"夫人高傲地回答："可惜我实在无法同样地称赞你。"马克·吐温毫不介意地笑说："没关系……"

马克·吐温用一句话就委婉地否定了自己刚才的话。你知道他是怎么说的吗？

52. 钓鱼

一天，英国大作家狄更斯正在湖边钓鱼，一个陌生人走到他跟前说道："怎么，你在钓鱼吗？""是啊。"狄更斯热情地答道，"今天钓了半天，没见一条鱼，昨天也是在这儿，我却钓到15条呢！""噢，是吗？"那人问道，"那你知道我是谁吗？"狄更斯摇了摇头。"告诉你，我是专门检查钓鱼的。本湖禁钓！"说着，他从口袋里掏出罚款单，要记名罚款。见此情景，狄更斯心平气和地反问了一句："你知道我是谁吗？我是作家狄更斯，你不能罚我的款，因为……"那位检查人员一听，还真对这位作家毫无办法。

你知道狄更斯说了什么话，轻松摆脱罚款吗？

53. 婚姻如儿戏

有一个人在婚姻的问题上下不了决心，不知道如何去选择。于是，他想去听听占卦先生的意见。街上有两个占卦先生甲和乙，甲告诉他："我说的话，有60%是正确的。"乙告诉他："我说的话，只有20%是正确的。"这个人想了想，选择乙给他算命了。你知道这是为什么吗？

54. 即兴表演

某个大型电视剧正在紧张的拍摄过程中，因为其中的女一号因病不能够到场，必须紧急寻找一个合适的替身拍一些远景戏。这天剧组举办了一场紧急试演会，有位W小姐前来应征。她独自进入举行试演的房间之后，评审委员说："请做个动作和台词的即兴表演，什么都可以。"W小姐说自己只需要说一句话作为表演就行了。结果没等到试演完毕剧组就不得不采用W小姐了。

你知道W小姐做了一个什么样的表演吗？

55. 我是谁

一个人在描述自己的时候，用了很矛盾的观点，他是如何描述的呢？这个人说："我可以利用自己嘴里的武器吓跑那些欺负你或你朋友的敌人，但是面对儿童举起的砖头，我就不得不马上逃走。你猜猜看，我是谁呢？"

56. 巧妙的提问

狄珊珊非常喜欢探险类的游戏，这天，电视里正在播放一个探险者游戏。一位探险家来到一个猛兽经常出没的村庄里，村里住着老实族和骗子族。探险家想知道今天有没有猛兽出没，就去问一个村民，聪明的探险家问了一个问题就知道今天有没有猛兽出没。

主持人问：观众朋友们，你们知道探险家问了一个什么问题吗？

57. 聪明的扎扎木

聪明的公主吉吉安到了适婚年龄，父亲决定给女儿选一个聪明智慧的夫婿。他出了几道题，要求全国的年轻人来应征，只要谁答对了，就可以娶到公主。但是，美丽的公主吉吉安觉得父王的题目太过简单了，她自己又开动脑筋出了一道题，她身边有金、银、铅3只匣子，只有一只匣子里放着她的肖像，匣子上面各刻着一句话；

金匣子上刻的是"肖像不在银匣中"。

银匣子上刻的是"肖像不在此匣中"。

铅匣子上刻的是"肖像在此匣中"。

吉吉安又说，这三句话之中至少有一句是真话，也至少有一句是假话。谁能根据这些条件猜中肖像放在哪只匣子里，自己就嫁给谁。

全国自以为聪明的年轻男性都聚集在皇宫里，但是只有一个叫做扎扎木的年轻人最终说出了正确的答案。得到了公主的欣赏，并娶了公主为妻。那么，扎扎木的答案到底是什么呢？

58. 没有摔伤的技巧

这天自习课以后，班里的几个同学在一起聊天。其中有个同学问薇薇安："你是解题小能手，我这里有一道题，你能不能解呢？"

薇薇安问同学："是什么题呢？"

同学说了这样一道题："有个人从20层高楼的窗户往下跳，虽然地上没有什么铺垫，但是他落地后却没有摔伤，这是为什么？"

薇薇安听完以后，笑着说出了答案。那么，正确答案是什么呢？

59. 预言家的预言

刘真真在看一部有趣的动画片，动画片里一个国王正要杀一个预言家。在临上刑场之前，国王对预言家说："你不是很会预言吗？你怎么不能预言到今天要被处死呢？我给你一个机会，你可以预言一下今天我将如何处死你。你如果预言对了，我就让你服毒死；预言错了，我就绞死你。"

但是，聪明的预言家回答了这个问题，使得国王无论如何也无法将他处死。刘真真觉得预言家的预言特别聪明。

你知道他是如何预言的吗？

60. 小甜圈

吃早饭的时候，妈妈亲手给磊磊烤了一盒新出炉的香喷喷的小甜圈。正当他打开盒子，准备吃的时候，他的4个好朋友来了，他们看到磊磊的小甜圈，就提醒他大家都应该有福同享，况且以前他们带的零食也都是大家一起分享的。于是磊磊把其中的一半甜圈和半个甜圈分给了小聪；然后把剩下的甜圈里的一半甜圈和半个甜圈分给了光光；接着他又把剩下的一半甜圈和半个甜圈分给了新新；最后，他把盒子里剩下的一半甜圈和半个甜圈分给了烨烨。这样分完之后，可怜的磊磊就一个也没有剩下了。他十分郁闷，想想平时朋友的零食他也没少吃，也就释然了。下次再让妈妈给烤一盒吧。

那么，你能计算出磊磊的盒子里原来有多少个小甜圈吗？当然他没有把盒子里的甜圈掰开两半。

61. 如何提问

甲、乙两人是哑巴，但不聋。他们在一个路口做指路人，甲不会说真话，乙则不会撒谎。他们两个人在回答别人的问题时，只通过点头与摇头来表示。

有一天，一个外地的游人来到这甲乙担任指路人的路口，他的面前出现两条路：A与B，其中一条路是通向京城的，而另一条路是通向一个小村庄的。甲与乙两人他并不认识，也不知道这个

人的"点头"，表示"是"，还是表示"否"。

为了顺利到达京城，他必须问一个问题，才可能断定出哪条路通向京城。那么，这个问题应该怎样问？

62. 什么颜色

现在有3顶红帽子，4顶黑帽子，5顶蓝帽子。让10个人从矮到高排成排，给他们每个人头上戴上一顶帽子。每个人都看不见自己所戴的帽子的颜色，却只能看见站在前面那些人的帽子颜色。也就是说，最后一个人可以看见前面9个人头上帽子的颜色，而最前面那个人谁的帽子都看不见。

若从最后那个人开始，问他是不是知道自己戴的帽子的颜色，如果他回答说不知道，就继续问他前面那个人。最前面那个人一定会知道自己戴的是黑帽子。这个结论是正确的吗？

63. 双胞胎的猜谜游戏

在一个大杂院里住着4户人家，巧合的是每家都有一对双胞胎女孩。这四对双胞胎中，姐姐分别用ABCD表示，妹妹分别用abcd表示。一天，一个游人途经此地，看到她们8个，忍不住问到："你们谁和谁是一家的啊？"

B说："C的妹妹是d。"

C说："D的妹妹不是c。"

A说："B的妹妹不是a。"

D说："他们三个人中只有d的姐姐说的是事实。"

如果只有D的话是真话，那么谁和谁是双胞胎？

64. 是谁偷吃

方太太买了一些水果和点心准备去看望一个朋友，谁知，这些东西竟然被他的儿子们偷吃了，但她并不知道是哪个儿子干的。

方太太非常生气，就盘问4个儿子谁偷吃了东西。

向东说："是向南吃的。"

向南说："是向北偷吃的。"

向西说："反正我没有偷吃。"

向北说："向南在说谎。"

如果这4个儿子中只有一个人说了实话，其他的3个都在撒谎。那么，到底是谁偷吃了这些水果和点心呢？

65. 剩下的一张

薇薇安、卡尔和乔巴玩一种纸牌游戏，一共35张牌，其中有17个对子，还有一个凑不成对的单张牌。

（1）薇薇安发牌，先给卡尔一张，再给乔巴一张，然后给自己一张；如此反复，直到发完所有的牌。

（2）每个人把手中成对的牌打出之后，手中都至少剩下一张牌，而三人

手中的牌总共是9张。

（3）在剩下的牌中，卡尔和薇薇安手中的牌加在一起能配成的对子最多，乔巴和薇薇安手中的牌加在一起能配成的对子最少。

那么，单张牌发给了谁？

66. 真假难辨的一家人

有这样的一个3口之家，父母双方在结婚前，有一个人总是说真话，有一个人总是说假话，结婚后的两个人受到对方的影响，讲真话的人已习惯于每讲3句真话就讲1句假话，讲假话的人，则已习惯于每讲3句假话就要讲1句真话。讲真话的是汉族人，讲假话的是壮族人。而他们的儿子结合两个人的性格，有时说真话，有时说假话，有时真假交替。这家人每人都有自己的数字代号。他们的名字分别是甲、乙、丙。

一家人进行了不记名谈话，根据他们的谈话，我们猜测一下：A、B、C三人的身份，以及他们各自的名字、民族和代号？

他们讲的话如下：

A说：

（1）甲的号码是三人中最大的。

（2）我过去是个汉族。

（3）B是我的妻子。

（4）我的号码比B的大22。

B说：

（1）A是我的儿子。

（2）我的名字是甲。

（3）C的号码是54或78或81。

（4）C过去是个壮族。

C说：

（1）乙的号码比丙的大10。

（2）A是我的父亲。

（3）A的号码是66或68或103。

（4）B过去是个汉族。

67. 谁做得对

这天，学习组的小梅、小涛、小天三个人在一起做作业，有一道数学题很难，当他们三个人都把自己的解法说出来以后，小梅说："我做错了。"小涛说："小梅做对了。"小天说："我做错了。"

在一旁的豆丁看到他们的答案并听了她们的意见后说："你们三个人中有一个人做对了，有一个人说对了。"那么，他们三人中到底谁做对了？

68. 新买的鞋子

小米买了一双漂亮的鞋子，她的同学们还都没有见过这双鞋，于是大家就猜这双鞋的颜色：

小红说："你买的鞋不会是蓝色的。"

小薰说："你买的鞋子不是红的就是黑的。"

小茜说："你买的鞋子一定是黑色的。"

这三个人的看法至少有一种是正确的，至少有一种是错误的。请问，小米的鞋子到底是什么颜色的？

69. 城市对号

几个对地理非常感兴趣的同学聚在一起研究地图。其中的一个同学在地图上标上了A、B、C、D、E5个标号，让其他的同学说出他所标的地方都是哪些城市。

甲说：B是新疆，E是湖南；

乙说：B是湖北，D是河南；

丙说：A是河南，E是辽宁；

丁说：C是湖北，D是辽宁；

戊说：B是湖南，C是新疆。

这5个人每人只答对了一个省，并且每个编号只有一个人答对。你能推理出A、B、C、D、E分别代表哪几个省吗？

70. 熊的谎言

有三只熊：维尔、阿莱、丹尼，在山谷的小溪中捉鱼，它们每个都捉到了一至三条鱼，它们可能各捉到一条，也可能捉到不同数量的鱼。

之后，这三只熊作了如下的发言。若是关于比自己捉鱼多的一方说的话就是假的，此外的发言都是真的。

维尔说："阿莱捉到了2条鱼。"

阿莱说："丹尼捉到的不是2

条鱼。"

丹尼说："维尔不是捉到了1条鱼。"

请问，它们分别都捉到了几条鱼呢？

71. 绘画的颜色

某市举办的画展里展出了："生命""颤抖""痛苦"3幅画。这3幅画分别是"紫色为主的构图""黑色为主的构图""蓝色为主的构图"中的一种，其中至少有一幅画是"紫色为主的构图"的。

看了这几幅画后，3个人作了如下发言。3人的发言之中，每个人只有一个真实的发言，其他2个发言是假的。

塔利说：

（1）"《生命》是蓝色为主的构图。"

（2）"《颤抖》是黑色为主的构图。"

（3）"《痛苦》是蓝色为主的构图。"

菲尔说：

（1）"《生命》是蓝色为主的构图。"

（2）"《颤抖》是紫色为主的构图。"

（3）"《痛苦》不是紫色为主的构图。"

麦吉说：

（1）"《生命》是紫色为主的构图。"

（2）"《颤抖》是蓝色为主的构图。"

（3）"《痛苦》是紫色为主的构图。"

那么请问，"生命""颤抖""痛苦"分别是什么内容呢？

72. 丢失的蓝宝石

一个人的蓝宝石丢了，于是他开始四处寻找。有一天，他接到线索，说是宝石可能在山上的某个小屋，那里有3个小屋。从这3个小屋里分别走出来一个女子：

荷叶轩的女子说："蓝宝石不在此屋里。"

明月轩的女子说："蓝宝石在荷叶轩内。"

晨风轩的女子说："蓝宝石不在此屋里。"

这3个女子，其中只有一个人说了真话，那么，谁说了真话？蓝宝石到底在哪个屋里面？

73. 红色苹果

4个女子拿着红色的苹果，每个人的数量不同，在4个到7个之间。然后，4个人都吃掉了1个或2个苹果，结果剩下的每个人拥有的苹果数量还是各不相同。

4 人吃过苹果后，做了如下发言。其中，吃了两个苹果的人撒谎了，吃了一个苹果的人说了实话。

希尔说："我吃过银色的苹果。"

米娜说："希尔现在手里有 4 个苹果。"

莉娜说："我和洛纳斯一共吃了 3 个苹果。"

洛纳斯说："米娜吃了 2 个苹果；莉娜现在拿着的苹果数量不是 3 个。"

那么，请问最初每人有几个苹果，吃了几个，剩下了几个呢？

74. 谁成绩更好

小兰和小虹是好朋友。有一次，有人问她们："你们谁的成绩更好啊？"

小兰说："我的成绩比较好一点。"

小虹说："我的成绩比较差一些。"

她们这两个人之中至少有一个人没有说实话。那么，到底她们谁的考试成绩好？

75. 谁偷了面包片

有 4 只小老鼠一块出去偷食物，它们都偷到食物了，回来时族长问它们都偷了什么食物。

老鼠 a 说：我们每个人都偷了面包片。

老鼠 b 说：我只偷了一颗饼干。

老鼠 c 说：我没偷面包片。

老鼠 d 说：有些人没偷面包片。

族长仔细观察了一下，发现它们当中只有一只老鼠说了实话。

那么下列的评论正确的是：

A. 所有老鼠都偷了面包片。

B. 所有老鼠都没有偷面包片。

C. 有些老鼠没偷面包片。

D. 老鼠 b 偷了一颗饼干。

76. 真理队和谎言队

一个学校的学生分成两队做游戏，真理队只准说真话、谎言队只准说假话；真理队在讲台西边，谎言队在讲台东边。随便找一个学生上来判断一下，从真理、谎言两队中选出的一个人——小路，看他是哪个队的。

这个学生从真理或谎言队中任意抽出了一个队员，去问小路是在讲台的西边还是东边。这个队员回来说，小路说他在讲台西边。这个学生马上判断出来小路是真理队的，答案正确吗？

77. 4 个测试题

有 3 个人参加的逻辑推理测试，其中有 4 个推理题，每个问题都用 Y（yes）或 N（no）来回答，大东、小雪、萍萍 3 人的回答如下表那样：

	Q1	Q2	Q3	Q4
大东	Y	Y	N	N
小雪	N	Y	Y	N
萍萍	Y	N	Y	Y

这个测试题是一个问题1分，3人的分数不同。在以下发言中，最低分的人的发言是假的。

大东说："问题4的正确答案是N。"

小雪说："大东只得了1分。"

萍萍说："小雪只得了1分。"

那么请问，怎么答题才能得满分呢？

78. 撒谎的糖罐

饭店的餐桌上有4个糖罐，每个糖罐上写着一句话。

糖罐1：每个糖罐里都有薄荷糖。

糖罐2：我的里面有花生糖。

糖罐3：我的里面没有巧克力。

糖罐4：有的糖罐里没有薄荷糖。

以上所述，如果有一句话是真的，那么以下哪种说法为真？

A.每个糖罐中都有薄荷糖。

B.每个糖罐中都没有薄荷糖。

C.每个糖罐里都没有花生糖。

D.糖罐3里有巧克力。

79. 外星来客

有一艘银色的宇宙飞船来到地球，从里面走下来5个穿着奇异服装的美女。其中有几个人是火星人，其余的是水星人。面对新闻媒体的热烈采访，5人的发言如下。这其中有四个人说了真话，有一人撒谎。

甲说："乙和丙两者之中只有一个是火星人。"

乙说："丙和丁之中有一个是水星人。"

丙说："甲和丁之中有一个人是水星人。"

丁说："丙和戊之间至少有一个人是火星人。"

戊说："甲和乙之中有一个人是火星人。"

那么，这5人分别是哪个星球来的呢？

80. 森林里的姐妹

有一个人在一个森林里迷路了，也不知道时间。走着走着，他看到前面有两个小女孩在玩耍，于是他决定过去打听一下。不幸的是这两个小女孩有一个毛病，姐姐上午说真话，下午就说假话，而妹妹与姐姐恰好相反。

但他还是走过去问她们："你们谁是姐姐？"

穿红裙子的说："我是。"

穿黄裙子的也说："我是。"

他又问："现在是什么时候？"

穿红裙子的说："上午。"

"不对"，穿黄裙子的说："应该是下午。"

这下他迷糊了，到底他们说的话是真是假？

81. 星期几

有一个官员，为了确保自己的人身安全，雇了双胞胎兄弟两个做保镖。为了保证官员的安全，他们做出如下行事准则：

（1）每周一、二、三，大哥说谎。

（2）每逢四、五、六，二弟说谎。

（3）其他时间两人都说真话。

官员的一个朋友急着找他，他知道要想找到官员只能问兄弟俩，并且他也知道兄弟两个的做事准则，但不知道谁是大哥，谁是二弟。另外，如果要知道答案，就必须知道今天是星期几。

于是他便问其中的一个人："昨天是谁说谎的日子？"

结果两人都说："是我说谎的日子。"

你能猜出今天是星期几吗？

82. 冠军球队

电视上正在进行世界杯决赛的直播，参加决赛的国家有意大利、德国、巴西、西班牙、英国、阿根廷6个国家。足球迷大壮、白宽、郑浩对谁会获得此次世界杯的冠军进行了一番讨论：

白宽认为，冠军不是意大利就是德国；

郑浩坚定的认为冠军绝不是巴西；

大壮则认为，西班牙和阿根廷都不可能取得冠军。

比赛结束后，3人发现他们中只有一个人的看法是对的。那么是哪个国家获得了冠军？

83. 虚伪部落和诚实部落

有一个人到一片森林探险，不小心迷路了，他只好向当地的土著请求帮助。但是他想起来曾有朋友提醒他：这个地区有两个部落，而这两个部落的人说话却是相反的，即诚实部落的人说真话，虚伪部落的人说假话。

恰在这时，他遇到了一个懂英语的当地的土著A，他问他："你是哪个部落的人？"A回答："诚实部落。"于是他相信了他。但在途中，他们又遇到了土著B，他就请A去问B是哪个部落的。A回来说："他说他是诚实部落的。"忽然间这个人想起来同事的提醒，于是他奇怪了，A到底是哪个部落的人，诚实还是虚伪？

84. 谁懂会计学

已知下列A、B、C三个判断中，只有一个为真。

A.中文系二班有些人懂会计学。

B.中文系二班王同学与刘同学都不懂会计学。

C.中文系二班有些人不懂会计学。

请问，中文系二班的班长是否懂会计学？

85. 喜鹊的谎言

有4只喜鹊，罗罗、塔塔、喳喳、啾啾，年龄各不相同，分别从1~4岁。

以下是4只喜鹊中两只的发言，无论是谁的发言，若说的是关于比它年长的鸟的话就是假话，若是关于比它年龄小的鸟的话就是真的。

喜鹊罗罗说："塔塔喜鹊3岁。"

喜鹊喳喳说："喜鹊罗罗不是1岁。"

请问这4只鸟分别是几岁呢？

86. 狼和狼犬

有狼和狼犬共4只动物的发言表明自己的身份，如果是关于同种动物的发言的话就是真的，如果是关于异族动物的发言的话就是假的。

尼尔那说："杜门是狼。"

杜门说："麦茨是狼。"

麦茨说："弗洛斯是狼犬。"

弗洛斯说："尼尔那是狼犬。"

请问这4只动物哪只是狼？哪只是狼犬呢？

87. 谁偷了裙子

一个女子在河边洗澡的时候，放在岸边的裙子被偷了。有4个女子分别是被害者、目击者、救助者、旁观者（她们的顺序不确定）。她们的发言如果是关于被害者的就是假的，如果是对其他人的发言就是真的。

玛丽卡说："辛迪亚不是旁观者。"

辛迪亚说："诺丽不是目击者。"

波利娜说："玛丽卡不是救助者。"

诺丽说："辛迪亚不是目击者。"

那么，请问她们分别是谁呢？

88. 话剧演出

有4个明星来出演话剧里面的森林女巫、王后、白雪公主、女仆的角色（她们的顺序不确定）。但是，她们每一个人在真正上台演出时的角色与排练时都不同。

从以下4个人的发言中，你能判断出她们在排练和演出时分别演什么角色吗？另外，4人中间，只有排练时扮演森林女巫的那个人会撒谎。

赵华说："在排练时，林梅练习过的角色是演出时的孙芳芳的角色。"

林梅说："江雯在排练时演的是王后的角色。"

孙芳芳说："我在演出时是扮演女仆的角色。"

江雯说："林梅在演出时是扮演王后的角色。"

89. 谁说真话

有4个姐妹，不存在同样年龄的情况。说真话的是小妹和二姐，其他两个姐妹说的都是假话。

梦梅说："梦华比梦红年龄小。"

梦华说："我比梦梅小。"

梦红说："梦华不是三女儿。"

梦兰说："我是长女。"

那么，请问4个人年龄的顺序是怎样的呢？

90. 美人和花朵

4个选美选手都戴着1个以上的花朵，4人的花朵总数是10个。

4人的发言如下。其中，刚好有2个花朵的人的发言是假话，其他人的发言是真实的。另外，有2个花朵的人可能存在2人以上。

莎莎说："顾莉和娜塔莎的花朵总数为5个。"

顾莉说："娜塔莎和佩丝的花朵总

数为5个。"

娜塔莎说："佩丝和莎莎的花朵总数是5个。"

佩丝说："莎莎和顾莉的花朵总数为4个。"

请问到底每个人手里有几个花朵呢？

91. 会乐器的姐妹

芊芊、晓云、安安、熙爱是两组姐妹。芊芊和晓云是姐妹，安安和由美是姐妹。对于是姐妹的发言都是真实的，对于不是姐妹的发言都是假的。

坐在钢琴前的少女说："拿着长笛的少女是安安。"

拿着长笛的少女说："拉吉他的少女是熙爱。"

拉吉他的少女说："拿着竖琴的少女是芊芊。"

拿竖琴的少女说："拿长笛的少女不是熙爱。"

请问：这几个少女分别是谁？

92. 魔法少女

有4个少女，其中1个人是有法术的人，她经常撒谎。南希和另外2人是单纯的女子，她们从不说谎。这4个人都穿着黑色裙裤，其中的2条裙裤是有魔力的，穿上这种裙裤即使是单纯的女子也会说谎。而且，4个人又都带着粉红色发带。其中的2条发带是有魔力的，它会使魔法裙裤的法术消失（但是，对有法术的女子还是没有效果的）。

克莉说："嘉玲穿着有魔力的裙裤。"

嘉玲说："南希戴着魔力发带。"

珍妮说："南希穿着魔力裙裤。"

南希说："嘉玲是有法术的女子。"

那么，请问哪两个人穿着魔力裙裤，哪两个人带着魔力发带呢？另外，哪个是有法术的女子呢？

93. 做塑像

有5个正在学习雕塑的学生，各自以自己为模特制作了5种雕塑（全身像、半身像、胸像、头像、手）。

以下是这5人的发言，做头像和手像的2人在撒谎，剩下的3人说的是真话。

佳佳说："梅梅做的不是头像。"

梅梅说："小悦做的是全身像。"

小悦说："凤桐做的不是半身像。"

凤桐说："佳佳做的不是手像。"

惠芬说："我做的不是胸像。"

那么请问，每个人分别作了哪种雕像呢？

94 有前科的女人

有4个女人，其中有1人是有犯罪前科的女子，她常常撒谎（其他3人是单纯的姑娘从不撒谎）。而且，她们每个人都戴着一个项链，其中的一个项链是魔法项链，佩戴着那个项链的人（即使是单纯的姑娘）常常会撒谎。

另外，有犯罪前科的女子有可能戴着魔法项链，而且，她们互相都知道谁是有犯罪前科的女子，谁是戴着魔法项链的女子。

露娜说："我的项链不是魔法项链。"

特熙说："朵拉是犯罪前科女子。"

朵拉说："戴着魔法项链的是安曼娜。"

安曼娜说："朵拉不是有犯罪前科的女子。"

那么，请推断到底谁是有犯罪前科的女子？谁戴着魔法项链呢？

95. 变身魔女

伊尔、妮贝拉、珍娜、露露西亚中的1个人能够变成魔女，假如叫做里安的女子变成了魔女，那么如果她说："我不是里安"的话，要看作真实的发言。

另外，她们中有1个人经常撒谎（有可能是变成魔女的女子）。其他人都不撒谎。而且，大家都不知道是谁变成了魔女。

佩戴太阳花别针的女子说：

（1）"我不是露露西亚。"

（2）"佩戴雏菊花别针的人是妮贝拉。"

佩戴牡丹花别针的女子说：

（1）"我不是露露西亚。"

（2）"佩戴水仙花别针的人是珍娜。"

佩戴雏菊花别针的女子说："我不是妮贝拉。"

佩戴水仙花别针的女子说："佩戴太阳花别针的女子是伊尔。"

到底这4个人的名字分别是什么？是谁变成了魔女呢？

96. 自画像

5个画家的学生：千惠、辛柔、娅芬、秋叶、青青各自画了自画像。

5人的发言中只有1人撒谎了。

千惠说："秋叶的画在辛柔的画的右边。"

辛柔说："我的画在娅芬的画的右边。"

娅芬说："千惠的画在青青的画的下方。"

秋叶说："娅芬的画在辛柔的画的下方。"

青青说："我的画在千惠的画的右边。"

请推断，她们分别画了哪幅画？

97. 4 只鸟捉鱼

问：在一个鱼不太多的日子，大眼、大嘴、大脚、大羽4只鸟还是想方设法每人捉到了一条鱼。鱼的大小各不相同，分别是70厘米、40厘米、50厘米、60厘米。

以下是四只鸟的发言，其中捉到飞鱼的2只鸟发言是真实的，捉到鲅鱼的2只鸟的发言是假的。

请问：每只鸟分别捉到了多大的什么鱼？

大眼说："我捕的鱼有40厘米或者50厘米长。"

大嘴说："大脚捕到的鱼是70厘米的飞鱼。"

大脚说："大羽捕到的是50厘米的鲅鱼。"

大羽说："大嘴捕到的是40厘米的飞鱼。"

注：如果说"捉到了20厘米的鲱鱼"或者"捉到了80厘米的金枪"都算是撒谎。

98. 深海里的谎言

居住在1300米、900米、1000米、1100米、1200米不同的海洋深度的5条在海面冲浪的深海鱼聚到一起聊天，它们的发言如下，对居住深度比自己浅的鱼的叙述都是真的，对比自己深的鱼的叙述就是假的。而且，最终只有一条鱼说的真话。

老甲说："老乙是在900米或者1100米的地方居住。"

老乙说："老丙是在1300米或者1000米的地方居住。"

老丙说："老丁是在1100米或者1200米的地方居住。"

老丁说："老戊是在1100米或者1200米的地方居住。"

老戊说："老甲是在1300米或者1000米的地方居住。"

那么，究竟每条鱼分别居住在哪个深度呢？

99. 撒谎的泳衣女子

小琪、小平、茜子、咪咪、君君是好朋友。其中，小琪和小平经常说谎，茜子和咪咪还有君君从不说谎话。

那么，请根据以下会话，推理这些女子分别是谁呢？

（1）向红色泳衣女子提问：

如果问黄色泳衣的女子"蓝色泳衣的女子是君君吗？"，她会回答"是的"吗？

红色泳衣的女子回答说："会的。"

（2）向黄色泳衣女子提问：

如果问蓝色泳衣的女子"橘色泳衣的女子是小平吗？"，她会回答"是的"吗？

黄色泳衣的女子回答说："不会。"

（3）向蓝色泳衣女子提问：

如果问橘色泳衣的女子"红色泳衣的女子是咪咪吗？"，她会回答"是的"吗？

蓝色泳衣的女子回答说："不会。"

（4）向橘色泳衣女子提问：

如果问红色泳衣的女子"黄色泳衣的女子的发言是真实的吗？"，她会回答"是的"吗？

橘色泳衣的女子回答说："会的。"

（5）向紫色泳衣女子提问：你喜欢鱼子酱吗？

紫色泳衣的女子回答说："不喜欢。"

100. 有多少人说谎

某家健身俱乐部有11个教练,他们的名字分别是A—K。这些人分为两派,一派人总说实话,另一派人总说谎话。某日,老板问："11个人里面,总说谎话的有几个人？"那天，J和K休息,余下的9个人这样回答:

A说："有10个人。"

B说："有7个人。"

C说："有11个人。"

D说："有3个人。"

E说："有6个人。"

F说："有10个人。"

G说："有5个人。"

H说："有6个人。"

I说："有4个人。"

那么，这个俱乐部的11个成员中，总说谎话的有几个人？

101. 谁干的好事

妹妹、哥哥、姐姐3个人中有1人帮助生病的弟弟补好了笔记，当弟弟问这是谁做的时：

妹妹说："哥哥干的。"

哥哥说："不是我干的。"

姐姐说："也不是我干的。"

事实上，有2人在说假话，只有1人说的是真话。

那这件事到底是谁做的？

第二章　玩转数字

——提高数字运算力的思维游戏

102. 奇怪的时钟

媛媛的妈妈买了一台时钟，可是这台时钟只有时针行走正常，它的分针每小时会走80分钟，而且还是倒着走，可是有时候它的时间又是显示正确的。如果时钟在6点半的时候显示是正确的，那你知道这台奇怪的时钟什么时候才会再一次显示正确的时间吗？

103. 倒牛奶的学问

甲桶里盛着纯净的矿泉水，乙桶里盛着牛奶，由于乳脂含量过高，必须用水稀释才能饮用。现在把甲桶里的液体倒入乙桶里，使其中液体的体积翻了一番，然后又把乙桶里的液体倒进甲桶里，使甲桶里的液体体积翻番。最后，将甲桶里的液体倒进乙桶里，使乙桶中的液体的体积翻番。此时就会发现每个桶里盛有同量的液体，而在乙桶里，水要比牛奶多出1升。

现在问，开始时有多少水和牛奶，而在结束时，每个桶里又有多少水和牛奶？

104. 神奇的日历

星期日的早上，群群高高兴兴地跟着妈妈去公园里玩，路上看见一群人围在一起观看着什么。于是，群群拉着妈妈也围了上去凑热闹。只见一个魔术师模样的人对大家说："下面我给大家表演一个魔幻日历，有哪位朋友来配合一下！"群群平时最爱热闹了，这时不顾一切地举手对魔术师说："让我来吧！"魔术师对群群说："你从这12个月份中随便找出一个月份，然后在上面画出一个正方形，这个正方形必须要包括9个数字！"群群按照魔术师的要求做完之后，魔术师又说："下面你把这9个数字相加，不要告诉我结果，只把9个数中最小的数字告诉我就可以了！"

群群十分小心地算了算9个数字相加的和，然后把最小的数字告诉了魔术师。紧接着魔术师就对大家说："现在，我可以说出刚才这位小朋友相加的结果！"

魔术师的最后结果竟然和群群算的一模一样，可是魔术师并不知道那其他的8个数字啊！

你知道魔术师是怎样做到的吗？

105. 巧找次品

又是均均和爸爸的练球时间，爸爸在休息的空当，看着乒乓球就给均均出了难题。

"均均，来，爸爸这有个难题，看

看你能不能解决？"

"噢，好的。"均均说着坐到了爸爸的身边。

"有家玩具公司正在检测他们生产的玩具球，每盒中都是4个这样的球。但现在，他们发现其中一盒中有一个是次品。这些玩具球都是按标准质量制造的，而次品小球的质量要比其他小球重一些。现在若是只允许你称一次，你能从中找出哪个是次品吗？"

爸爸讲完后，均均陷入了沉思。

不一会儿，均均的小脸上就扬起了笑容。爸爸知道，均均肯定是想好答案了。

你知道答案了吗？

106. 帮帮忙

画画的妈妈是一商店的收银员，对工作一向认真仔细的她今天遇到了麻烦，到底是怎么回事呢？

原来，画画的妈妈在下班查账时，发现她所收的钱比账本少了153元。可画画妈妈想了想在收钱时是没有出问题的。那么问题就应该是账本哪里的一个数字错了小数点。可是记在本子上的一天的账有好几百，这怎么找到出错的地方呢？

画画妈妈给画画打电话，告诉了事情的原委。没过几分钟画画告诉了妈妈错误的地方。聪明的你知道错在哪里了吗？

107. 抢 100 与让 100

两个人轮流报数，每次可报1—5个数字，谁先报到100获胜。为获胜必须采取什么策略？

接下来游戏规则与抢100相同，但报到100的人是失败者。想一想，获胜的策略是怎样的？

108. 毛拉德巴斯的故事

古波斯的《一百零一日故事》中，有一个叫做"毛拉德巴斯"的故事。其中说的是一位智者给一个小女孩提出的问题：

一个女人去果园摘苹果，果园有四道门，各有一位守门人看守。

出门时，那个女人首先给了第一道守门人一半苹果；

到第二道门的时候，那里的守门人要了剩下苹果的一半；

第三个守门人又要了剩下的苹果的一半；

最后到第四道门，守门人还是要了剩下的一半。最后那个女人就只剩下10个苹果了。

请回答，她到底摘了多少个苹果？

109. 果汁分配问题

星期四下午放学后，妈妈让安安出

去买一些果汁回来，安安就约了雷雷一块儿去。到了果汁店后，他们看到老板有一个圆柱状的果汁桶，老板告诉安安和雷雷，这个果汁桶能装30斤果汁，他今天已经卖出了8斤给客人。

安安带来瓶子的容量是4斤的，雷雷带来瓶子的容量则是5斤的。然而雷雷只想买4斤的果汁，而安安只想买3斤的果汁。但今天老板的电子秤坏了。他一时不知道该怎么才能让他们得到各自想要重量的果汁，而且又能使果汁不溢出容器？

你能帮他想出一个好办法吗？

110. 抢报 30

雅雅和朋友达达玩一种叫"抢报30"的游戏。游戏规则很简单：两个人轮流报数，第一个人从1开始，按顺序报数，他可以只报1，也可以报1、2，第二个人接着第一个人报的数再报下去，但最多也只能报两个数，而且不能一个数都不报。例如，第一个人报的是1，第二个人可报2，也可报2、3；若第一个人报了1、2，则第二个人可报3，也可报3、4。接下来仍由第一个人报，如此轮流下去，谁先报到30谁胜。

雅雅很大度，每次都让达达先报，但每次都是雅雅胜。达达觉得其中肯定有猫腻，于是坚持要雅雅先报，结果还是雅雅胜。

你知道雅雅必胜的策略是什么吗？

111. 取弹珠游戏

这天，萱萱去朋友多多家里玩。多多拿出很多水果招待萱萱，两人聊了一会儿，多多对萱萱说："我正在玩一个游戏，你也过来一起玩吧。"说着，多多就带着萱萱来到了书房。只见书房的书桌上有一个玻璃瓶里一共装有44个弹珠。其中，白色的2个，红色的3个，绿色的4个，蓝色的5个，黄色的6个，棕色的7个，黑色的8个，紫色的9个。

多多提出了游戏的要求：如果要求每次从中取出1个弹珠，从而得到两个相同颜色的弹珠，请问最多需要取几次？

112. 爬楼梯游戏

下午放学回家的时候，眉眉看见小区里的两个孩子正在讨论比赛爬楼梯，每层楼梯的台阶数相同。当第一个孩子爬到第3层时，第二个孩子刚到第2层。照这样计算，当第一个孩子到第9层时，第二个孩子到了几层？

113. 钱去了哪儿

芸芸和爸爸妈妈去旅行，在住旅馆的时候，遇到了一件事情。事后，妈妈让芸芸算一笔账：3个人住宿时，每人10元钱，将30元钱交给服务员后，再交到会计那里去。会计找5元钱。服务员中间私吞了2元钱，只还给他们3元钱。3人分3元钱，每人退回1元钱，合计每人只付了9元钱，加在一起共27元钱。再加上服务员私吞的2元钱，一共29元钱。怎么也与付账的钱对不上。

妈妈问：是哪里出了问题了？

114. 数数有几只小狗

一间房子，有4个屋角，每个屋角上坐着一只小狗，每只小狗的前面又有3只小狗，每只小狗的尾巴上还有一只小狗。请问，房间里一共有多少只小狗？

115. 百货商城赔钱了吗

某百货商城新进了一批最新款式的服装，很受欢迎，销量与日看涨。于是，该商城的总经理决定提价10%。不久之后，服装开始滞销，他们又打出了降价10%的广告。有人说百货商城实际上瞎折腾，不过是又回到原价位；有人说百货商城不会干赔钱的事情；也有人说百货商城自作聪明，实际上赔了钱，你说呢？

116. 分糖果

3个小女孩一共有770颗糖果，她们打算如往常那样，根据她们年龄的大小按比例进行分配。以往，当二姐拿4颗糖果时，大姐拿3颗；当二姐得到6颗糖果时，小妹可以拿7颗糖。你知道每个女孩可以分到多少颗糖果吗？

117. 一只老钟

有一台老钟，每小时慢4分钟，3点以前和一只走得很准的手表对过时，现在这只表正好指在12时。请问：老钟还需要走多少分钟才能指在12时，为什么？

118. 到底怎样买不赔本呢

有一位姑娘到一家新开张的布店里要买两匹布，精心挑选了两匹布后问多少钱。店铺的伙计说："姑娘真是好眼光，今天是本店的开张吉日，今天只收半价。"姑娘一听就说："既然是半价，那我买你两匹布再把一匹布折合成一半的价钱还给你。这样咱们就两清了。"

如果你是这位伙计，你会答应这笔买卖吗？

119. 最少要几架飞机

某航空公司有一个环球飞行计划，但是有下列条件：每个飞机只有一个油箱，飞机之间可以相互加油，因为没有加油机；一箱油可供一架飞机绕地球飞半圈。为了使至少一架飞机绕地球一圈回到起飞时的飞机场，至少需要出动几架飞机？加油时间忽略不计。

120. 有几个男孩在跳舞呢

夏天的夜晚，家骏欢呼着和很多人一起来到了郊外露营，晚上举行了盛大的篝火晚会，许多人手拉着手，围着篝火跳起了舞。家骏也在这个圆圈中跳舞。圆圈里，每个跳舞人的两边都是两个性别相同的人。家骏细心地发现了，这个圆圈里总共有12个女孩。

那么你能据此分析出，正在跳舞的男孩有几个呢？

121. 有多少个珠子呢

今天，江燕拿出30颗珠子，一个红盒子和一个蓝盒子。对林扬说："我把你的眼睛蒙上，然后把这30颗珠子分别往这两个盒子里放，往红盒子里放时，每次放一颗；往蓝盒子里放时，每次放两颗。每放一次，我就敲击一下桌子，放完后，你要说出有多少个珠子放在红盒子里。如果猜对的话，这些珠子就全都是你的了，可以吗？"林扬同意了。

于是按照江燕的要求去做，林扬听到21次敲桌子的声音。他很快就说出了红盒子里珠子的数量。

你能猜出红盒里有多少个珠子吗？

122. 杀杀柳青的威风

柳青非常骄傲，这让同班的陈缘十分反感，决定想办法杀杀她的锐气。

这天早晨，陈缘拿着一个水壶和两个杯子，对柳青说："这个水壶能盛900毫升水，这两个水杯一个能盛500毫升，一个能盛300毫升。现在考考你：要怎样倒水，才能使每个杯子里恰好装有100毫升水呢？不能使用别的容器，也不能在杯子上做记号。"

柳青满不在乎地说："这个容易！"但当她倒水时，才发现问题并不那么简单。

那么，柳青能够按照陈缘说的完成吗？

123. 聪明的阿凡提

阿凡提是个非常聪明的人，他经常用自己的智慧帮助穷人，还时常捉弄一下大财主老爷们，深得民心。国王听说他的故事后，便和大臣们商量出一个难题，为难一下阿凡提。

国王召阿凡提进宫，然后对他下达了命令，要他在3天之内，用沙子做一条可以用来拴驴子的绳子，要是做不出来就必须坐牢。

大家听说了之后，都替他着急，看来他是在劫难逃了。可是阿凡提却是一点也不着急，他每天还是照样出出进进。

3天时间很快就过去了，阿凡提进

宫见国王。国王问他要绳子，阿凡提对国王说一番话之后，国王就无法开口再向他要绳子了。

聪明的读者，你知道阿凡提对国王说了什么话吗？

124. 戒烟的妙方

告诉你一个保证能够戒掉烟的方法：一包烟有20根，请你点燃第一根香烟，抽完后，1秒后点第二根香烟；抽完第二根后，过两秒再点燃第三根；抽完第三根后，等4秒后再点燃第四根香烟，之后等8秒。如此下去，每次等待的时间加倍就行。只要你遵守规则。我保证，抽不完两包烟，你就能够戒掉烟。请问，按照这种方法能戒掉烟吗？

125. 谁是凶手

一天深夜，发生了一起谋杀案。

警长赶到现场，只见女侦探倒在窗下，胸部中了两枪，手里紧握着一支口红。警长撩起了窗帘一看，在玻璃上留着一行用口红写下的数字809。他又从女侦探的提包中找出一张卷得很紧的小纸条，纸条上写着："已查到3名嫌疑犯，其中一人是凶手。这三人是代号608的光、代号906的岛、代号806的刚。"

警长沉思片刻，指着纸条上的一个人说："凶手就是他！"根据警长的推

断，警方很快将凶手缉拿归案。

请问，凶手是谁？为什么？

126. 严新装围棋

严新是个很骄傲的人，总以为自己很聪明。一天，她对伙伴大卫说："我能将100枚围棋子装在15种塑料杯里，并能够使每只杯子里的棋子数目都不相同。"请问，严新说的这句话对吗？

127. 第二小的完全数

完全数是指一个数的全部约数（包括1但不包括这个数字本身）之和仍然等于该数。最小的完全数是6，它的约数是3、2、1，而它也是1、2、3的和。迄今为止，已经发现了38个完全数。你能给出第二小的完全数是几吗？第三小的呢？

128. 萝莉太太家的电话号码

一大早，萝莉太太又在向她的邻居诉苦。她说："我真希望邮局不要再换我电话号码了。这也许是为了提高效率的缘故，但这种做法实在叫人头痛。你不仅要记住新的电话号码，还要通知其他所有的人电话号码换了。不过，这个新的电话号码很不错。有3个特点使

新的电话号码很好记：首先，原来号码和新换的号码都是4个数字；其次，新号码正好是原来号码的4倍；最后，原来的号码从后面倒着写正好是新的号码。所以，不费什么劲儿就会记住新号码。"

那么，萝莉太太家电话的新号码究竟是什么？

129. 难逃法网的歹徒

在一次抓捕行动中，刑警制服了众多的歹徒，只有一个人仓皇逃命。其中的一名刑警不甘心就这样让歹徒逃脱，于是紧追不舍。就在刑警将要把罪犯抓捕归案的时候，歹徒跑到了一个圆形的大湖旁边，跳上岸边唯一的一只小船拼命地向对岸划过去。

刑警见歹徒快要逃脱，便骑上一辆自行车沿着湖边向对岸追去。现在知道刑警骑车的速度是歹徒划船速度的2.5倍。那么，在湖里面的歹徒还有逃脱的可能性吗？

130. 吝啬的烟鬼

有一个非常吝啬的烟鬼，他每抽一根好烟的时候，总要剩下这支烟的1/3。因为有了3个1/3的烟头时，他又可以把它们组合成一根好烟。现在，这个烟鬼有9根烟，假如他一天抽一根这样的烟，这些烟够他抽多少天？

131. 各有多少

有竹编、草编、塑料三种扫把共160把，如果取出竹编扫把的1/3，草编扫把的1/4，塑料扫把的1/5，则剩120把。如果取出竹编扫把的1/5，草编扫把的1/4，塑料扫把的1/3，则剩下116把。请问，这三种扫把原来各有多少？

132. 算算他们的滞留时间

阿紫、杨夏、南江、小雅4人，上个月分别在不同时间入住海边的休闲旅馆，又在不同的时间分别退了房。根据以下条件提示，你能够知道4个人分别是在哪天入住，又是哪天离开的吗？（另外，假如说9日入住，10日离开，滞留时间算2天。）

（1）滞留时间最短的是阿紫，最长的是小雅。而且，杨夏和南江的滞留时间相同。

（2）小雅不是8日离开的。

（3）小雅入住的那天，南江已经住在那里了。

入住：1日、2日、3日、4日。

离开：5日、6日、7日、8日。

133. 给"木糖"称重

某副食品公司生产了一批木糖，每100粒装在一个瓶子里，6个瓶子为一箱。在推向市场之前，食品公司必须把这些货送到食品质检局检验。一天，食品公司接到紧急通知：某箱木糖里，有几个瓶子里的木糖颗粒超重1毫克。

如果每一瓶都取出一粒木糖来称量，那么一共需要称量6次才能够得出结果。那么，能不能想出一个最好的办法称一次就能解决问题呢？

134. 怎样找出那箱替代品

伦达公司是美国一家著名的制笔厂，这家厂里的笔直销好几个国家。由于公司的流水线工程管理得非常科学，每道工序又都要求得特别严格，所以公司里的笔很少出现次品。这次，公司发现在发出的10箱铱金笔里，其中有一箱是用不锈钢材料做的替代品。10个箱子的外形和颜色都一样，只是重量上有差别：铱金笔每支重100克，不锈钢替代品每支重90克。

如果只让用一个天平称重一次，你能把这箱替代品检查出来吗？

135. 装蜜蜂的瓶子

凯伦将许多蜜蜂装在一个小玻璃瓶里，然后将玻璃瓶放在秤上，玻璃瓶的瓶口是密封的。那么，当蜜蜂都停在玻璃瓶的底部的时候秤的读数大呢，还是蜜蜂在玻璃瓶中乱飞的时候秤的读数大？

136. 夏令营

某天，海柔听从妈妈的建议，参加了夏令营。分完组后，每组的组长需要进行分工，海柔的任务是煮饭。她知道煮一锅饭需要15分钟，不足15分钟饭不会熟，超过15分钟饭就会烧焦。然而，她并没有像手表之类的计时器，只有7分钟和11分钟的沙漏各一个。那么，她要如何利用仅有的那两个沙漏，就测量出煮饭所需要的15分钟呢？

137. 39 条腿

在一座图书馆的阅览室里，有几张3条腿的凳子和4条腿的椅子，并且它们都有人坐。如果你数出房间里有39条腿，那么是否可以算出有几张凳子、几张椅子和几个人？

138. 分米

有一个商人挑着担子去集市上卖米。他要把10斤米平均分在两个箩筐中以保持平衡，但手中没有秤，只有一个能装10斤米的袋子，一个能装7斤米的桶和一个能装3斤米的脸盆。请问：他应该怎样平分这10斤米呢？

139. 哪桶是啤酒

一位酒商有6桶酒，容量分别为30升、32升、36升、38升、40升、62升。其中5桶装着葡萄酒，一桶装着啤酒。第一位顾客买走了两桶葡萄酒；第二位顾客所买的葡萄酒则是第一位顾客的两倍。请问，哪个桶里装着啤酒（酒是要整桶出售的）？

140. 小狗搬骨头

小狗有4只盘子，其中一只盘子里有3根骨头，另外一只盘子里有1根骨头，还有两个盘子里没有骨头。小狗尽力克制住自己想吃的欲望，把骨头集中到一个盘子里一起吃，但是它每次只会从两只盘子里分别拿出一根骨头放到第3个盘子里。

请问：小狗要搬运几次，才能把所有的骨头都集中到一个盘子里去？

141. 分药片

你一个人被困在一座孤岛上，救援人员10天后才能到达（今天是第0天）。你有A和B两种药片，每种10粒。每天你必须各吃一片才能够活到第二天。但是你不小心把两种药片混在一起无法分辨了。你会怎么办呢？

142. 巧辨重球

假设你有8个球，其中一个略微重一些，但是找出这个球的唯一方法就是将两个球放在天平上对比。最少要称多少次才能找出这个较重的球？

143. 确定 15 分钟

烧一根不均匀的香，从头烧到尾总共需要1个小时。现在有若干根材质相同的香，问如何用烧香的方法计时，时间为1个小时15分钟？

144. 谁运气好

小白、小丽和小冬要分家里的4个苹果，每人一个还剩下一个，小白说："咱们不要把苹果切开，用两个硬币抛到空中，落在地面后如果两个都是正面就让小丽吃，两个都是反面就让小冬吃。一个是正面，一个是反面就让我吃。你们看怎么样？"小丽和小冬听后说："这样分并不公平，小白又想占便宜了。"

请问，是这样的吗？

145. 彩色袜子

在衣柜抽屉中杂乱无章地放着10只红色的袜子和10只蓝色的袜子。这20只袜子除了颜色不同外，其他都一样。现在房间中一片漆黑，你想从抽屉中取出两只颜色相同的袜子。最少要从抽屉中取出几只袜子才能保证其中有两只配成颜色相同的一双？

146. 取弹子

有一堆弹子，肯定多于88颗。两个人轮流取弹子，每次最少取一颗，最多只能够取4颗。谁取到第88颗就获胜。如果你想取胜，应该先取还是后取？用怎样的策略才能保证必胜？

147. 求和27

准备分别写有数字1、2、3、4的卡片各7张，摊在桌子上。两个人参加游戏，轮流各取1张卡片。当两个人所取的卡片上的数的和是27时，最后取得卡片的一方获胜。

为了获胜，该怎么取卡片？

148. 两堆火柴

两堆火柴，一堆8根，一堆15根。两个人参加游戏，轮流从其中的任意一堆拿走1根或者几根火柴（甚至把这堆火柴一次拿完），但每次不准一根不拿，也不准从这堆拿几根，从那堆拿几根。谁拿到最后一根或几根火柴，谁就

获胜了。想一想，如何才能够获胜？

149. 奔跑的宠物狗

有母子两个人傍晚去遛宠物狗。儿子先带宠物狗出门，1分钟后，母亲也走出家门。这时候，那只宠物狗立即掉头向母亲跑来，然后又掉头向儿子跑去……这样，宠物狗在母子二人之间跑来跑去撒欢儿，直到母亲追上儿子为止。已知母亲的行走速度是每秒1米，儿子的行走速度是每秒0.5米，宠物狗奔跑的速度是每秒2米。

至母亲追上儿子为止，这条宠物狗大约奔跑了多少米？

150. 发牌的诀窍

你和3个朋友一起玩扑克，轮到你发牌。按照惯例，按逆时针顺序发牌，第一张发给你的右手邻座，最后一张是你自己的。当你正在发牌时，电话响了，你不得不去接电话。打完电话回来，你忘了牌发到谁了。现在，不允许你数任何一堆已发的和未发的牌，但仍然需要把每个人应该发到的牌准确无误地发到他们的手里。你能做到吗？

151. 楼道里的灯

在一栋楼的一楼楼道里有3个开

关，其中一个可以打开楼上楼道里的灯。你的任务是找出哪一个能开灯，但是你只有一次机会去楼上检查灯是否开了。你能想出如何找到正确开关的方法吗？

152. 相隔多远

纽约和波士顿相距220英里。一列火车以每小时65英里的速度从纽约向波士顿开出。1个小时后，另一列火车以每小时55英里的速度从波士顿向纽约开出。

假设两列火车都沿直线匀速运行。问：两列火车相遇前1个小时，它们之间相隔的距离是多少？

153. 买马

一个富人从牧民那里用1000元买了一匹马。过两天，他认为自己吃亏了，要求牧民退回300元。

牧民说："可以，只要你按我的要求买下马蹄铁上的12颗钉子，第一颗是2元，第二颗是4元，按照每一颗钉子是前一颗的2倍，那样的话，我就把马送给你，怎么样？"

富人以为自己占了便宜便答应了。

请问，最后的结果实际上是什么？

154. 如何换轮胎

在第二次世界大战时，一个上尉要把一车物资运到前线去，行程大约要5万公里。他用做运输的是军用三轮车，因为道路的缘故，预计每个轮胎的寿命只有2万公里，上尉有一辆新车和5个备用轮胎。那么，上尉能够利用这8个轮胎，把物资运到前线吗？

155. 巧分苹果

明明过生日时，家里来了11位同学。明明的爸爸想用苹果来招待这12位小朋友，可是家里只有7个苹果。怎么办呢？不分给谁也不好，应该每个人都有份。那就只好把苹果切开了，可是又不好切成碎块，明明的爸爸希望每个苹果最多切成4块。应该怎么分苹果才合理呢？

156. 教室的钟表

晓宇放学回家时发现教室的钟正指向3点55分。回到家后，家里的钟表是4点10分。这时他发现把课本忘在教室了，只好以同样的速度原路返回去拿。到教室时，他发现墙上的时钟指向4点15分。家里的钟是准确的，那么教室的时钟是快了还是慢了？差了多少分钟？

157. 4 个小孩过河

有 4 个小孩站在桥的某一边，他们要在 17 分钟内全部通过这座桥。这时是晚上，可他们只有一个手电筒，最多只能让两个人同时过桥。不管是谁过桥，不管是一个人还是两个人，必须要带着手电筒。手电筒只能传来传去，不能扔过去。每个小孩过桥的速度不同，两个人必须以比较慢的那个人的速度过桥。

第一个小孩：过桥需要 1 分钟。

第二个小孩：过桥需要 2 分钟。

第三个小孩：过桥需要 5 分钟。

第四个小孩：过桥需要 10 分钟。

比如，如果第一个小孩与第四个小孩首先过桥，等他们过去时，已经过去了 10 分钟。如果让第四个小孩将手电筒送回去，那么等他到达桥的另一端时，总共用去了 20 分钟，行动也就失败了。那么，能够让 4 个小孩在 17 分钟之内全部过桥吗？

158. 几个人做对了

雷宁班级里共有 50 个人参加数学测验，其中 40 个人做对 A 题，31 个人做对了 B 题，有 4 个人两道题目都做错。问：雷宁班上有几名同学只做对了 A 题？有几名同学只做对了 B 题？

159. 投骰子

甲、乙两个人都不愿意打扫卫生，于是甲对乙说："我们投骰子决定吧，现在这里有两个骰子，我们每个人掷一次。如果两个骰子上显示的数之和在 1 ~ 6，就算你赢；如果两个数字之和在 7 ~ 12，就算是我赢。输的那个人打扫卫生，怎么样？"乙同意了。掷完骰子。乙输了，于是他就打扫了卫生。第二天，乙发现他是上了甲的当，那种掷法不公平。请问，为什么这种掷法是不公平的呢？两种概率差了多少？

160. 死者的年龄

一位数学家去参加一位朋友父亲的葬礼，问起死者的出生年，朋友回答道：你不是数学家吗？现在告诉你几个信息，你自己算算吧。

（1）死者没有活到 100 岁；

（2）今年是 1990 年；

（3）在过去的某一年，那一年的数字正好是死者当时年龄的平方。

你能算出他的出生年吗？

161. 该怎样下注

轮盘赌是一种很简单的游戏，在圆盘上标着譬如"奇数""偶数""3 的倍数""5 的倍数"等，只要你猜对了数字，你就可以得到相应倍数的钱。

在一次赌局中，已经到了最后决定胜负的关键时刻。占第一位的是赌圣周星星先生，他非常幸运地赢了700个金币。占第二位的是赌神丽莎小姐，她赢得了500个金币。其余的人都已经输了很多，所以这最后一局就剩下周星星先生和丽莎小姐一决胜负了。

周星星先生还在犹豫着，考虑怎样才能赢得这次赌局。如果将手上筹码的一部分押在"奇数"或者"偶数"上，赢的话他的赌金就会变成现在的两倍。而这时，丽莎小姐已经把所有的筹码都押在了"3的倍数"上，赢的话赌金就会变成现在的3倍。如果够幸运，她就可以赢得1 500个金币，那样就可能反败为胜了。

想一想，如果你是周星星先生，你应该怎么下注才能确保赢呢？

162. 男同事和女同事

单位年底召开"优秀员工表彰大会"，老田望了望和自己一样站在主席台上接受表彰的同事，对站在旁边的小王说："哈，女同事还真不少呢，占了1/3。"小王也看了看说："哪有那么多，也就占1/4。"他们都没说错，那么站在主席台上的到底有多少男员工、多少女员工呢？

163. 属相与概率

假设每个人的出生在各属相上的概率相等，那么至少要在几个人以上的群体中，其中有两个人出生在同一个属相上的概率，要高于每个人的属相都不同的概率？

164. 巧分桃子

一个炊事班长出去采购，他把买来的100个桃子分装在6个大小不一的袋子里，每只袋子里所装的桃子数都是含有数字6的数。请你想一想，他在每只袋子里各装了多少个桃子？

165. 毛毛虫爬树

星期天的早晨6点，有一条毛毛虫开始爬树。到下午6点钟，它爬上去了5米；晚上，它退下来两米。请问：它什么时候能爬到9米？

166. 巧移火柴棍

对于移动火柴棍此类题目，糖糖见过不少。但是下面这道题仍然让她感到新鲜。题目是这样的：下图是由20根火柴排列成的大小相同的9个正方形。试移动3根火柴棍，放在适当的位置，使图中只有5个正方形。

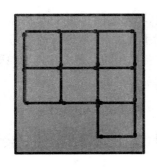

167. 如何得到 100

小海的爸爸给他出了一道数字运算的题，题目如下：将1、2、3、4、5、6、7、8、9这几个数字在不改变顺序的前提下（可以将相邻的数合在一起成为一个数，但顺序不能颠倒），在它们之间填上加号、减号，使得最后的运算结果等于100。

168. 找零

有一个台湾人旅游来到泰国，在一家商店看上了一家相机，这种相机在香港，皮套和相机一共值3000港币，可这家店主故意要410美元，而且他不要泰铢，只要美元，更不要港币。现在相机的价钱比皮套贵400美元，剩下的就是皮套的钱。这个台湾人现在掏出100美元，请问应该找零多少钱？

169. 妈妈和儿子的年龄

数学课上，老师出了这样一道题：晓华的妈妈今年比晓华大26岁，4年后妈妈的年龄是晓华的3倍。请问：晓华和妈妈今年各几岁？

170. 柠檬的数量

这天，薇薇安和院子里的小朋友做游戏。玩累了，大家都坐在那里休息。这时，住在薇薇安家前面那栋楼里的小明苦着脸说自己有道题怎么也做不出来。

薇薇安对小明说："那把题目说出来吧，也许我们大家能够帮助你解答呢？"

小明想了想，说出了题目："一个小孩把柠檬总数的一半加半个放在屋子的东面，把剩下的一半加半个的1/2放在屋子的西面，另一个被放在冰箱上面，不过柠檬的总数少于9个，请问小孩一共有多少个柠檬？条件是，柠檬不能切成半个。"

薇薇安听完，想了想，算了算，就得出了正确的结果。正确的结果是什么呢？

171. 有多少只蜜蜂

菁菁很喜欢做题，平时做完作业的时候，还喜欢找一些课外习题来做。这天，做课外习题的时候，她遇到了这样一道题：一只蜜蜂外出采花粉，发现一处蜜源，它立刻回巢招来10个伙伴，可还是弄不完。于是每只蜜蜂回去各找来10只蜜蜂，大家再采，还是剩下很多。于是蜜蜂们又回去叫同伴，每只蜜蜂又叫来10个同伴，但仍然采不完。蜜蜂们再回去，每只蜜蜂又叫来10个同伴。这一次，终于把这一片蜜源采完了。

你知道采这块蜜源的蜜蜂一共有多少只吗？

172. 怎样还钱

岚岚有几个好朋友甲、乙、丙、丁，最近这4人遇到了一点儿小难题，想让岚岚帮助她们解决。情况是这样的：有一天，甲因为要办点儿事情，就向乙借了10元钱，乙正好也要花钱，就向丙借了20元钱，而丙自己的储蓄实际上也并不多，就向丁借了30元钱。而丁刚好在甲家附近买书，就去找甲借了40元钱。恰巧有一天，4人决定一起出去逛街，乘机也将欠款结清。但是，她们有些糊涂了，到底该怎样解决这个问题呢？

173. 握手规则

郑先生和郑太太以及三对夫妻举行了一次家庭晚会，规定每两人最多握手一次，但不和自己的妻子握手。握手完毕后，郑先生问了每个人（包括他妻子）握手几次？令他惊讶的是每人答复的数字各不相同。那么郑先生和郑太太一共握了几次手？

174. 笔记本和学生的数量

这天，纯纯去英文老师陈源家里补习功课，陈源想要给来补习功课的学生每人5个笔记本，但是当他买好了所需的本子之后，却发现当天多来了3个补习的学生。现在要把手上的笔记本平均分给每一位学生，每个学生将可以得到4个本子。

看到这样的情景，纯纯想陈源老师买了多少本笔记本？原定有多少个学生来补习呢？

175. 怎样卖首饰

这天考试，老师出了这样的一道题：一位老师傅做首饰很有名。有一天，老师傅对徒弟们说："这里有一些首饰，你们去卖，我给你们分好。大徒弟拿50件，老二拿30件，小徒弟拿10件。卖的贵贱你们自己拿主意，但卖的价钱一样。最后你们每人都要交给我50元。"

二徒弟想，这东西有多有少，怎么能卖出一样的价钱呢。我师傅真能开玩笑。看见二师兄愁眉苦脸，小师弟笑了起来，他说："别愁，我有办法，既可以卖出一样的价钱，又可以交给师傅50元。"

那么小徒弟用了什么样的方法呢？

这道题目可难坏了苗苗，她没有答对。愁眉苦脸地回到了家里，妈妈看见女儿这样，赶紧上前问原因，苗苗说出了原因。妈妈说："没关系，我来帮你解答一下，你看我怎么做出来，以后再遇到这样的问题，就不怕了。"

不一会儿，妈妈就解出了正确的答案，苗苗拍着手说："妈妈的答案果然和老师的一模一样。"

那么，小徒弟的办法到底是什么呢？

176. 卖油有妙法

妈妈带着兰兰去菜市场买菜。来到卖油的商店，正好看见这一幕：一个农夫用一个大桶装了12千克油到市场上来卖，恰巧市场上两个家庭主妇分别只带了5千克和9千克的两个小桶，但她们买走了6千克的油，而且一个矮个子家庭主妇买了1千克，一个高个子家庭主妇买了5千克，更为惊奇的是她们之间的交易没有用任何称量的工具。

妈妈问兰兰："你知道她们是怎么分的吗？"

兰兰想了很久，也不知道，你看出来他们是怎么进行交易的吗？

177. 计算割草人数

雯雯最近在看动画片，动画片里演的是关于大作家托尔斯泰的故事。一天，托尔斯泰和他女儿在花园里散步，给女儿出了这样一道题，他说："有两片草地，大的一片是小的一片的两倍。上半天所有的人都在大片地上割草，下午一半的人留下，另一半去小片地割。收工时，大片地正好割完，小片地剩下一块。正好一个人第二天干了1天。问有多少人割草。"

托尔斯泰的女儿很聪明，很快就说出了答案。那么，正确的答案到底是什么呢？

178. 家庭人数游戏

翠翠家里组织家庭聚会，在这个聚会上，大家一起做游戏。期间，叔叔出了一道题让翠翠回答。题目也是和家庭成员有关：

一个家庭里，有一个人是祖父，一个是祖母，两个是爸爸，两个是妈妈，4个是孩子，3个是孙子（女），一个是哥哥，两个是妹妹，两个是儿子，两个是女儿，一个是公公，一个是婆婆，还有一个是媳妇。如果一共有三代人，那这个家庭到底有多少人？

你知道正确答案吗？

179. 篮子里的苹果

每天下午，薇薇安所在的学校都会分些苹果给学生吃，老师拿着一篮子水果到班里准备分水果的时候，薇薇安总是在想，这个篮子里到底有多少水果呢？因为老师给每个人分苹果的时候，总是出现这样的情况，如果给每人3个苹果时，篮子里总剩下两个；如果一人得到4个苹果，最后会剩下3个；如果一人得到5个苹果，最后会剩下4个。

薇薇安就这个问题向老师询问，老师说，他们也不清楚篮子里有多少苹果，大概不会超过100个。有个老师笑着说："薇薇安，你不如算算看，篮子里到底有多少个苹果呢？"那么，篮子里到底有多少个苹果呢？

180. 小球的重量

焕焕拿出一个没有刻度的托盘天平和9个小球对特特说："这9个球中，只有一个重量较轻。现在，只允许两次称重的机会，你能否找出那个重量较轻的小球？"

特特发现，9个小球从外形上看，完全相同，并且焕焕告诉他，9个小球重量的差别十分微小。

究竟该怎样利用这两次称重的机会，判断出重量较轻的小球呢？特特最终没能做到，于是请教焕焕。那么你知道焕焕是怎么做的吗？

181. 节约粉笔

涓涓的数学老师是个十分节约的人。一天，老师领了9根粉笔到教室上课。当一支粉笔用到只剩原来的1/3时，因其太小，写字时拿不住，老师将其放在一边。但是老师又不浪费粉笔，于是就把剩下的粉笔头接起来做一支新粉笔时，她用了一种特殊的方法。

如果老师每天只用一支粉笔，那么9支粉笔可供这位老师用几天？

182. 电视机的价格

琳琳家有位邻居浩东，最近浩东为了一笔账，非常苦恼。他看见琳琳的爸爸，就让安先生帮助他算一算。琳琳也在一边听，希望可以帮帮这位叔叔。

浩东因工作繁忙，决定临时请蒋益来协助他工作。规定以一年为期限，一年的报酬为600美元与一台电视机。可是蒋益做了7个月后，因急事必须离开浩东，并要求浩东付给他应得的钱和电视机。由于电视机不能拆散付给他，结果蒋益得到了150美元和一台电视机。

浩东因为繁忙忘记了电视机的价格，现在他想算算这台电视机值多少钱？

183. 卖鞋子

依依的朋友小小的妈妈开了一家

鞋店，星期天，依依和小小一起去妈妈的鞋店里去帮忙。由于对孩子不放心，小小妈妈还是决定先出道题考考两个孩子。

她说："2双布鞋和3双皮鞋的售价是116元，2双皮鞋和5双布鞋的售价是103元，问：皮鞋、布鞋的单价各是多少？"

依依算了算很快将正确答案说了出来，那么正确答案到底是多少呢？

184 公平分马

一天数学课上，老师给同学们出了一道题：有24匹马的商人，给3个儿子留下"传给长子1／2，传给次子1／3，传给三子1／8的遗言后就死了。但是，在同一天有1匹马也死掉了，这23匹马用2，3，8都无法整除。这真是个难题。你知道应该怎样解决吗？

聪明的小夏没费多少工夫就将这道题解了出来。

请问，她到底用了什么方法呢？

185. 分摊车费

星期天，莲莲和爸爸妈妈到爷爷家做客。吃完奶奶煮的美味菜肴，爷爷决定出道题考考莲莲。题目是这样的：两位乘客想同乘一辆出租车。第一位乘客只走8里路就要下车。而第二位乘客要再走8里路才能下车。车费一共是24元

钱。第一位乘客说他要给6元，其余的由第二位乘客来分担。而第二位乘客说他只给16元其余的由第一位乘客付。他们在那里争执不休。出租车司机听两位乘客说的都有道理。你知道谁的计算正确呢？

186. 无价之宝上的钻石

一位淘金者在南美洲淘金，他不但淘到了大量的金子，还淘到了许多钻石。他用自己淘到的钻石镶成了一个世界上绝无仅有的无价之宝，借此向别人炫耀自己的富有。有一天，他决定从保险柜里取出一颗钻石；第二天，他取出了6颗钻石一起镶在了第一天钻石的周围；第三天，又多了一圈，变成了两圈；又过了一天，又多了一圈，变成了3圈。6天过后，一颗钻石变成了一个巨大的钻石群，真的成了一块闪闪发光的无价之宝。请问，这块无价之宝一共有多少颗钻石？

187. 有多少狮子和鸵鸟

丁丁在做作业时遇到了这样一道难题：

有一个管理员决定计算一下公园里的狮子和鸵鸟的数量。出于某种原因，他是通过计算这些动物的头和腿的数目来统计动物数量的。最后，他算出一共有35个头和78条腿。那么，你知道公园

里分别有多少狮子和鸵鸟吗？

你能够帮助丁丁解出这道题的答案吗？

188. 绿地到底多少钱呢

李云龙和老婆谢润打算再买一套房，让孩子的姥姥和姥爷来住，因为姥姥和姥爷的房子要拆迁了。

"把你的钱拿出3/4给我，"李云龙说，"和我自己的钱合起来，就可以买一套价值100万的房子，而你手头剩下的钱，正好可以购买小区前面的那块地，让咱爸咱妈没事时还可以种种菜。"

"不行，不行，"谢润答道，"把你的钱拿出2/3给我，我把它们同我自己的钱合起来，那时我就能正好买下那套房子，而你的手头上的钱正好可以买下小区前面的那块绿地。"

你能根据李云龙和谢润的对话算出绿地的价钱吗？

189. 要迟到多久呢

今天是星期六，春羊和同学约好要去必胜客吃比萨。那家必胜客距离春羊家有1 600米。他们约定好的时间是下午1:20分。

春羊正好1:00准时出门，他以每分钟80米的速度向餐厅前进，但在1:05时，爸爸发现春羊忘带钱包了，于是以

每分钟100米的速度追了出去。

另外，春羊在1:10分时也发现忘了带钱包，然后还是以每分钟80米的速度返回。终于，春羊和爸爸碰面了。春羊从爸爸那里拿到钱包，仍然以每分钟80米的速度前进。

那么，在两个人交接钱包的时间忽略不计的情况下，你能算出春羊会迟到几分几秒吗？

190. 被分了3次的红枣

王珂的奶奶买了一大堆红枣，除了一部分用来煮粥外，其他的让王珂和来家里玩的表妹叶彤和夏夏3个人分着吃。

王珂看到桌子上的红枣后，便把它们分成了3份，发现还多一个，就把那个红枣吃了，然后拿走了自己的那一份。

叶彤进门后，自言自语道："怎么表哥没有拿红枣就走了？"她也将红枣分成了3份，发现也多了一个，也把那个多的吃了，拿着自己的那份走了。

夏夏最后一个进来，她又将剩下的红枣分成了3份，发现也多一个，便也把它吃了，拿着自己的那份走了。

你能根据上面的情景判断出，一开始桌子上总共有多少个红枣吗？

191. 用空瓶子换汽水喝

柔柔、琪琪、多多、可可和军军5个人约定去文化宫玩。到了文化宫门口，他们决定喝些汽水后再进去，因为天气实在太热，每个人都口干舌燥的。

这时他们发现文化宫门口的冷饮店今天有促销活动：

1元钱可以买1瓶汽水，2个空汽水瓶可以换1瓶汽水。

他们5个人一共有10块钱。你能帮他们算算，最多可以喝几瓶汽水吗？

192. 难缠的主妇

有一位过于精打细算的家庭主妇，一天，她拿着两张50元钱的票子上街买东西。她想去5家商店买6种东西，把100元钱全部花掉。她要买的东西的价钱分别是：12元，21元，30元，15元，14元，8元。

这位主妇在5家商店买东西时，只有一家商店找钱给她，并且主妇自己不去把整钱换成零的。这种想法能实现吗？

193. 赚的银子

古代有一个贩马的商人，一天下来他的生意情况是这样的：先用60两银子买了一匹马，又用70两银子卖了这匹马；再用80两银子买了这匹马，又用90

两银子卖了这匹马。他的妻子说："折腾了一天，只赚了10两银子啊！"商人笑着摇了摇头。

请你算一算，商人在这匹马的交易中赚了多少两银子？

194. 小熊赶集

有7只小熊，他们是好朋友，每周都要到同一个集市去赶集，只是去的次数不一样。奇奇因为是老板，每天都要去，胖胖隔1天再去，米米每隔2天才去一次，桐桐每隔3天去一次，好好每隔4天才去一次，科特每隔5天才去一次。次数最少的是玛奇，每隔6天才去一次。

今天是2月29日，他们在集市上碰面了，愉快地交谈后，他们又在想下一次都在一起赶集的情景。你来帮他们算算，他们在下一次赶集是什么时候？

195. 怎样分盐

有7克、2克砝码各一个，天平一只，如果只用这些物品，那么最少几次能够将140克的盐分成50克、90克各一份？

196. 相遇问题

某河流上下两港相距90千米，每

天定时有"超越"号、"越洋"号两艘船速相同的客船从两港同时出发相向而行。这天，"越洋"号船从上港出发时掉下一物，此物浮于水面顺水而下。两分钟后，与"越洋"号船相距1千米，预计"越洋"号船出发后几小时与此物相遇？

197. 夫妻采购

钱德叔叔同莫妮卡婶婶到服装超市里买东西。钱德买了一套衣服、一顶帽子，用去15美元。莫妮卡买了一顶帽子，她所花的钱同钱德买衣服的钱一样多。然后她又买了一件新衣服，把他们的余钱统统用光。

回家途中，莫妮卡要钱德注意，他的帽子要比她的衣服贵1美元。然后她说道："如果我们把买帽子的钱另作安排，去购买另外的帽子，使我的帽子钱是你买帽子钱的1/2倍，那么我们两个人所花的钱就一样多了。"

钱德说："在那种情况下，我的帽子要值多少钱呢？"你能回答钱德的问题吗？另外请说出：这对夫妻一共花了多少钱？

198. 路碑

回文符是指这样一种符号串，从左面向右读它，与从右面向左读它是一样的。例如，212和4334这样的数就是回文符。

一个司机驾车经过某地，发现路碑的公里读数是个回文符，读作"13931"。

然后，他继续驾车行驶，过了两个小时，这个司机又看了一下路碑，使他惊讶的是，这时的路碑读数又是一个不同的回文符。假设这个司机驾车的时速不超过100千米。那么，在此期间他的时速是多少？

199. 让利销售

一则商业广告这样写道："凡是在本商场一天之内购物金额累计满40元者可以领取奖券一张，共发行10万张奖券。设特等奖2名，各奖2 000元；一等奖10名，各奖800元；二等奖20名，各奖200元；三等奖50名，各奖100元；四等奖200名，各奖50元；五等奖1 000名，各奖20元。"

这种有奖销售和实行"九八折"的销售方式相比较，哪一种让利给顾客的多？

200. 来了多少客人

从前，有一个人中了举人，有很多人来贺喜。举人看见家里的仆人在洗碗，就问仆人，家里一共来了多少位客人。仆人想考考这位举人老爷，就说："我一共要洗65个碗，这些客人中，每两个人共用一个小碗，每3个人共用一个菜碗，每4个人共用一个烫碗，请老爷爷算算，总共来了多少位客人？"这位聪明的举人想了想，马上就算出来了。你知道有多少个人来给举人贺喜吗？

201. 大小灯笼

国庆期间，有一家饭店为了炫耀自己的豪华，在饭店的大厅里装了许多的金边灯笼。其中一种装法是一盏灯下一个大金边灯笼两个小金边灯笼，另一种是一盏灯下一个大金边灯笼四个小金边灯笼。大金边灯笼共有360个，小金边灯笼有1200个。这家饭店的大厅里两种灯各有多少盏？

202. 坐车上班

小明的妈妈每天都要坐公交车上班。从家到公司的公交车有两趟，分别是1路和2路。这两路公交车的线路是一样的，而且都是每隔10分钟跑一趟。唯一不同的是，1路车的首班车是6点30分，而2路车的首班车是6点31分。一个月下来，妈妈发现自己坐的1路车要比2路车多得多，你知道这是为什么吗？

203. 翻转杯子

桌子上放着3个杯子，它们的口都

是朝下的，如果让你翻转杯子，但是每次只能翻转两个。那么，你可以把它们全翻转成口朝上的吗？

如果现在杯子的数目变成了6个，但是3个口朝上，3个口朝下。同样，你每次只可以翻转两个杯子。那么，你可以把它们全翻转成门朝上吗？

现在杯子的数目变成了8个，这8个杯子都是口朝下的，这次让你每次只能翻转3个杯子，你最少需要几次可以把它们全都翻转成口朝上呢？

204. 遗产分配法

一个男人得了绝症，不久就离开了人世。这个人生前有70000元的遗产，他死前他的妻子已经怀孕了。在遗嘱中要求：如果他的妻子生下的是儿子的话，女人所得的遗产将是她儿子的一半，如果是女儿的话她的遗产就是女儿的二倍。结果女人生下的是双胞胎，一儿一女。这下子律师为难了，怎么分才能不违背遗嘱呢？

205. 谁最聪明

三兄弟从学校回家，走到车站，打算一来车就跳上去。可是，他们一直没有等到回家的车子。

这时候，老大坚持继续等车。老二却认为应该往前走，他认为应该等车赶上他们的时候大家再跳上去，这样等的时间已经可以走出一段路程了，就可以早点儿到家。

老三的意见与老大和老二都不相同，他建议大家往后走，以便更快地遇到迎面开来的车子，然后坐上去回家。

请问，你认为他们三兄弟谁先回到家里？谁做得最聪明？

206. 淘汰赛

学校举行象棋比赛，比赛实行淘汰制，一共有32名学生参赛。比赛规则如下：每场比赛的选手配对由抽签决定，胜者进入下一轮，败者淘汰出局。后来，有人做了统计，得知在整场比赛中，没有任何选手弃权，也没有一场比赛打成平局。那么，请问，为了决出冠军，必须进行多少场比赛呢？

207. 到底要多少钱

今天是1月21日，王剑盼望已久的假期终于来到了。他和同学约定去游玩，需要一笔钱。不过这次，他没有直接告诉爸爸自己要多少钱，而是故意卖起了关子。

"爸，我把我所需要的钱的数目写到一张纸上，纸上的每个字母代表一个数字，不同的字母代表不同的数字。你能猜出我要多少钱吗？"

接到儿子的挑战，王剑爸爸当然不服，不过看了儿子递过来的纸条，他还

是皱起了眉头开始思索。王剑的纸条是这样写的：

$$
\begin{array}{r}
A \quad B \quad C \\
\times C \\
\hline
D \quad B \quad C
\end{array}
$$

爸爸经过认真的思索和各种假设后，终于算出了答案。当他把答案递给王剑后，王剑只得向聪明的老爸服输。你知道王剑要多少钱吗？

208. 最多可以喝多少瓶汽水

1元钱一瓶汽水，喝完后两个空瓶换一瓶汽水，如果你有20元钱，最多可以喝到多少瓶汽水？

209. 六人买书

有六个小朋友去书店里买书，他们分别带了14元、17元、18元、21元、25元、37元钱，到了书店里，他们都看中了一套书，一看定价，这六个人都发现自己所带的钱不够，但是其中有3个人的钱凑在一起正好可买2套，除去这3个人，有2人的钱凑在一起恰好能买1套。那么，这套书的价格是多少呢？

210. 角度换算时间

小军在6点多一点儿出去了，这时分针和时针为110度角，在快到7点

时回来，此时分针和时针刚好又成110度角。

请问：小军出去多长时间？

211. 粗面条和细面条

在吃牛肉拉面的时候，有的人喜欢吃面条粗一点儿的，有的人喜欢吃面条细一点儿的。大师傅在拉面的时候，遇上喜欢吃粗面条的对拉8次就行了，遇上喜欢吃细面条的就再增加一次。试问，粗面条共有多少根，细面条又有多少根？

212. 数学家多少岁了呢

一位数学家的墓碑上刻着这样一段话："过路人，这是我一生的经历，有兴趣的可以算一算我的年龄：我的生命前1/7是快乐的童年，过完童年，我花了1/4的生命钻研学问。在这之后，我结了婚。婚后5年，我有了一个儿子，感到非常幸福。可惜我的孩子在世上的光阴只有我的一半。儿子死后，我在忧伤中度过了4年，也跟着结束了我的一生。"

根据墓碑上所刻的信息，你能计算出他的年龄吗？

213. 龟兔再赛跑

笨乌龟和傻兔子赛跑的原版，是由于傻兔子过于贪玩笨乌龟胜出了。但依傻兔子的速度可以远远超过笨乌龟的。而现在有一段总长为4.2km的路程，傻兔子每小时跑20km，笨乌龟每小时跑3km，不停地跑。但傻兔子却边跑边玩，它先跑1分钟，然后玩15分钟。又跑2分钟，再玩15分钟……那么，先到终点的比后到终点的要快多少分钟？

214. 这个班有多少个男生呢

今天，萱萱所在班级最后一节课上的是自习，老师组织他们班的50名同学开个联欢会，男生都参加了布置教室的工作。女同学开始走进教室，第一个进来的女同学，给每个男同学送了一件小礼物；第二个进来的女同学，除了1名男生外，也给其余的每个男生送了一件小礼物；第三个进来的女同学，除了2名男生外，也给其余的每位男生送了小礼物。照这样下去，最后进来的女同学给9个男生送了小礼物。

你能据此推断出萱萱班级总共有多少个男生吗？

215. 安瑞撕日历

安瑞是班上的"破坏大王"，他

的手就跟长了刺一般，什么东西只要经过他的手，都不能幸免。你看，老师怕同学们忘记日期，特地买了一本日历。她还交代班长看着安瑞，别让他把日历损坏了。可是，安瑞趁班长不注意的时候，连着撕了9张日历纸，这些日期数相加是54。请问：安瑞撕的第一张是几号？最后一张是几号？

216. 最短的时间到达农场

韩寒和李亮准备去朋友家的农场玩，可是他们家与朋友家相距很远。于是，他们准备骑车20千米。当骑过4千米的时候，韩寒的自行车出了问题，他不得不把车子用链子拴在树上。由于很着急，他们决定继续尽快向前走。他们有两种选择：要么两人都步行；要么一个人步行，一个人骑车。他们都能够以每小时4千米的速度步行或者以每小时8千米的速度骑车前进。他们决定制订一个计划，即在把步行保持在最短距离的情况下，利用最短的时间同时到达农场。你觉得他们的计划能够实现吗？

217. 1 元钱是谁拿走了呢

独立一向是米兰和安瑞最讲究的事情，她们俩从小就非常独立，读小学的时候，她们就开始了她们的兼职生涯。星期天，她们俩将家里养的小鸡拿到集市上去卖。安瑞每天卖30只，两只卖1元，回家时她可以卖15元；米兰每天也卖30只，3只卖1元，一共可以卖10元。有一天，米兰生病了，于是她请安瑞帮他卖小鸡。安瑞带了60只小鸡去了集市，并以5只2元的价钱卖。当她回家时，她一共卖了24元。因此，这个要比两人分别卖所赚的钱少了1元。那么，为什么会少1元呢？是安瑞拿走了吗？

218. 四兄弟骑车

卡西斯城里最著名的纳塔兄弟是双轮脚踏车赛的冠军，他们总是在4个长为1/3千米的椭圆形轨道上进行赛前练习。兄弟4个人从中午开始每人沿着一个轨道进行骑车练习，他们各自的速度分别为每小时6千米、9千米、12千米以及15千米。直到他们第4次再圆圈中央相遇时才停下来。那么，他们需要骑多长时间呢？

219. 时针和分针的"相遇"

重达3吨的家里时大钟将在普尔斯城进行展览，这个罕有的家伙在此次展览会上大放异彩。这个大钟既可以为13座城市报时，也可以体现季节的变迁，还可以显示太阳周围的行星运行的轨迹，这个大钟的出现，也引发了人们的疑问：从午夜到正午时分，大钟的时针和分针相遇（重合）了多少次？时针和分针在每个小时里相遇的时间会比前一个小时晚大约5分钟。

220. 奥斯汀的难题

奥斯汀在一家面包店工作，这家店的生意很好，奥斯汀每次都忙不过来。为了多陪陪年迈的父亲，奥斯汀每个星期天都会挤出一点儿时间，回家和爸爸共进晚餐（17：00）。奥斯汀住在利佛格罗夫，而他的爸爸住在市中心。教堂的茶叙时间（12：00）一过，奥斯汀就马上动身出发。很久以前，他就知道，如果按照每小时15千米的速度骑车，他会在晚餐开始前一个小时到。但是，如果以每小时10千米的速度骑，他会迟到一个小时。如果奥斯汀想在晚餐时间正好到的话，他应该骑多快呢？他工作的地方与家相距多远呢？

221. 没有风走 1 千米要多长时间

伙计们都知道木板路是亚特兰大市最引以为傲的特色。阿姆斯特的女朋友因为车祸不幸失去了双手。每年夏天，阿姆斯特都会推着心爱的女朋友在木板路上散步，一直走到钢铁码头才返回。阿姆斯特的行车速度保持不变：当逆风而行时，他4分钟可以走1千米；当顺风而行时，他3分钟就可以走1千米。根据这些信息，你能否计算出他在没有风的时候走1千米多用了多长时间吗？

222. 大牧场主的遗嘱

有个牧场主要把自己的产业分给他的儿子们，于是召集他们宣读遗嘱。

他对大儿子说："儿子，你认为你能够养多少头牛，你就拿走多少；你的妻子可以取走剩下的牛的1/9。"

他又对二儿子说："你可以拿走比大哥多一头牛，因为他有了先挑的机会；至于你的妻子可以取走剩下的牛的1/9。"

然后对其余的儿子说了类似的话，每个人拿到比他大一点儿的哥哥的牛数多一头，而他们的妻子则获得剩下的牛的1/9。

当最小的儿子拿完牛之后，牛一头也没有了。

于是牧场主又说："马的价值是牛的两倍，剩下的7匹马的分配要使每个家庭得到同样价值的牲口。"

试问：大牧场主共有多少头牛？他有几个儿子？

223. 沙漠中迷路的人

9个人在沙漠中探险，不小心迷了路，他们带的水只够喝5天。第二天，这9个人又遇到另外一队迷路的人，大家方便一起走。这次所有人带的水合起来只够喝3天的。你知道第二队迷路的人有多少吗？（假设第二队人没有带水）

224. 取火柴

有 3 000 根火柴，甲、乙两个人轮流取火柴。甲先取，每次只允许取出 1 根或 2 的 K 次方（K 为自然数）根火柴，谁取得最后一根火柴就谁胜。这个游戏最终谁将获胜？为什么？

225. 兔子背胡萝卜

有只兔子在树林采了 100 根胡萝卜堆成一堆，兔子家离胡萝卜堆 50 米。兔子打算把胡萝卜背回家。但是，兔子每次最多只能背 50 根，而且兔子嘴馋，只要手上有胡萝卜，它每走 1 米它要吃掉 1 根，问兔子最多能背几根胡萝卜回家？

226. 汽车模型

一家工厂 4 名工人每天工作 4 小时，每 4 天可以生产 4 架模型汽车，那么 8 名工人每天工作 8 小时，8 天能生产多少架模型汽车呢？

227. 用了多少时间

这天，天气晴朗。数学老师决定带着孩子们劳动一下。他吩咐大家，在野地里寻找一种野菜，中午的时候，可以交给做饭的叔叔阿姨，这样他们就可以喝到美味的汤了。但是，光是挖野菜可

能会很无聊，于是数学老师又给大家出了一道题：如果挖 1 米长、1 米宽、1 米深的池子需要 12 个人干 2 小时。那么 6 个人挖一个长、宽、深是它两倍的池子需要多少时间？

228. 谁能活命

某个国家有在船上依靠"神"的旨意处决犯人的习俗。这条船上有 5 个囚犯，都是很聪明的人。他们分别被编为 1、2、3、4、5 号，他们分别要在装有 100 颗绿豆的麻袋里抓绿豆，每人至少要抓一颗，抓得最多和最少的人都将被扔下海去。他们五个人在抓豆子的时候不能说话，但在抓的时候，可以摸出剩下的豆子数。只有先活下来才能谈如何进行下一步，例如陷害他人。这 100 颗绿豆不需要全部都分完。若出现两人或多人有一样的豆子，则也算最大或最小，一并丢下海去。那么，他们中谁的存活几率最大呢？

229. 智进城堡

学校开学了，明明和其他小朋友一样，高高兴兴地背着书包上学去了。小朋友一见面就有说不完的话题。有一个叫榕榕的小女孩说："你们看，我们的学校像不像一座城堡？"大家都说像极了。

榕榕接着说："假如我是一个城

主，不容许外面的人进去，也不容许里面的人出来，而且我还非常负责任，每隔10分钟我就出城巡视一次，看看有人是否想偷进或偷出。你们想想看，能不能想办法进去呀？"大家七嘴八舌地讨论起来。

君君说："我可以趁你不注意溜进去。"

榕榕说："我不在的时候城门是关着的，你没有一点儿机会。"

明明说："我们可以几个人把你骗出来，再进去。"

榕榕向明明吐了吐舌头说："我才没那么好骗呢。"

大家都在说自己的办法，榕榕都给否定掉了。正当大家着急的时候，明明说他想到办法了。

你想出来了吗？

230. 分豆子

一向聪明的天天今天遇到难题了，他怎么想也想不出好的办法，于是他跑到爸爸的房间去问爸爸，到底是什么样的难题呢？原来天天在一本脑筋急转弯的书上看到这样一个问题：如果给你一个锅，同时炒红豆和绿豆，炒熟后往外一倒就可以使它们同时分开，请问怎么炒？

爸爸听了哈哈大笑，说："好有意思的问题啊。不过这道题目并不难。"说完，他很快说出了答案。

你知道答案是什么了吗？

231. 空壶取水

假设现在有一个池塘，里面有无穷多的水。有2个空水壶，容积分别为5升和6升。

如何只用这2个水壶从池塘里取得3升的水？

232. 谁知道老师的生日

小王和小韩都是蒋老师的学生，假设蒋老师的生日是M月N日，两人都知道蒋老师的生日是下列10组中的一个，蒋老师把M告诉了小王，把N告诉了小韩，蒋老师问他们知道他的生日是哪一天吗？

3月4日；3月5日；3月8日；6月4日；6月7日；9月1日；9月5日；12月1日；12月2日；12月8日。

小王说：如果我不知道的话，小韩肯定也不知道；

小韩说：本来我也不知道，但是现在我知道了；

小王说：哦，那我也知道了。

请根据以上对话推断出蒋老师的生日是哪一天。

233. 代表什么

在下面的乘法算式中，每个字母代表0~9的一个数字，而且不同的字母代表不同的数字。他们之间有这样的

关系：

A × CB=DDD

A × CB=D × 111

A × CB=D × 3 × 37

请问D代表的是哪一个数字？

234. 有多少小朋友

幼儿园的老师让小朋友们排成了一行，然后开始发水果。老师分发水果的方法是这样的：从左面的第一个小朋友开始，每隔2个小朋友发一个橘子；从右边第一个人开始，每隔4个小朋友发一个苹果。分发后的结果是有10个小朋友既得到了橘子，又得到了苹果。你能推算出这个幼儿园有多少个小朋友吗？

235. 城市的街道

滨海市、沿江市和湖中市这三个城市发展都比较迅速，分别有很多宽广的街道，而且这三个城市的形状都呈长方形。

（1）每个城市沿边界街段（指两条平行街道之间的一段街道）的数目都是整数，而且市内街段总是都与沿边界街段平行。

（2）沿城市北部边界的街段的数目，滨海市最少，沿江市比滨海市多3段，湖中市又比沿江市多3段。

（3）有两个城市，它们市内街段的数目，等于沿整个边界街段的数目。

根据上述条件，哪个城市其市内街段的数目不等于沿整个边界的街段的数目？

236. 多少员工

某大型企业的员工人数在1700~1800之间，这些员工的人数如果除以5就余3，如果除以7就余4，如果除以11余6。那么，这个企业到底有多少员工？

237. 打碎的花瓶

一个陶瓷公司要给某地送2000个高档釉彩花瓶，于是就找一个运输公司承担运输高档釉彩花瓶的任务。在运输协议中是这样规定的：

（1）每个花瓶的运费是1元。

（2）如果打碎1个，不但不用支付运费，还要赔偿陶瓷公司5元。

最后，运输公司共得到运费1760元。那么，这个运输公司在运送的过程中一共打碎了多少个高档釉彩花瓶？

238. 竞赛得分

有一场体育比赛中，共有W个项目，有运动员阿克，阿亚，阿蛮参加。在每一个比赛项目中，第一，第二，第三名分别得A，B，C分，其中A，B，

C为正整数，且A>B>C。最后阿克选手共得22分，阿亚与阿蛮均得9分，并且阿亚在百米赛中取得第一。最后求W的值。

239. 谁是那个人

小虎、小皮和小葛是三个不同寻常的人，每个人都恰有三个特点。

（1）两个人非常聪明，两个人非常帅气，两个人非常强壮，两个人非常幽默，一个人非常有爱心。

（2）对于小虎来说，下面的说法是正确的：如果他非常幽默，那么他也非常帅气；如果他非常帅气，那么他不是非常聪明。

（3）对于小皮来说，下面的说法是正确的：如果他非常幽默，那么他也非常聪明；如果他非常聪明，那么他也非常帅气。

（4）对于小葛来说，下面的说法是正确的：如果他非常帅气，那么他也非常强壮；如果他非常强壮，那么他不是非常幽默。

请找出，这几个人中谁是非常有爱心的？

240. 孙家的人

有两位女士，小萍和艾娃，还有两位男士，家康和学前，他们每人每星期都有两天做瑜伽。在一个星期中：

（1）小萍在某天做了瑜伽后过五天再做瑜伽（即有四天不做，到第五天再做，下同）。

（2）艾娃在某天做了瑜伽后过四天再做瑜伽。

（3）家康在某天做了瑜伽后过三天再做瑜伽。

（4）学前在某天做了瑜伽后过两天再做瑜伽。

（5）孙家的一男一女只有一次在同一天做瑜伽。在其余的日子里，每天都只有一个人做瑜伽。

哪两位是孙家的人？

241. 比赛得分

三个班的代表队进行N（N≥2）次篮班比赛，每次第一名得A分，第二名得B分，第三名得C分（A、B、C为整数，且A>B>C>0）。现已知这N次比赛中甲班共得20分，乙班共得10分，丙班共得9分，且最后一次乙班得了A分，那么第一次得了B分的是哪个班？

242. 驴子和苹果

一个水果商人要骑着他的驴穿越1000公里长的沙漠，去卖3000个苹果。现在知道驴一次性可驮1000个苹果，但每走一公里，为了补充体力驴需要吃掉一个苹果。

那么，经过这一路的消耗之后，水

果商人共可卖出多少个苹果？

243. 女儿的年龄

一个父亲有三个女儿，这三个女儿的年龄加起来等于13，三个女儿的年龄乘起来等于父亲自己的年龄，有一个人知道父亲的年龄，但仍不能确定父亲三个女儿的年龄，这位父亲说只有一个女儿的头发是黑的，然后这个人就知道了他的三个女儿的年龄。

请问：这三个女儿的年龄分别是多少？

244. 美味糖果

有一个女孩子在上周的周一到周四的4天中每一天都吃了一些糖果。那几天她每天都吃奶糖和水果糖。每天吃奶糖的数量各不相同，在1个到4个之间。而且，水果糖的数量每天也不一样，在1个到5个之间。一天中吃掉的糖果数量（奶糖和水果糖合计）随着日期的增加而每天增加一个。星期二只吃了一颗奶糖。

请问：她每天分别吃了哪一种糖果，吃了多少颗呢？

245. 猜测年龄

两个很久不见的好友在路上相

遇，很热情的攀谈起来。甲对乙说："我记得你有三个儿子，他们现在都多大了？"乙说："他们年龄的乘积是36，而且他们的年龄恰好是今天的日期，也就是13。""嘿，我知道这很有趣，可你还没告诉我你儿子的年龄呢。""是吗？我的小儿子胎毛还没脱落呢。"乙说。"那我知道你的三个儿子多大了。"甲答道。

请问：乙的三个儿子的年龄是多少呢？

246. 办公桌的价格

一个家具店里有三种办公桌，其价格分别是这样的情况：

（1）他们的单价各不相同。

（2）它们的单价加起来共4000元。

（3）第二种办公桌比第一种办公桌便宜400元。

（4）第三种办公桌的单价是第二种的2倍。

这三种办公桌的单价各是多少？

247. 赶公车

星期天，小杜带着全家人出去游玩，由于玩得太高兴了，忘记了返程时间。等到想起来的时候，他们急急忙忙回到来时路过的小河边，河上的独木桥很老了，一次只能允许两个人通过。

如果他们一个一个过独木桥的话，小杜需要15秒，小杜的小妹要20秒，爸爸要8秒，妈妈最快也要10秒，外婆则要23秒。如果两个人一块过独木桥的话，则只能按着走路慢的人的速度来计算。过独木桥后还要走2分钟左右的路。不过，小杜一家人急着到对面去赶最后一班的公交车。

在只有3分钟时间的情况下，小杜一家能否赶上公交车？他们该怎样过独木桥？一家人过独木桥用了多长时间呢？

248. 老板分苹果

水果店老板要把72个苹果分给两个来进货的小贩，她的分法是这样的：

（1）第一堆的2/3与第二堆的5/9分给了小贩A。

（2）两堆苹果余下的共27个苹果分给了小贩B。

请问，这两堆苹果分别有多少个呢？

249. 有多少钱

为了考考小虎，爸爸给小虎出了道题。爸爸说："我手里有1元、2元、5元的人民币共60张，总值是200元，并且1元面值的人民币比2元的人民币多4张。儿子，你给爸爸算算这三种面值的人民币各有多少张吧！"小虎眨了眨眼

睛，摸摸脑袋，也不知道怎么算。

那么，究竟各有多少张呢？

250. 赔钱还是赚钱

乐乐花90元在网上买了件衣服，很多朋友都特别喜欢。她脑子一转，又把这件衣服120元卖了出去，她觉得这样转卖挺划算的，于是又用100元在网上买进另外一件衣服，原以为会150元卖出，结果卖亏了，90元才卖出。乐乐这一番倒卖是赔了还是赚了？赔了多少还是赚了多少？

251. 假钞换真钱

一天，东升的小店里来了一位顾客，挑了20元的货，顾客拿出50元纸币，东升没零钱找不开，就到隔壁小韩的店里把这50元换成零钱，回来给顾客找了30元零钱。过一会儿，小韩来找东升，说刚才收的是假钱，东升只好马上给小韩换了张真钱。

在这个过程中东升赔了多少钱？

252. 成绩如何

俊青参加学区举行的知识能力竞赛，比赛结束后，同学乐乐问俊青得了第几名，俊青故意卖关子，说："不是第一，不过我考的分数、名次和我的年

龄的乘积是1958，你猜猜看。"乐乐想了没多久就说出了俊青的分数、名次和年龄。

那么，你知道俊青多大吗？他的竞赛名次和分数呢？

253. 第十个数

仔细观察下列数字，找到他们之间的规律：

1、5、11、19、29、41……

请回答出，这列数中第10个数应该是多少？

254. 鸭妈妈数数

鸭妈妈领着自己的宝宝们出去觅食，为了防止小鸭丢失，她一路上总是数着数儿，从后向前数到自己是8，从前向后数，数到她是9。鸭妈妈最后数出来她有17个孩子，可是鸭妈妈明明知道自己没有这么多孩子啊。那么这只糊涂的鸭妈妈到底有几个孩子呢？鸭妈妈为什么会数错？

255. 大草原上的野兽

某大学的研究生妮娜开着吉普车穿梭在大草原上，先后发现了数头山猪、豺狼、野山羊。这三种动物的总数量在26头到32头之间。已知条件如下：

（1）山猪和野山羊的总数量要比豺狼的数量多。

（2）豺狼和野山羊的总数量要比山猪的总数的两倍还要多。

（3）山猪和豺狼的总数量要比野山羊的三倍还多。

（4）豺狼的数量没有野山羊数量的两倍那么多。

那么请问，这三种动物她各发现了多少头？

256. 进城

一个商人要赶着一辆马车走50公里的路程去县城卖50箱李子，一个箱子里有30个大李子。马车一次可以拉10箱李子。但商人进城时会带上他的儿子见见世面。在进城的路上，他的儿子每走一公里因为口渴都要吃掉一个李子。那么商人走到县城可以卖出多少个李子？

257. 老赵养马

老赵想要养马，已知他有这样一池水：

如果养马30匹，那么8天可以把水喝光；

如果养马25匹，那么12天把水喝光。

如果老赵要养马23匹，那么几天后他要为马找水喝？

258. 分月饼

中秋节快到了。这天下午发点心的时候，幼儿园的老师给三组小朋友分月饼，如只分给第一组，则每个小朋友可得7个；如只分给第二组，则每个小朋友可得8个；如只分给第三组，则每个小朋友可得9个。

老师现在想把这些月饼平均分给三组的小朋友，你能告诉她要每个小朋友分几个吗？

259. 有多少弹珠

默默跟小月一块到草地上玩弹珠，默默说："把你的弹珠给我2个吧，这样我的弹珠就是你的3倍了。"小月对默默说："还是把你的弹珠给我2个吧，这样我们的弹珠就一样多了。"那么，默默跟小月原来各有多少个弹珠？

260. 和尚敲钟

在一个寺院里，每天寺院里面的和尚都要敲钟，第一个和尚用10秒钟敲了10下钟，第二个和尚用20秒敲了20下钟，第三个和尚用5秒钟敲了5下钟。这些和尚各人所用的时间是这样计算的：从敲第一下开始到敲最后一下结束。这些和尚的敲钟速度是否相同？如果不同，一次敲50下的话，他们谁先敲完？

261. 开着还是关着

妈妈跟强子一块去逛街，回来后天已经黑了，妈妈叫强子开灯，强子想捉弄一下妈妈，连拉了7次灯，猜猜强子把灯拉亮没？如果拉20次呢？25次呢？

262. 拆伙

5个人合伙做生意，没有攒下钱，要拆伙的时候只剩下摆放货品的柜子了。他们一共有3个一模一样的货柜，把这三个货柜分给3个人，然后分到货柜的三个人各拿出1000元，平均分给其余两人。这样一分，大家都觉得挺合理的。事后，其中一人算了半天也不知道到底一个货柜是多少钱，是多少呢？

263. 买多少饮料

大李有40元钱，他想买饮料招待朋友，巷子口的饮料店老板告诉他，2元钱可以买一瓶饮料，4个饮料瓶可以换一瓶饮料。那么，大李可以用这些钱买到多少瓶饮料？

264. 难题

参加数学竞赛的弟弟正在抓紧复习。他让姐姐帮他解答一道数学题，一个两位数乘以5，所得的积是一个三位数，且这个三位数的个位与百位数字的和恰好等于十位上的数字。姐姐看了半天题，却没有得出答案，这道题的答案到底是什么呢？

265. 巧分果冻

阿穆的妈妈买了许多果冻，这些果冻一共有48个，阿穆的妈妈对阿穆说：如果你能把这些果冻分成4份，并且使第一份加3，第二份减3，第三份乘3，第四份除3所得的结果一致，那你就可以吃这些果冻了。阿穆想了好长时间，终于把这个问题想出来了，她是怎么分的呢？

266. 多少个座位

有一辆公交车总是在一个固定的路线上行驶，除去起始站和终点站外，中途有8个停车的中间站，如果这辆公交车从起始站开始上乘客，不算终点站，每一站上车的乘客中恰好又有一位乘客从这一站到以后的每一站下车。如果你是公交车队的负责人，为了确保每个乘客都有座位，你至少要在车上安排多少个座位？

267. 西瓜的数目

大宽和老杨经常在一起卖菠萝。

一天，大宽家里有点事，就把要卖的菠萝托付给老杨代卖。没有卖之前，大宽和老杨的菠萝是一样多的，但是，大宽的菠萝小一些，所以卖10元钱3个，老杨的菠萝大一些，所以卖10元钱2个。现在老杨为了公平，把所有的菠萝混在了一起，以20元钱5个出售。当所有的菠萝都卖完之后，大宽和老杨开始分钱，这时，他们发现钱比他们单独卖少了20元。大宽和老杨当时各有多少个菠萝呢？

268. 排头数字是什么

一排数字有逻辑关系，怎样根据后面的关系推理出第一个数字是什么？

（　　）35　63　99　143

A.24　B.15　C.8　D.1

269. 分开买

有一个人买白菜，大白菜1块钱一斤，这人便跟卖白菜的商量，如果白菜叶那段每斤两毛，白菜帮每斤8毛并且分开秤的话他就全买了。卖白菜的一想反正自己不会赔钱，便答应了，结果却发现赔了不少钱。为什么卖白菜人会赔钱呢？

270. 男女赛跑

为了监测平均速度，一个男生和一个女生在一起赛跑，当男生到达100米终点线的时候，女生才跑到90米的地方。现在如果让男生的起跑线往后退10米，这时男生和女生再同时起跑，那么，两个人能同时到达终点吗？

271. 白食的午餐

在一个家庭里面有5口人，一到周末的时候，这家人总是会去一家高档饭店吃午饭。吃了几次，这家人就提议让老板给他们点优惠，免费送他们一餐。精明的老板想了想，说道："只要你们每人每次都换一下位子，直到你们5个人的排列次序没有重复的时候为止。到了那一天，别说免费给你们送一餐，送10餐都行。怎么样？"那么，这家人要按照老板的说法，在这个饭店吃多长时间饭才能得到免费送的10餐呢？

272. 会不会天黑

梅雨季节总是阴沉沉的。一直到6点放学，雨还在下，丽丽对青青说："青青，你看，雨已经下了三天了，看样子是不打算停了，你觉得40小时后天会黑吗？"

273. 火车提前进站

有一天，小华乘坐火车到达某一个地方，他给女朋友送东西，本来说好女朋友来接小华的，可是，这天火车提前到站了，所以小华就一个人开始往女朋友住的地方走，路上迎面遇到了女朋友，女朋友接过东西，没有停留就掉头回去了。当小华的女朋友到住的地方时发现，这次回来的时间比平时早了10分钟。那么，这天的火车比平时早到了多长时间呢？

274. 有多少红宝石

有一堆红宝石，如果5个5个的数，就会剩下4个；如果4个4个的数，则剩下3个；如果3个3个的数，则会剩下2个；如果2个2个的数，则剩下1个。那么，这堆红宝石至少有多少个呢？

275. 打工的日子

有一个能干的小伙子在一家工地上连续打工24天，共赚得190元（日工资10元，星期六半天工资5元，星期日休息无工资），不过他已经记不清自己是从1月下旬的哪天开始打工的，他只知道这个月的1号是星期日，那么，这个人打工结束的那一天是2月的哪一天？

276. 书虫的速度

小美是一个很爱看书的女孩，在她的书架上，摆满了各种学科的书籍，其中的一个方格里，摆的都是历史类的书籍。在这个方格里，小美按时间的先后顺序从左到右摆放着书籍，不过，因为摆放的时间过长，书中生了蛀虫。其中的一套《上下五千年》分为四本，每一本的总厚度有5厘米，封面与封底的各自厚度为0.5厘米。

如果蛀虫从第一本的第一页开始咬，直到第四本的最后一页，你能算出这只蛀虫咬的距离是多少吗？

第三章 图形迷宫

——激发空间想象力的逻辑游戏

277. 神奇的魔术

果果很喜欢看魔术节目，这天，她在家里看电视，电视里一个世界闻名的魔术师正在做魔术表演。他拿着一个正方形，正方形被分割成几小块后，重新组合成一个同样大小的正方形时，它中间却出现了一个洞。

魔术师把一张方格纸贴在纸板上，按图1画上正方形，然后沿图示的直线切成5小块。当他按照图2的样子把这些小块拼成正方形的时候，中间真的出现了一个洞。

图1的正方形是由49个小正方形组成的，图2的正方形却只有48个小正方形。究竟出了什么问题？小正方形到底去了什么地方？

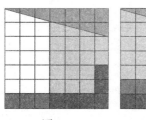 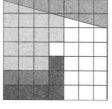

图一 图二

278. 巧移数字

这天，上数学课，老师将一道题写在黑板上，题目是这样的：请移动下面等式中的一个数字，只能是数字，不能将数字对调，也不能移动符号。使等式成立，应该怎么做？

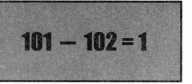

101 − 102 = 1

279. 补图形

每做一道题时，心儿就会相应地想起曾经做过的一些题目类型。但在看到这道题时，她想了很久，也没有想出类似的题目来。因此，她知道，这又是一个新类型的题目。题目到底是怎样的呢？其实，题目非常简单。要求是这样的：图中最后一个轮子缺的应是哪一块？

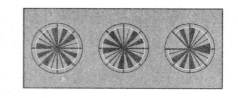

280. 怎样摆米粒

一天，盈盈的好朋友圆圆到家里来玩。盈盈便把爸爸买的这本书拿出来，和圆圆一起看。盈盈看到其中的一道题，决定考考圆圆。题目是这样的：有9个格子的正方形，拿出36颗石子放在小方格中，要求使每边3个小方格内石子之和都是15。接着盈盈又拿出4颗石子，让圆圆把40颗石子重新分配在四周的小方格里，要求每边总数仍是15颗。圆圆很快摆好了。

盈盈又拿出4颗石子，让圆圆摆。随后，盈盈把石子加到48颗，要求每边石子之和仍是15颗。

圆圆都摆得很好，盈盈非常惊奇。

圆圆是怎样安排的呢？

281. 最牢固的门

有一个人想给家里一扇容易变形的门钉上门框。他画了4种钉门框的方法，分别为A、B、C、D，如图所示，但不知道哪一种门框最牢固，不容易变形。你能告诉他哪个最牢固吗？

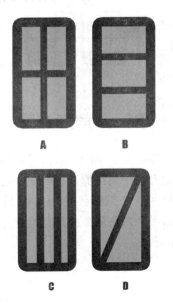

282. 五角星在哪里

下面的这幅图中隐含着一个标准的五角星，你能把它找出来吗？

283. 流动的竖线

下图是一个S形的流动竖线，现在，你能找出其中最长的那一条竖线吗？

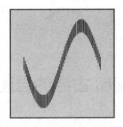

284.D 图代表什么

如下图所示，如果A图代表12，B图代表9，C图代表6，那么你知道D图代表什么吗？

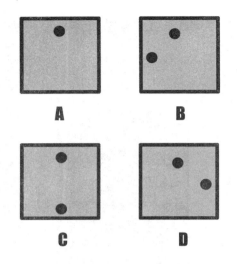

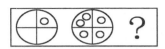

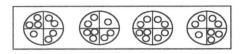

285. 数字之谜

观察下图，注意寻找规律，看看最后一个五角星应该填入什么数字？

287. 胡萝卜在哪里呢

在下面表中有几只兔子，每只兔子都有一根胡萝卜，这根胡萝卜不在兔子的身旁（不在兔子的对角线位置）。同时，两根胡萝卜也不能相邻（也不允许在对角线位置）。位于每行和每列的胡萝卜数目已经标示在表格旁了，每只兔子的食物都在哪里呢？

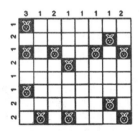

286. 古老的岩画

在一个山洞里，探险家们发现了一些古老的岩画，这些岩画显示着一些规律，请问按照这种规律，右边第三个图案应该是什么？

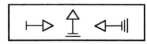

288. 八角形变异

将下图中给出的正八角形画到一张薄纸上面，中央再剪开一个正八角形的孔。请将这个图形剪成8块，然后用它们拼出一个八角星，并且也要有一个八角形的孔。

289. 四点一线

下图中有10个棋子，移动3个，让10子分别连成5条直线，每条线上都要分布4个棋子。试试看。

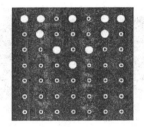

290. 线段多少条

15个点均匀地分布在圆周上，任意两点间都有线段相连，你知道其中共有多少条线段吗？

291. 分辨表针

4个钟的时针和分针长短差不多，不仔细看分辨不出来。你能看出哪根是分针，哪根是时针吗？

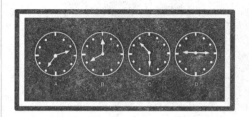

292. 均分奇形

在下图内部，请用8根火柴棒，将图划分成形状相同的4块。并且，要与原来的图形相似，应该怎样划分呢？

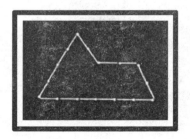

293. 巧分蓝宝石

有一个正方体玻璃盒子，中间用3块灰色玻璃隔成8个小空间。每个小空间要放不同数目的蓝宝石，但不管从哪一个侧面看，能看见的4个小空间中，其蓝宝石的数目之和都相等。现在有72颗蓝宝石，应该怎么分放呢？

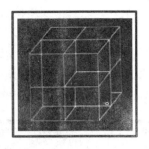

294. 让正方形最多

如下图所示，这里有12根长度相同的火柴棒。如果不折断火柴，最多可以排出几个大小相同的正方形？

295. 大象几条腿

请仔细观察图中的奇怪大象，数数看，它有几条腿？

296. 玻璃组图

一所教堂在许多窗户上装镶了彩色玻璃。其中有一个窗子形状如图（2）所示，其8块形状如图（1）所示。现在想把这些玻璃拆下来，改装在一个长方形的窗户上，能不能用这8块玻璃正好组成一个长方形呢？

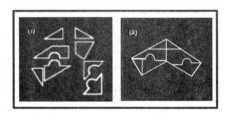

297. 找正六边形

下图是小三角形与菱形的组合。实际上，其中隐藏着一个正六边形，请找出它来。

298. 转向哪里

在某个小镇，有这样几个转向标志，他们之间汇总在一起后，因为各自不同的规律而呈现出一个具有逻辑性的图案，这个图案还缺一个角，右边的哪一个是它缺失的呢？

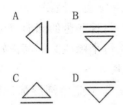

299. 台球进洞

这张椭圆桌面上有一个台球，另一个焦点是一个球洞。球和洞之间有障碍物，你有没有可能把球打进洞里？

300. 黑面的对面

下图是一个立方体从3个方向看的视图效果，请问黑面的对面是什么样子的？

301. 大小地毯

一块边长为2米的地毯覆盖了一块边长为1米的地毯的一角。大地毯的一个顶点放在小地毯的中心。不考虑周围的流苏，小地毯有百分之几被大地毯遮住了？

302. 迷宫里的宝石

有一个国王得到了一颗价值连城的宝石。为了保证宝石的安全，他要人设计了一个迷宫，把宝石放在里面。很多人听到这个消息，就去迷宫偷宝石，可是找到了宝石却走不出迷宫。偷宝石的人中，有一个人非常聪明，他偷来了迷宫的平面图，事先找到从进口走到出口的路线，很快就把宝石偷出来了。你知道他是怎么走的吗？

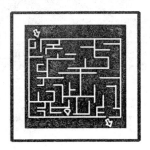

303. 涂哪几个

下图是由10个方框组成的一个大三角形。现在请你把其中的4个方框涂上颜色，使它没有任何地方能构成等边三角形。你知道该涂哪4个吗？

304. 糊纸盒

小莫帮妈妈糊纸盒，可是很多盒子都堆在一起，小莫拿出一个样子，却不知道会糊成什么样子，你知道吗？

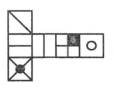

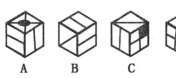

A   B   C   D

305. 给圆圈着色

请你给这些圆形分别着上红色、黄色、蓝色和绿色，使得：

（1）每种颜色的圆形至少3个。

（2）每个绿色圆形都正好和3个红色圆形相接。

（3）每个蓝色圆形都正好和两个黄色圆形相接。

（4）每个黄色圆形都至少各有一处分别和红色、绿色和蓝色圆形相接。

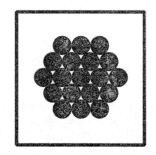

306.移动火柴

如下图所示，由20根火柴组成的5个小正方形。现在你能移动其中的3根火柴，使正方形数变成9个吗？

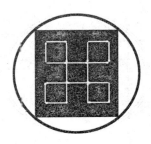

307.巧增房间

动物园用围栏围成了7个房间，现在搬来两个邻居，它们不能和其他动物放在一起。工作人员开动脑筋，只移动了图中的4根围栏，就让原来的7个房间变成了9个。你知道他们是怎样移动的吗？

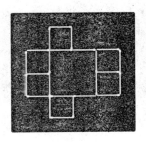

308.多少种走法

下面是一部分街道的道路图。

李晓明住在A处，王小平住在F处。现在李晓明要去王小平家，他行进中的每一个路口、每一条街道只许经过一次，那么李晓明从家到王小平家，共有多少种不同的走法？

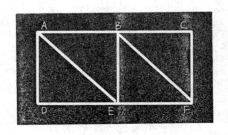

309.奇怪的图案

在一个地板设计图中，有如左图的规律，工人在施工的时候遇到了难题，请你帮忙找出来填补空白的一个应该是什么样子的？

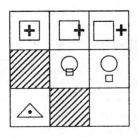

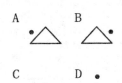

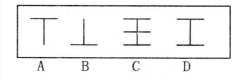

A B C D

310. 有趣的棋盘

在一个6×6的棋盘中，已经有了两枚棋子（如下图所示），现在请你在棋盘中放入棋子，使得每行、每列、每条斜线上都不会有超过两枚的棋子。

请问：这个棋盘上最多可以放多少枚棋子？

312. 挂灯笼

中秋节公园要挂24个灯笼，想把它挂成28行，每行要有3个灯笼。你能帮忙挂一挂吗？

313. 救火游戏

B处是一个工厂，一天突然失火了。工人急忙打119向消防队求助，消防队地处A处。如果消防车上没水，要以最快的速度到小河里取水，再到B处救火，请你马上找出一条最近的路线指挥消防车去救火。

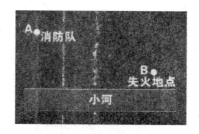

311. 简单的道理

小坤喜欢出一些简单而含有规律的图形逻辑题目给好朋友小安，小安也喜欢做这样的题目，这天小坤把新的题目交给小安，小安却很久没有解出答案，你知道那个空白处应该填补下面哪一个图案吗？

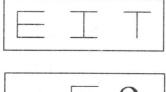

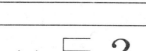

314. 陈景润的难题

陈景润是著名的大数学家，他从小就爱思考问题。一天，老师用24根火柴排成了一大一小的两个正方形，让他先移动图中的4根火柴，使两个正方形变成3个，然后再移动8根，使图形变成9个全等的正方形，最后再拿掉8根，再使图形变成5个正方形。面对疑难，陈景润头脑冷静，用心分析，很快找出了答案。

你知道陈景润是怎么移动火柴的吗？

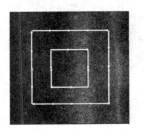

315. 转几圈

如图所示，两枚相同面值的硬币紧贴在一起。硬币B固定不动，硬币A的边缘紧贴并围绕着B旋转。当A围绕着B旋转一周回到原来的位置时，它围绕着自己的中心旋转了几个360°？

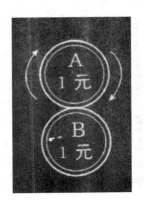

316. 硬币与正方形

有12枚硬币，排成下列图形。每枚硬币都是一个正方形的一个端点。这样的正方形共有6个。如何移走3枚硬币，使得只剩下3个正方形？

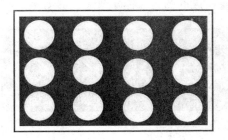

317. 叠在一起的纸

有8张同样大小的正方形纸，如图所示叠在一张桌子上。只有标号为1的那张纸能被全部看到，其余的7张只能看到一部分。

你能按照顺序自上而下写出每张纸的标号吗？

318. 巧变正方形

上劳作课时，莱兹在老师的帮助下，用16根小木棒组成了连在一起的5个正方形。现在，桂尔老师让莱兹移动其中的8根小木棒，使它变成由9个正方形组成的图案。你知道怎么移动吗？

319. 有趣的门雕

有一位艺术家拍了一张照片，照片是一处非常有趣的门雕。如图所示，你能从中看到多少个正方形？

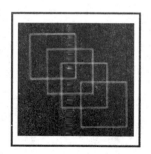

320. 重新拼图

这幅拼图由159个小正方形组成。请你想办法，怎样将它分成3部分，以便重新拼合成一个完整的正方形。需要注意的是，应当沿着小正方形的直线来

剪开。此外，由于材料两面的性质不同，因此不能够把某块翻到反面去，图案的倒顺、间隔，都应该照原样准确配合。

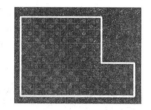

321. 分月牙

月初的时候，月亮显现出来的是月牙形。请你用两条直线把一个月牙分成6部分。

322. 围成三角形

大家都知道，三角形的两条边长的和，要大于第三条边的长。下面有3根木棒，在不折断和折弯的情况下，你能把它们围成一个三角形吗？

323. 有趣的字母迷宫

有一句英文很多人都懂：I LOVE YOU（我爱你）。现在请把I LOVE YOU这6个英文字母填入下面6×6的格子里，使得每一行、每一列以及每一个分隔的小六宫格里都必须包含I LOVE YOU这6个字母。注意，U即英文的YOU。

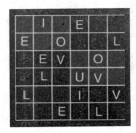

324. 分巧克力

小虫得到了一大块巧克力，这块巧克力由3个方块组成（如下图所示）。现在，小虫想要将其平均分成8份。请问，她应该怎样分呢？

325. 母鸡怎样下蛋

一次，薇薇安和爷爷一起回老家。老家有几个老乡一起弄了一个养鸡场，没事的时候，他们会在养鸡场里闲聊。一次，在他们闲聊当中，说了这样一道题，他们是想让薇薇安解答看看。题目是这样的：一只母鸡想使每行，包括横、竖和斜线中的鸡蛋不超过两个，它能在蛋格子里下多少蛋？你能在表格中注出来吗？

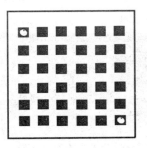

326. 排列兔子

直线AA上有3只兔子，直线CC上也有3只兔子，直线BB上有2只兔子。按照这种方法来算有多少条直线上有3

只兔子？有多少条直线上有2只兔子？如果拿走3只兔子，将余下的6只兔子排成3排，且每排有3只兔子，该怎么排列？

体育运动的运动员。你能把这8个运动员一一找出来吗？

329. 尔莎转三角形

尔莎用笔在纸上画了3条直线，这3条直线可以围成1个三角形；4条直线可以围成4个三角形。他问麦特能否在下面所示的三条直线中再加两条直线，并转出10个三角形。

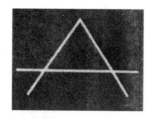

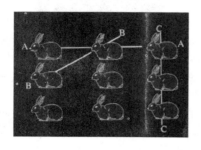

327. 游览城堡

到了A城，你可以去游览附近的城堡，路上有箭头路标，但是它却被横竖交叉线掩盖而不容易看清楚（如下图所示）。其实，箭头的大小、形状就隐藏在这些线条里。到底在哪里呢？找找看吧。

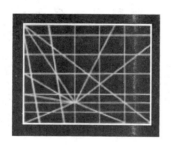

330. 迷宫通路

5个游客在一个迷宫中迷路了。两个山洞间的通路标有黑色或白色的箭头。虽然导游在迷宫外面，不知道他们各自的位置。但导游叫游客按照他给的顺序，沿着黑色或白色的通路走。令人惊讶的是，所有的游客都走到了同一个山洞。导游到哪里把他们接了出来。你

328. 神秘的运动员

图中的每一个大墨点，都是一个运动员的头，图中共画了8个进行着不同

能说出导游给出的顺序是什么吗?

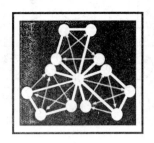

331. 方格寻宝

在表格的每一行、每一列中,隐藏了若干珠宝,其数量如表格边的数字所标示。此外,在某些方格中标记了箭头的符号,意思是:在箭头的方向藏有珠宝,数量可能不止一个。换句话说:每个箭头所指处,至少能找到一个珠宝。请在表格中标出你认为有珠宝的表格,看能找出多少个?

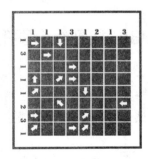

332. 三分天下

A、B、C三国各派一名探险家环球航行,希望发现新大陆。3名探险家历经千辛万苦,终于找到了一个形状奇特的岛屿。3名探险家经过商量,决定三国平分这块土地,但怎么样才能公平地分割呢?

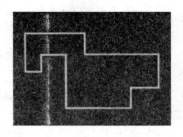

333. 找路线

小张、小李、小龙、小王的家在不同的地方,同时他们在不同的地方上班,请你为他们分别设计一条能回到家又不相互交错的路线。

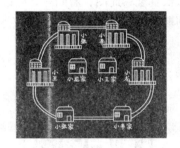

334. 他们 4 个各自在干什么呢

这天是星期六,高先生、高太太、儿子高洋和女儿高舒都在家。他们当中有一个人听歌,一个人在上网,一个人躺在床上,另一个人在看书。

其中：

（1）高舒不在听歌，也不在看书。

（2）高洋不躺在床上，也不在听歌。

（3）如果高舒不躺在床上，那么高太太不在听歌。

（4）高先生既不在看书，也不在听歌。

（5）高太太不在看书，也不躺在床上。

那么，你能据此分析出他们4个人分别在干什么吗？

335. 填正确的图形

认真观察此图，看问号处应该是什么图形？

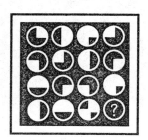

336. 下一个是谁

按照给出图形的规律，请找出:下一个图形应该是哪个？

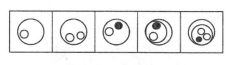

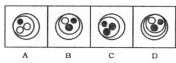

337. 组合拼图

以下四个部分可以组成的是哪一个图案？

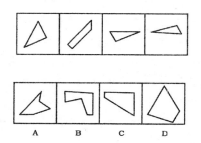

338. 找到组合图形

把一个火柴盒拆开，画上一些图案后，小李想将它再次组合好，哪一个是这个火柴盒重新组成的样子呢？

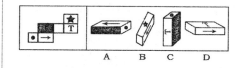

339. 谁是对的

下面图形换个排列方式就大不同了，请找出这四个图形中哪一个是正确的？

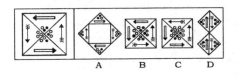

340. 叠起来

下面的图形是伸展开的盒子，请将它叠起来，看四个选项中的哪一个才是正确的。

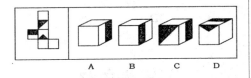

341. 找规律

下面图形有一些共同点，根据这个规律选出下一个图像可能是什么？

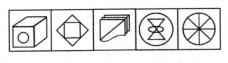

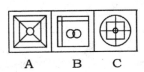

342. 变形后的盒子

下面图形经过折叠后就出现了已知四个选项中的一个，请找出是哪一个？

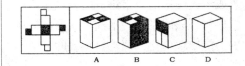

343. 重新排列

下图中上边的图形由若干个元素组成。下边的四个备选图形中只有一个是由组成上边图形的各个元素组成的，组成新的图形时，只能在同一平面上，方向、位置都可能出现变化，请选出正确一个。

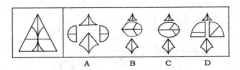

344. 重新组合

下图上边的图形由若干个元素排列后组成。下边的四个备选图形中只有一个是由组成上边图形的元素组成的，组成新的图形时，只能在同一平面上，方向、位置可能出现变化，请选出正确的一个。

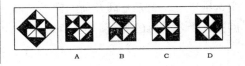

345. 哪个圆才对

如下图，上边的图形由若干个元素组成。下边的备选图形中只有一个是由组成上边图形的元素组成的，组成新的图形时，只能在同一平面上，方向、位置可能出现变化，请选出正确的一个。

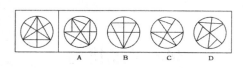

346. 找图形

根据左边给出的例子，你能否找出右边图形问号处，应该是下边哪一个？

347. 哪个是对的

上边的图形是展开的纸盒，下边四个选项中有一个是它展开前的样子，请问哪一个才是对的呢？

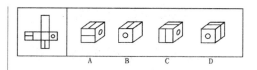

348. 下一个有几点

下面上边的四个图案具有一定规律，请找出第五个图案可能是下边的哪一项。

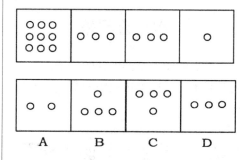

349. 变色图

根据左边图形给出的规律，请分析右边问号处，应该填补上哪一个图案?

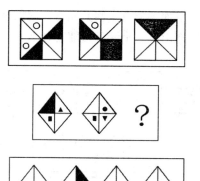

350.找茬

上面一组共有五个图形，它们呈现一定的规律性，下面一组一共有四个图形，其中三个继续保持这种规律性，另外有一个不具有这种规律性，请指出来。

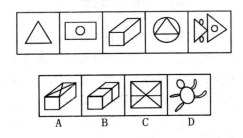

351.拆分盒子

上边的盒子拆开会是什么样子呢？请在四个选项中找出正确的一个。

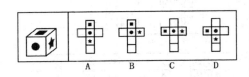

352.方向对吗

请根据规律，从下面备选的八项里面找出可以填在空白处的一项。

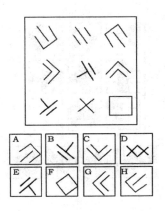

353.画盒子

小如心血来潮，在空白的纸盒子上画了一些线条，画完后又把它折成盒子。你知道折出来的盒子是什么样的吗？

354.怪拼图

有一个拼图非常奇怪，和平常拼出一个图案不同，而是按照规律找出下一个板块。那么下面这个拼图，哪一个是缺少的一块呢？

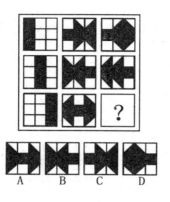

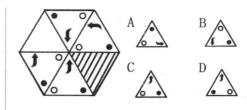

357. 棋盘的秘密

爱下棋的天天总是喜欢做一些和棋盘有关的游戏，于是他在棋盘上画出九宫格，做出左边三个图，这些图看来简单，实际上是有规律的。小力见了，也照样摆了一个，可是第三个实在不知道怎么摆了，请你帮他看看，应该摆成下面的哪一个样子呢？

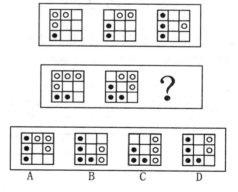

355. 找规律

上面的图形有着一定规律，选项中的哪一个才是空白处的图案呢？

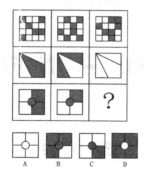

356. 会转圈的三角

找出空白部分图形是右边四个中的哪一个？

358. 看图找答案

根据左图示例，找出右图缺失部分的图案是什么。

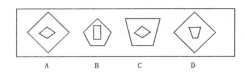

359. 找相同

下图存在一定的规律，请根据规律找出填补问号处的是哪一项？

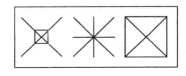

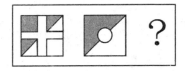

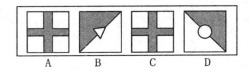

360. 拆礼物

小兰过生日收到很多礼物，其中一个包装的很漂亮，她小心翼翼地拆开，得到了一个完整的包装纸，请问，下边四个选项的包装纸中有一项可以由给出的礼物样式展开得到，哪一个是正确的呢？

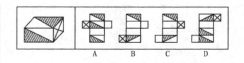

361. 健身杠

某学校新建了一批健身用的单杠、双杠等，小凡惊讶地发现，它们之间竟然有规律可循，那么，按照已经安置好的健身杠的规律，右边最后一个健身杠应该是哪个呢？

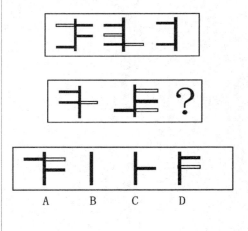

362. 格子头巾

妈妈有很多条格子头巾，小灿发现，这些头巾上的格子排列竟然隐含着某种规律，她分别展开三角的头巾和方形的头巾，可是在最后一块方形头巾这里找不到符合规律的了，究竟哪个是应该在问号处的头巾呢？

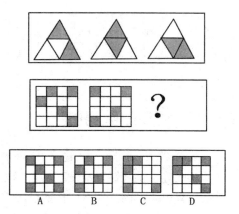

第四章　足智多谋

——培养缜密逻辑力的思维游戏

363. 丢失的螺丝

放暑假，小辉一家自驾去海边玩。结果在一片前不着村后不着店的路上车爆胎了。爸爸下车，用千斤顶把汽车托起，取下坏掉的轮胎，准备换上备用轮胎。在他正准备装备用轮胎的时候，一不小心把轮胎盖踢到了地上，因为用力过猛，它直接掉到了路边的悬崖下，5个螺母都在上面，如果没有螺母轮胎就没有办法固定。小辉的爸爸说："你们在这里等着吧，我得去刚才路过的那个镇子找几个螺母来。"可是刚才过去的镇子开车也得走一个多小时。这时小辉的妈妈说："我有办法了，你……这么做就可以了。"你知道小辉的妈妈说的是什么办法吗？

364. 复杂的血缘关系

今天，表哥一家人来做客，文文别提有多开心了，家里很久没有这么热闹了。

午饭后，大家坐在一起聊天，聊着聊着就谈到了怎么教育孩子的话题。文文爸爸就和大家分享了自己的"特别训练节目"心得。大家一听都觉得有点儿意思。于是，姑姑打算当场出题考考文文。

姑姑说的题目是有关血缘关系的，她说："彼得、大卫和爱德华都有血缘关系，而且他们之间并没有违背伦理道德的问题。我们知道的是，其中有彼得的父亲、大卫唯一的女儿和爱德华的一个同胞兄弟，但爱德华的这个同胞兄弟既不是彼得的父亲，也不是大卫唯一的女儿。你们能猜出来他们之中哪一位与其他人性别不同吗？"

文文歪着小脑袋想了一会儿，很快便说出了答案。

你知道答案了吗？

365. 导演的姓

动画片一向都是波波的最爱，最近，他迷上了新出的《孙悟空新传》。于是，在波波盼着这部电影上映的同时爸爸也将计就计，出了一个与这部电影导演的姓有关的猜谜题。

终于迎来了首映的日子，爸爸带波波看完电影后，在回家的路上就和波波玩起了猜谜游戏。"波波，我们来猜猜这部电影的导演姓什么吧？"爸爸说。

听到爸爸的话，波波一愣，他还真没注意导演姓什么呢。就催爸爸赶紧说出谜题。

"最近上映的3部电影有《黄金手镯》《白衣天使》和这部，"爸爸慢条斯理地开始讲起内容了，"有一天，这3部电影的导演一起聚餐。很快，他们就发现了一个有趣的问题。拍《黄金手镯》的导演说：'咱们3个人的姓分别是我们所拍电影片名的第一个字，但巧的时，每个人的姓又和自己所拍电影的片名第一个字不同。'孙导演想了想，大笑起来："哈哈，还真是。'波波，你来猜猜看这3位导演分别姓什么呢？能在30秒内猜出来有奖哦。"

果然，不一会儿，波波就猜出来了。

"嘿嘿，爸爸，那奖我拿定了，我已经想出来了。是××，对吧？爸爸。"波波自豪地说。

你知道波波的答案是什么吗？

366. 移杯子

在班里，叶子被很多同学称作解题小能手。这天，有个同学不服气，要挑战一下叶子，他给叶子出了这样一道题：有10只杯子，前面5只装有水，后面5只没有装水。移动4只杯子可以将盛水的杯子和空杯相间，现在只移动2只杯子也要使其相间，你可以做到吗？

367. 性别问题

蓉蓉家附近搬来了一个外国邻居，邻居家里有7个孩子，孩子分别为A、B、C、D、E、F、G。一天，蓉蓉和一个同学说起这个邻居的情况，把邻居这7个子女的情况说了一下，情况如下：

A有3个妹妹。

B有一个哥哥。

C是女的，她有两个妹妹。

D有两个弟弟。

E有两个姐姐。

F也是女的，但她和G没有妹妹。

蓉蓉让同学根据这些情况，推算一下，邻居家里有几个男孩、几个女孩？你根据这些情况能推算出来吗？

368. 天使的数量

芊芊家的邻居是一个有趣的叔叔。有一天，他在院子里种花，看见芊芊，便决定逗一逗这个小姑娘。芊芊看见叔叔，立即问好。叔叔说道："芊芊，昨天晚上我做了一个非常有趣的梦，在梦里，我遇到3个美女。

其中一个美女甲说，她们这3个人中，有天使有魔鬼，让我猜猜谁才是天使，谁才是魔鬼。其中，美女甲对我说：'在美女乙和美女丙之间，至少有一个是天使。'

这时，美女乙又说：'在美女丙和美女甲之间，至少有一个是魔鬼。'此时，美女丙笑着走过来对我说，她要告诉我正确的答案，但是很可惜，我却醒了，我始终想不明白这题的答案是什么，芊芊，你能告诉我吗？"

芊芊想，这道题和前几天爸爸跟我说的有相似的地方，她稍微想了一下，然后说出了答案。

你知道正确答案是什么吗？

369. 职业的辨别

悦悦读了一个有趣的题目，题中的主人公和几个有名的作家拥有一样的名字。他们住在一个院子里，分别叫做福克纳、圣地亚哥和海明威，其中海明威住在两家的中间。一个人是木匠，一个人是瓦匠，还有一个是鱼贩，可是谁也不知道他们3人具体从事什么职业，只是常听说鱼贩在福克纳外出不在的时候，到处追赶福克纳饲养的猫，而圣地亚哥每次带女朋友到家里，木匠总是吃醋，"咚咚"地敲着圣地亚哥的墙。你能分辨出他们3人各自的职业吗?

370. 谁才是真的拾金不昧

最近，羽羽遇到一个颇有考验性的问题，她所在的班级有3个同学一起捡到了一块手表，这3个人分别是穆博、乔治、约翰，3个人说的话，让人感觉非常模糊，一时之间难以判断什么人说了真话，什么人说了假话。老师向3个人询问情况。

穆博说："这表不是我拾的，也不是乔治。"

乔治说："不是我，也不是约翰。"

约翰说："不是我，我也不知道是谁拾到的。"

3个人告诉老师，他们每人说的两句话中，一句真，一句假。老师很快就判断出手表是谁拾到的了。聪明的羽羽

也很快就知道了答案。

你知道手表是谁拾到的吗?

371. 怎样做才能赢

莉莉家所在的小区里，最近新搬来一个老奶奶。老奶奶很会讲故事，也很喜欢考院子里的小朋友。每当休息的时候，院子里的小孩都喜欢围着老奶奶让她讲故事。讲完故事以后，老奶奶都会出一道题考小朋友们。这天，老奶奶讲完故事，又出了一道题，题目是这样的:

有一张正方形的桌子，两个人先后在桌子上放置同样大小的硬币。谁能在桌子上放最后一枚硬币谁就是赢家。如果让你先放，怎样做才能保证你一定赢呢? 条件是，硬币不能叠放。如果把桌子换成长方形、菱形、圆形或者是正六边形呢?

372. 猜猜电话号码

乔乔班里的3个同学甲、乙、丙想给乔乔打电话，可是谁也想不起电话号码是多少。甲说："好像是89431。" 乙说："不对，应该是43018吧。" 丙说："我记得是17480。" 事实上，乔乔家里的电话是由5个不相同的数字组成的。如果说甲、乙、丙说的某一位上数字与乔乔的电话号码上的同一位上的数字相同，就算说对了这个数字。

现在他们3人都说对了位置不相邻的两个数字，且两个数字中间都正好隔一个数字。你能推断出乔乔的电话号码是多少吗？

373. 没办法完成的作业

数学课上，老师开始布置课堂作业，他说："请同学们把课本翻到35页和36页之间，完成那页上的几道练习题。"

班上学习成绩最好的于路听了以后，连题都没有看，就对老师说："您布置的题目根本就没有办法完成。"于路为什么会这样说呢？

374. 孪生姐妹

有这样一件怪事：一对孪生姐妹，姐姐出生在2001年，妹妹出生在2000年，你说这有可能吗？

375. 过河谜题

最近几天，妈妈迷上了谜题，每天都会和蓝蓝、爸爸聊一会儿。这天妈妈又把蓝蓝拉到身边说："好儿子，妈妈看到个挺有意思的谜题，要不要试试？"

蓝蓝最喜欢玩猜谜的游戏了，就连声应了下来。

妈妈说："有一个人带着一只老虎、一匹马和一捆草过河，但河里只有一只船，而且每次只能乘两样东西。但是，有一点需要注意，在没人看管的情况下，老虎会吃掉马，马会吃掉草。那么，这个人要往返多少次，才能和他的老虎、马和草安全过河呢？"

蓝蓝听妈妈说完，眨巴眨巴眼睛，随即进屋拿纸笔，仔细规划了起来。

你能赶在蓝蓝之前把答案说出来吗？

376. 龟蛙赛跑谁赢比赛

乌龟大哥自从和兔子赛跑输了以后，就发誓再也不和兔子比赛了，改和青蛙进行100米比赛。结果，乌龟以3米之差取胜。也就是说，乌龟到达终点时，青蛙才跑了97米。青蛙有点儿不服气，要求再比赛一次。这一次乌龟从起点线后退3米开始起跑。假设第二次比赛两个人速度保持不变，谁赢了第二次比赛？

377. 称几次才能明确

红豆、绿豆和黄豆分别装在3只袋子里，它们的重量都在35斤和40斤之间。用一台最少50斤的磅秤，最多称几次就能够称出红豆、绿豆和黄豆各重多少斤？

378. 白醋和水

桌子上放着同样大小的两个瓶子，一瓶装着白醋，一瓶装着水，两个瓶子里的液体一样多。如果用小勺从第一个瓶子中取出一勺白醋，倒入第二个瓶子中；搅匀后，再从第二个瓶子中取一勺混合液，倒回第一个瓶子中。那么这时是白醋中的水多呢，还是水中的白醋多？

379. 问题出在哪里呢

硅谷一家大集团致电欧洲供应商要求订一批半导体材料，这家大集团非常精确地指定交货日期。但是，信誉良好的欧洲供应商每一批交货日期都至少有一个月的误差，有些货物太早送到，有些货物却迟交。硅谷大集团打电话质问其原因，欧洲供应商说他们的货物都是由物流公司经营的，物流公司却说他们也是按照合同上的时间按时送达的。

那么，问题出在了哪一个环节呢？

380. 座位安排

在一个国际学生联谊会上，一个圆桌周围坐着5个人，甲是中国人，会英语；乙是法国人，会意大利语；丙是英国人，会法语；丁是日本人，会汉语；戊是法国人，会俄语；问如何坐，他们才能彼此交谈？

381. 4 个人中谁得了优呢？

今天，丹彤的学校组织他们四年级的同学进行了一次体育达标考试。考试结束后，麦穗儿、米小然、丹彤、言言4个同学开始谈论他们的成绩。

麦穗儿说："如果我的成绩是优，那么米小然的成绩也是优。"

米小然说："如果我的成绩是优，那么丹彤的成绩也是优。"

丹彤说："如果我的成绩是优，那么言言的成绩也是优。"

以上3名同学说的都是真话，但这4个人中得优的却只有两名。你能根据这些条件，推断出这4个人中谁得了优吗？

382. 他们分别教哪些科目呢

这个星期六，陈然在学校补课，看到有A、B、C三位新老师来学校报道，听说一位是语文老师，一位是数学老师，还有一位是英语老师。

课间的时候，陈然从同学处了解到：

（1）C老师比英语老师年龄大。

（2）A老师和数学老师不同岁。

（3）数学老师比B老师年龄小。

听了这些消息后，你能据此得出谁是语文老师，谁是数学老师，谁是英语老师吗？

383. 斗地主

三人用纸牌玩斗地主。牌面如下：

（1）地主手中牌2、K、Q、J、10、9、8、8、6、6、5、5、3、3、3、3、7、7、7、7。

（2）长工甲手中牌大王、小王、2、A、K、Q、J、10、Q、J、10、9、8、5、5、4、4。

（3）长工乙手中牌2、2、A、A、A、K、Q、J、10、9、9、8、6、6、4、4。

三家都是"明手"，也就是互知底牌。在三家都不打错牌的情况下，问：谁会赢？

384. 他们是哪一天结婚呢

星期天下午，刘先生和太太在家，突然想起前几天收到了表妹的结婚请柬，但是却忘记了具体的时间。他问太太："表妹是星期几结婚啊？"太太看刘先生连这么重要的事情都忘了，就故意难为他一下：那个日子的后天是"今天"的昨天，那个日子的前天是"今天"的明天，这两个"今天"距离那个日子的天数相等，他们俩就在那个日子结婚。

刘先生听太太说了这么一大堆，想了好一会儿也没想出来，就嘟囔了几句，自己去找抽屉里的请柬看去了。

你能说出刘先生的表妹是星期几结婚吗？

385. 钥匙巧安排

小娟有两个姐妹，她们三姐妹分别住在3个互不相通的房间，每个房间门上都有两把钥匙。

请问，如何安排房间的钥匙，才能够保证小娟三姐妹随时都能进入每个人的房间？

386. 数学老师的生日是哪天呢

郑常和苗甲都想知道数学老师的生日，于是老师把自己的生日放在了下面10组数字中，看谁能猜对他的生日是哪一天。

3月4日　3月5日　3月8日
6月4日　6月7日
9月1日　9月5日
12月1日　12月2日　12月8日

同时，老师将自己出生的月份只告诉了郑常，将日子只告诉了苗甲。他们看了看后，郑常说："我不知道，你也不会知道。"苗甲说："我原来不知道，但现在我知道了。"郑常听后就说："我也知道了。"

请问老师的生日是哪一天？他们是怎么知道的呢？

387. 到底是谁忘记插门了呢

离月考还有半个月时间了，罗楠他

们宿舍的4个人都忙着复习功课，常常要在教室里自习到很晚，回到宿舍都已经很累了，经常有人忘记插门。

后来他们4个人商议，规定最后回宿舍的人要插上门。但是昨天晚上不知道谁又忘记了插门，结果赵了的录音机被偷了。

4个人决定查出是谁最后进的宿舍，他们都如实地讲述了下面的话：

赵了说："我进宿舍的时候，麦西正在宿舍里洗脚。"

冉东说："我回来的时候，罗楠已经睡了，于是我听了一会儿歌曲，然后也睡了。"

麦西说："我进门的时候，冉东正在听歌。"

罗楠说："我什么也不记得了。"

大家说完这些后，都沉寂了好一会儿，没有一个人说出来究竟是谁最后一个进宿舍的。最后，还是罗楠根据大家的对话，说出是谁最后一个进的宿舍。

你能据此判断出谁是最后一个进的门而忘记插门了吗？

388. 他们三个多大了呢

今天，全静和同学带了24个苹果到孤儿院。院长按照他们3年前的岁数把苹果分给孤儿院里的大伟、彬彬和小辉3个孩子，这样正好分完了所有的苹果。其中，大伟最大，小辉最小。

最小的孩子小辉最为伶俐，他提出这样分不公平："我只留一半，另一半送他们两个平分，然后彬彬也拿出一半让我和大伟平分，最后大伟也拿出一半让我和彬彬平分。"院长同意了，结果3个人的苹果就一样多了。

你能根据小辉的话，算出他们现在的年龄分别是多少岁？

389. 是谁偷了保险柜中的现金呢

傲气的小君经常会被表哥出的一些"难题"给打败，这让她觉得很没面子。所以，今天放学回家后，她也向表哥发起了"挑战"。

"有3间连在一起的办公室，连接它们的两扇门上安的都是一面光滑一面粗糙的毛玻璃。一天，中间办公室里的出纳去厕所，回来后发现保险柜中的现金少了一部分。毫无疑问，犯罪嫌疑人一定是旁边两间办公室里的人。警察仔细地看了看两块毛玻璃，发现左边的毛玻璃的光滑面不在出纳的办公室这一边，而右边玻璃的光滑一面则在出纳办公室这一边，于是警察马上知道作案人在哪侧办公室了。你知道是哪边的办公室吗？"

表哥想了好一会儿说："不知道。"小君得意地笑了。

你知道答案了吗？

390. 谁说的是假话呢

今天，涛涛、匀匀、小军、小孩约好一起出去玩，走着走着，看到街头有一个献血车，就想前去献血，做点儿好事。涛涛、匀匀、小军、小孩4个人的血型各不相同，在说起各自的血型时，涛涛说："我是A型血。"匀匀说："我是O型血。"小军说："我是AB型血。"小孩说："我不是AB型血。"

其实，他们4个人中只有一个人的话是假的，你能判断出谁说的是假话吗？

391. 究竟哪个是花店呢

今天是赵军和苏娜结婚18周年纪念日，赵军下班时已经是黄昏了，他决定找一家花店为老婆买18枝鲜艳的玫瑰。

在赵军对面是5家相连在一起的店面，没有招牌也没有玻璃橱窗，他看不到店里的任何东西。他知道这5家店分别是咖啡店、书店、商店、旅馆和花店，并且知道咖啡店不在花店和旅馆的旁边，书店不在商店和旅馆的旁边，商店不在花店和旅馆的旁边，咖啡店的房子漆上了颜色。

老婆还在餐厅等着他，赵军没有足够的时间一一进去查看。那么你能帮助他在最短的时间里判断出哪家是花店吗？

392. 女人的年龄

女人总是不希望公开自己的年龄，因此当谈到年龄问题时总是遮遮掩掩，可是她们又喜欢探讨别人的年龄。

这天，刘丽芬路过小区门口时，听到甲说："乙43岁。"丙说："甲不是41岁。"其实这两个人刘丽芬认识，她们俩说的那两个女人和刘丽芬也很熟，她们4个分别是41、42、43、44岁。和她们两个打过招呼后，刘丽芬不禁感叹道："这两个人啊，一提起比她大的人的话就是假话，一说比她小的人的话又都是真话。"

你能根据上面的情景，判断出她们都多大了吗？

393. 巧过河

在一条湍急的河边，同时来了带着狼的猎人、一个男人和一个跟男人有仇的女人，男人和女人都带着两个小孩要过河。如果猎人离开的话，狼就会把所有的人都吃掉，如果男人离开的话，女人就会把男人的两个小孩掐死，而如果女人离开，男人则会把女人的两个小孩掐死。

可是这个时候，河边只有一条船，而这个船上也只能乘坐两个人（狼也按照一个人算），而所有人中，只有猎人、男人、女人会划船。那么怎样做才能使他们全部安全地度过这条河？

394. 今天是星期几

有7个老同学，他们所在的公司休息日是星期几各不相同；对于今天是星期几，他们也记不清楚了，因此争论不休。他们的讨论内容如下：

A说：昨天是星期三。

B说：明天是星期二。

C说：错了，明天是星期三。

D说：后天才是星期二。

E说：不对，今天是星期二。

F说：今天不是星期一，也不是星期二，也不是星期日。

G说：今天肯定不是星期六。

现在我们知道，7个人当中只有一个人说对了。那么，你知道今天究竟是星期几吗？

395. 俄罗斯木匠

在17世纪俄罗斯的数学家手稿里，有一些有趣的例题和习题。下面是其中的一个问题。

某人雇用4个木匠造一所房屋。第一个木匠说："如果我一个人造，需要一年时间。"第二个木匠说："要是我一个人造，需要两年时间。"第三个木匠说："如果我一个人造，非3年不可。"第四个木匠说："我一个人造，没有4年是不行的。"最后4个木匠一起来造房子。问：需要多少时间把房屋造好？

396. 聪明的学生

一个讲授逻辑学的教授，有3个非常聪明的学生。

一天，教授给他们出了一道题，在他们每个人脑门上贴了一张纸条并告诉他们，每个人的纸条上都写了一个正整数，且某两个数的和等于第3个。每个人可以看见另两个数，但看不见自己的。于是，教授问第一个学生：你能猜出自己的数吗？第一个学生说不能，问第二个，回答也是不能，第3个也是不能。

于是，教授又重新问第一个，回答仍然是不能，第二个也是不能，而到第3个时，这名学生却说："我猜出来了，是144。"听到这里，教授很满意地笑了。

请问，你能猜出另外两个人贴的数字吗？

397. 无法拒绝的晚餐

小明对小静心仪已久，但是他总是找不到机会和她有更深的接触，这天他想请她吃晚餐，但是如果贸然开口的话，就会被她拒绝，所以他想出了一个计策。

他对小静说："我有两个问题要问你，它们只能回答'是'或者'不'，不能用其他的语句。还有就是，你必须郑重回答，两个答案必须在逻辑上完全合理，不能自相矛盾。"

小静想了一下，觉得挺好玩的，所以就答应了。

小明开始问问题了，你知道他该怎么问，才能达到请她吃饭的目的吗？

398. 谁是鼓手

某一次聚餐有两位女士——家悦和陈靖，两位男士——小张和坤子，他们都是音乐家。一位是钢琴手，另一位是小提琴手，第三位是小号手，第四位是鼓手。

有一天他们围着方桌而坐：

（1）坐在小张对面的是钢琴手。

（2）坐在坤子对面的不是小号手。

（3）坐在家悦左侧的是小提琴手。

（4）坐在陈靖左侧的不是鼓手。

（5）小号手与鼓手是夫妻。

请问，谁是鼓手？

399. 实习老师的一星期

有三位实习老师，他们在同一家医院中担任住院医生。

（1）一星期中只有一天三位实习老师同时值班。

（2）没有一位实习老师连续三天值班。

（3）任两位实习老师在一星期中同一天休假的情况不超过一次。

（4）第一位实习老师在星期日、星期二和星期四休假。

（5）第二位实习老师在星期四和星期六休假。

（6）第三位实习老师在星期日休假。

三位实习老师星期几同时值班？

400. 他们都是谁

老师在一张纸条上写了甲、乙、丙、丁4个人中一个人的名字，然后握在手里让这4个人猜一猜是谁的名字。于是：

甲说：是丙的名字。

乙说：不是我的名字。

丙说：不是我的名字。

丁说：是甲的名字。

老师听完后说："4个人中只有一个人说对了，其他人都说错了。请再猜一遍。"

这次4个人很快同时猜出了这张纸条上写的是谁的名字了。这张纸条上究竟写的是谁的名字？

401. 三人分别去哪个国家呢

有三位旅客为A、B和C。已知他们三人一个去荷兰，一个去加拿大，一个去澳大利亚。据悉A不去荷兰，B不打算去澳大利亚，而C则既不去加拿大，也不去澳大利亚。问三个人分别去哪个国家？

402. 招标的结果

某大厦进行工程建设任务招标。有4个建筑公司投标，为简便起见，称它们为甲、乙、丙、丁。在标底公布之前，各公司经理分别作出猜测。

甲公司经理说："我们公司最有可能中标，其他公司不可能。"

乙公司经理说："中标的公司一定出自乙和丙两个公司之中。"

丙公司经理说："中标的若不是甲公司，就是我们公司。"

丁公司经理说："如果4个公司中必有一个中标，那就非我们莫属了。"

当标底公布后，4个人中只有一个的预测成真了。

以下判断哪项最可能为真？

（1）甲公司猜对了，甲公司中标了。

（2）乙公司猜对了，丙公司中标了。

（3）甲公司和乙公司的经理都说错了。

（4）乙公司和丁公司的经理都说错了。

（5）甲公司和丁公司的经理都说错了。

403. 球在哪里

如下所示，现有两种球，一种是黑色的，一种是白色的，将这两种球按照这种规律，自上而下排列，如图，圆球一层层地排列，每层都是从左往右排。

●●●
○○○○○
●●●●●●●
……

请问：当黑球比白球多2005个时，那么，这个球正好排在第几层第几颗？

404. 喜欢看什么小说

某市的作家协会针对武侠小说、言情小说、科幻小说和历史小说的受欢迎程度作了一次社会调查，结果如下：

喜欢言情小说的读者不喜欢武侠小说；

不喜欢历史小说的读者喜欢武侠小说；

喜欢历史小说的读者不喜欢科幻小说。

那么，根据上面的结果，想一想下面哪个叙述是正确的？

A.喜欢武侠小说的读者喜欢科幻小说；

B.喜欢言情小说的读者喜欢科幻小说；

C.喜欢武侠小说的读者不喜欢历史小说；

D.喜欢科幻小说的读者不喜欢言情小说。

405. 三人决斗

有A、B、C三人进行决斗，分别站在边长为1米的正三角形的顶点上。每个人手里有一把枪，枪里只有一发子弹。每个人都是神枪手，不会失手。

请你想一想：如果决斗者A不想死，他要怎么做才能保证存活（假设另外两个人都不是傻瓜）？

406. 谁没有输

小美、小娜、静静三人玩了两轮纸牌游戏，其玩法是：（a）通过抽牌来配成对子，（b）尽量避免手中只留下一个单张。

游戏者轮流从别人手中抽牌，直到有一人手中只剩下一个单张，此人便是输者。在抽牌后配成了对子，便打出这对牌。如果一个人从第二个人手中抽了一张牌并打出一个对子之后，手中已经无牌，则轮到第三个人抽牌时就从第二个人手中抽。

在每一盘接近尾声的时候：

（1）小美只有一张牌，小娜只有两张牌，静静也只有两张牌；这五张牌包括两个对子和一个单张，但任何人手中都没有对子。

（2）小美从小娜手中抽了一张牌，但没能配成对。

（3）小娜从静静手中抽了一张牌，随后静静从小美手中抽了一张牌。

（4）在任何一盘中，没有一人手中两次拿着同样的一手牌。

（5）没有一人连输两盘。

在两盘游戏中，谁没有输过？

407. 谁打碎了李阿姨家的玻璃

放学回家后，真真约啦啦、冉冉、天天一起在小区楼下踢足球。4个人玩得正开心时，突然，他们中的一个人把足球踢到了楼上，砸碎了李阿姨家的玻璃。

李阿姨打开窗户，非常生气地问："是谁干的？"

4个人见闯了祸，都闷闷不乐，可是他们自己刚才也没注意到是谁把球踢进去的。于是，真真说是啦啦干的，啦啦说是天天干的，冉冉说不是他，天天说啦啦在撒谎。其实，他们4个当中，有3个说了假话。

你能帮李阿姨找出究竟是谁打碎了她家的玻璃吗？

408. 今天到底星期几啊

放学回家的路上，大家都颇有兴趣地讨论着下周班级组织的活动，印燃突然忘记今天是星期几了，于是，他便喊住王晓和简一询问时间。

王晓和简一一合计，决定捉弄印燃一下，王晓说："昨天是我说谎的日子。"简一说："假如我会在周一、周二和周三说谎，其他日子说真话；而王晓会在周四、周五、周六说谎话，其他日期说真话。我的答案也是昨天是我说谎的日子。"

他们说完后，便得意洋洋地看着印燃以为难住了他，可印燃只略微思考了一下，便将正确答案说了出来，你能快速说出今天是星期几吗？

409. 到底谁最高呢

今天，在上体育课的时候，贾山、金刚、萧然、刘元4个人聚在一起，议论各自的高矮：

贾山说："我肯定是咱们几个人里面最高的了。"

金刚说："我绝不至于最矮。"

萧然说："我虽然比不上贾山高，但我也不会落到最矮。"

刘元说："那只有我是最矮的了！"

为了确定谁是谁非，他们让体育老师现场进行了身高测定。结果他们4个人中仅有一人没有说对。

根据题意，你能推理出上述4个人究竟谁高谁矮吗？

410. 嘉上星期几去的休闲城呢

嘉上家附近的休闲城里有一家火锅店、一家商场和一家理发店。嘉上去休

闲城玩的那天，理发店正好开门营业。一星期中没有一天是火锅店、商场和理发店全都开门营业。商场每星期营业4天，火锅店每星期营业5天，星期日和星期三这两天，这3家都关门休息。在连续的3天中：第一天，商场和理发店关门休息；第二天，理发店和火锅店关门休息；第三天，火锅店和商场关门休息。

你能推算出，嘉上去休闲城玩的那天是一星期中的哪一天吗？

411. 哪个最小

有A、B、C、D四个数，它们分别有以下关系：

A、B之和大于C、D之和。

A、D之和大于B、C之和。

B、D之和大于A、C之和。

请问，你可以从这些条件中知道这四个数中哪个数最小吗？

412. 到底是谁捡到了照相机呢

傅雷、苗宇、黄斌、吴波4个人正在校园里走时，忽然他们发现一部照相机，于是他们就把这部照相机交给了老师。可谁都不说是自己捡到的。

傅雷说："是黄斌捡到的。"

黄斌说："傅雷说的与事实不符。"

老师又问苗宇，苗宇说："不是我捡到的。"

老师又问吴波，吴波说："是傅雷捡到的。"

现在已经知道他们中间有一个人说的是真话。你能推出谁才是那个捡到照相机的人吗？

413. 大力得了多少分呢

李然、黑子、大力、文玖、邢勇5名同学参加了学校的乒乓球比赛，每两个人都要赛一盘，并且只赛一盘。规定胜者得2分，负者得0分。现在的比赛结果是：李然和黑子并列第一名，大力是第3名，文玖和邢勇并列第4名。

现在的问题是，大力得了几分？

414. 谁会是这位幸运者呢

周游早上刚到学校，就听到同学宋洁说，今天学校来了A、B、C、D、E五位应聘舞蹈老师的女士。周游一听，高兴极了，她可是最喜欢跳舞蹈了，所以很是好奇。

经她打听，5位应聘者当中有两位年龄超过了26岁，另外3位小于26岁。而且有两位女士曾经都是老师，其他的3位是会计。A和C属于相同的年龄档，而D和E属于不同的年龄档。B和E的职业相同，C和D的职业不同。

后来，周游得知，校长只想挑选一位年龄大于26岁的女士担任舞蹈老师，和同学讨论了一会儿，周游就已经猜出谁会被选中了。

那么，你猜出谁是幸运者了吗？

415. 谁得了第一名

文威所在的学校举办了排球比赛，进入决赛的是高一（1）班、高一（2）班、高二（1）班、高二（2）班的代表队，到底谁得第一，谁得第二，谁得第三，谁得第四呢？

文威、齐志、康辉3个人作如下的猜测：

文威说："高一（1）班第一，高一（2）班第二。"

齐志说："高二（1）班第二，高二（2）班第四。"

康辉说："高二（2）班第三，高一（1）班第二。"

比赛结束后，文威、齐志、康辉3个人发现他们谁也没有完全猜对，但他们都只猜对了一半，你能根据上面的情况排出他们的名次吗？

416. 巧排队

大学里某班级有24个人，为了安排一个元旦的节目，必须把全班学生排成6列，要求每5个人为一列，那么该怎么排呢？

417. 王先生的妻子

王先生认识赵、钱、孙、李、周5位女士，其中一位是他的妻子。

（1）5位女士分为两个年龄档：3位女士小于30岁，2位女士大于30岁。

（2）2位女士是教师，其他3位女士是秘书。

（3）赵和孙属于相同年龄档。

（4）李和周不属于相同年龄档。

（5）钱和周的职业相同。

（6）孙和李的职业不同。

（7）王先生和一位年龄大于30岁的教师在3年前结了婚。

请问：王先生的妻子姓什么？

418. 谁是赢家

安卡、波波和陈鹏三人玩了一轮牌，其中每盘只有一个赢家。

（1）谁首先赢了三盘谁就是这一轮的赢家。

（2）没有人连续赢两盘。

（3）安卡是第一盘的发牌者，但不是最后一盘的发牌者。

（4）波波是第二盘的发牌者。

（5）他们三人围着桌子坐在固定的座位上，按顺时针方向轮流发牌。

（6）无论谁发牌，他发牌的那一盘都没赢。

谁赢了这一轮牌？

419. 猜名字

老师在手上用圆珠笔写了A、B、C、D这4个人中的一个人的名字，他握紧手，对他们4个人说："你们猜猜我手中写了谁的名字？"

A说：是C的名字；

B说：不是我的名字；

C说：不是我的名字；

D说：是A的名字。

4个人猜完后，老师说："你们4个人中只有一个人猜对了，其他3个人都猜错了。"

4个人听了后，都很快猜出老师手中写的是谁的名字了。

420. 今天星期几

话说宇宙中有个说谎王国，这个国家的男人和女人在一星期里有几天说真话，有几天说假话。男人说真话的日子是星期四、五、六、日，说假话的日子是星期一、二、三；女人说真话的日子是星期一、二、三、日，说假话的日子是星期四、五、六。有一天一男一女两个人在聊天。

男人说："昨天是我说假话的日子。"

女人说："昨天也是我说假话的日子！"

那么，你知道今天是星期几吗？

421 最后一名

在一场百米赛跑中，明明得了倒数第一名，他告诉妈妈这样的情形：

（1）丙没有获得第一名。

（2）戊比丁高了两个名次，但戊不是第二名。

（3）甲不是第一名也不是最后一名。

（4）丙比乙高了一个名次。

你能判断出，在甲、乙、丙、丁和戊中谁是明明吗？

422. 运动选手

有两位女士，小丽和小娟，还有两位先生，大洲和老黄，他们四人都是运动员。其中一位是田径选手，一位是足球选手，一位是体操选手，一位是网球选手。有一天，他们围着一张方桌而坐：

（1）田径选手坐在小丽的左边。

（2）体操选手坐在大洲的对面。

（3）小娟和老黄相邻而坐。

（4）有一位女士坐在足球选手的左边。

谁是网球选手？

423. 这个顺序一点也不乱

5位学生A、B、C、D、E参加一场比赛。某人预测比赛结果的顺序是ABCDE，结果没有猜对任何一个名次，也没有猜中任何一对相邻的名次（意即某两个人实际上名次相邻，而在此人的猜测中名次也相邻，且先后顺序相同）；另一个人预测比赛结果为DAECB，结果猜对了两个名次，同时还猜中了两对相邻的名次。

现在，试着找出真正的顺序！

第五章 创意无限

——提升非凡创造力的思维游戏

424. 变形的火柴棒

这天，丝丝的爸爸妈妈都去加班了，家里只剩下她一个人。丝丝吃完妈妈留下的早饭，就开始玩她酷爱的火柴游戏。她找到一本书，发现这样一道题：用12根火柴棒，如图摆3个三角形，并有3个梯形，请你移动其中的6根，变成6个三角形、1个六边形、1个梅花形和两个梯形。请你想想怎样移？

这还真有点儿难度，不过并没有难倒丝丝，她很快就摆出了正确答案。

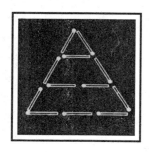

425. 超载机车巧过桥

牧牧爸爸在检查儿子作业的时候发现，儿子今天上课的内容是关于距离的应用题。想到这个，爸爸灵机一动，打算给牧牧找个有趣的相关谜题来换换脑筋。

于是，他翻开平时积累谜题的本子，坐到了儿子边上。牧牧呢，一看见爸爸凑过来就知道一定是有好玩的东西了，注意力马上就被拉到这里来了。

"儿子，请听题，"爸爸清清嗓子，有模有样地说，"一辆汽车坏了，被另一辆汽车用钢索托着向修理厂的方向前行。在行进中，有一座桥，更主要的是，这座桥的最大载重量是30吨。这下司机发愁了，为什么呢？因为坏了的汽车15吨，而前面的汽车是29吨，一起过桥的话就会超重。但是，这司机灵机一动，想到了好办法。你知道是什么办法吗？"

426. 蚂蚁的路

人类主要是通过语言进行交流和沟通的。那么其他的生物呢？它们也都有各自的交流和沟通的方式。

蚂蚁之间是通过它们的触角来相互沟通的。有一只蚂蚁在地下通道里爬行，这时对面又爬过来一只蚂蚁，因为通道非常狭窄，只容得下一只蚂蚁通过，所以必须有一只进行避让。这时候一只蚂蚁发现通道的一侧有一个凹进去的坑，大小刚好能容得下一只蚂蚁。可不幸的是，坑里有一粒沙子，如果把沙子移动出来呢，通道就被堵住了，还是无法通行。只是另外一只蚂蚁用触角碰了碰这只蚂蚁的触角，然后想出了通过的办法。

你知道通过的办法是什么吗？

427. 乒乓球游戏

薇薇和爸爸妈妈一起到叔叔家去玩，叔叔的女儿是一个活泼好动的小姑娘。吃完饭以后，小姑娘一个劲儿地要求爸爸和她一起去打乒乓球。

但是，叔叔正在和薇薇的爸爸说话，薇薇也不会打乒乓球。于是，叔叔想了一个办法。他对小姑娘说："这袋子里放了两个乒乓球，一个黄色的，另一个是白色的。现在，要你伸手进去拿乒乓球。如果你拿到黄色的，我给你玩，但如果拿到白色的，你就要放弃了，而且不能再吵我。"小姑娘的眼睛顿时亮了起来，但此时却瞥见转过身的爸爸放了两个白色乒乓球进去。

那么，不论她拿到哪一个都会是白色的。

请问，小姑娘是不是玩不成乒乓球了？

428. 技术高超的化妆师

常华家的邻居伍麦是一个超高技术的化妆师。这天，伍麦正在家里休息，忽然从门外闯进来一个人。这是一个逃犯，进入伍麦家以后，就拿着刀威胁伍麦给他化妆。他对伍麦说："我知道你是一个有名的化妆师，所以我才来找你的。"

伍麦知道，这个逃犯之所以来找自己，就是希望能够通过化妆来逃过警察的追捕。伍麦很聪明，没有多说什么，就拿起了化妆笔在逃犯的脸上不断地涂抹起来。化完以后，逃犯一照镜子，果然连他自己都认不出自己来。于是，他大摇大摆地走上了大街。但是，没走几步，这个逃犯就被警察抓住了。

后来伍麦在常华家里，向他们全家说起这件事情的时候，还颇有点儿自得。那么，伍麦到底是用了什么方法呢？

429. 方格巧划分

青青喜欢玩各种动手动脑的游戏，他没事的时候会看很多的游戏书，照着上面的样子比划来比划去的。这天，他跟金金在玩，金金说："青青，我出道题考考你吧。你用24根长度相等的火柴棍，可以摆出多少个大小相同的正方形啊？当然不能折断火柴哦。"

430. 分配垃圾桶

品品家所在的小区不远处，有一个小公园。小公园虽然不大，但是风景很好，因此游客也是络绎不绝。这个公园里有一个管理员，对工作很负责，看到公园里到处可见的游客扔的垃圾非常气愤。他决定增设20个垃圾桶，分别放在5条相互交叉的路上，每条路上放4个。但由于一时大意，他少带了10个垃圾桶。那该怎么办呢？难道把垃圾桶劈成两半吗？

聪明的品品听说管理员的难题，就开动脑筋，帮助管理员解决了这个难题，那么他是怎么解决的呢？

431. 掺水的白兰地

碧碧的小舅舅是个爱开玩笑的人，一次他到碧碧家里找碧碧爸爸商讨事情，结束以后，他不禁玩性大起，跟碧碧的爸爸开了一个无伤大雅的玩笑。

小舅舅偷偷喝了一点点爸爸的威士忌，然后掺上水，看他能不能发觉这一切。加了水的威士忌口味上淡了一些，但是爸爸竟然完全没有发现。在一旁的小舅舅不禁窃喜。

小舅舅看着在一边的碧碧，不禁笑道："你看你爸爸一点儿没有发觉，你觉得我是怎样在酒里掺进去的水呢？"

小舅舅的确是非常聪明，这个问题可算难倒了碧碧。那么到底是怎么回事儿，你知道吗？

432. 万花筒的递变规律

最近，爸爸送了佩佩一个有趣的万花筒。佩佩一时玩得高兴，将万花筒的变化一一地画出来。然后，她将这些变化改变一下顺序，变成了一道题。佩佩对爸爸说："我要考考你。"那么题目是怎样的呢？题目是：根据上层镜筒内图案的递变规律，找出下一幅图应该是A、B、C、D、E中的哪一幅？

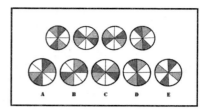

433. 老师的"刁难"

上数学课时，小明老是打断老师的讲课。放学后，老师把小明叫到办公室，拿出25根小牙签，在桌面上摆了一个公式："5十6≠18"，让小明任意移动2根火柴，让它变成等式。做出来小明就回家，做不出来，小明就回不了家。面对老师的"刁难"，小明很是着急，现在请大家帮帮小明吧！

434. 花的变化规律

最近红红和同学一直在观察事物发展的各种规律，因为观察的确让他们学习到了很多。观察的同时，他们也做了很多类似的题。今天，他们看到了这样一道题。看看下面这组花形序列，应该是什么样子，最后问号的地方，应该是什么样的一朵花？

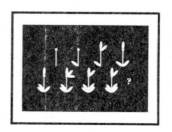

435. 树该怎样种

陆陆坐在书房里匆匆忙忙地开始赶他的作业。眼看就要写完了，一道难题让陆陆陷入了"困境"，他左思右想了好久，还是没能想出来，他决定去请教老爸。

推开老爸的房门，看到他正坐在电脑前，陆陆把这道难题告诉了爸爸：

"一片空地上种植10棵果树。要求将这10棵树排成5行，而每行却需要有4棵树。怎么才能办到呢？"

你也来想想，这10棵树该怎样种呢？

436. 拍出来的答案

今天是星期四，盼盼他们下午最后一节课上数学，数学课的最后几分钟，数学老师给大家留下了这样一个课后作业：

要求同学们用3根火柴棍摆出一个比3大比4小的数字。

盼盼想了很久都想不出来，和同学商量了一会儿，也没有结果。一路上，盼盼都在思考着这个问题。

回到家中，盼盼把这个问题告诉了老爸高大伟，高大伟听了盼盼的话后，略微思索了一下便笑着说："我知道这个问题的答案了！来，接着"，爸爸拿起墙角那个皮球，递给盼盼说，"问题其实很简单，就看你能不能想得到，答案就在这个皮球身上。"

盼盼拿着皮球在屋子里拍来拍去，不一会儿，他也眉开眼笑地说："我想到答案了。"

你知道老师这道数学题的答案是什么吗？

437. 这时间是怎么回事儿

杨阳的书房里挂着一面大镜子，那面镜子对面的墙上挂着一个大钟，平时站在门外，就能从镜子里看到大钟上的时间。中午，儿子杨峥走进爸爸的书房叫他吃饭，看到镜子里大钟上显示的时间是12点11分，爸爸说让他们先吃，自己待会儿就来；过了20分钟后，杨峥又去叫爸爸吃饭，这次，他看到那个镜子里显示的时间是11点51分，他觉得很奇怪；40分钟后，杨峥又随着爸爸去书房，这次他看了那个镜子里显示的时间是12点51分。

杨峥很困惑，问道："爸爸，你能通过那面大钟知道时间吗？""当然能了！"爸爸回答道。

其实，这个大钟并没有人调过。那么，你能向杨峥解释一下这是怎么回事吗？

438. 爱吃醋的女朋友

怀特是一个不折不扣的花花公子，在经历过多次恋情后，终于找到了一个他认为不错的女朋友。但是，这个女朋友有一个小缺点，就是爱吃醋。这天，他和现在的女朋友在一起吃饭的时候，一不小心把口袋里的东西全掏了出来。这些东西有酒吧的打火机、兑奖的奖券、便条和旧情人的照片。他在慌张之际，要用手去挡住一些东西，这样可以避免和女朋友之间的不愉快。那么，他用双手挡住的最有效的东西是什么呢？

439. 爷爷怎样把鱼竿带上飞机的

海蓝的爷爷高峰春节快过完时，去了一趟海南游玩。回来的时候，在当地买了一根长鱼竿回来。

临上飞机时，爷爷才知道航空公司规定，登记人员随身携带的物品长宽高都不得超过1米，而爷爷的这根鱼竿直径虽然只有2厘米，但长度却有1.7米。

眼看飞机马上就要起飞，但爷爷还在为这根鱼竿烦恼不已，既然买了就不能不带走，可想要带走的话，航空公司又不允许。情急之下，爷爷突然想到了一个好主意，他买了一个东西，然后便把鱼竿装进去顺利带上了飞机。爷爷既没有把鱼竿折断，又没有违反相关的航空规定。

你知道爷爷买了什么东西吗？

440. 怎样看到对方的脸

两个人，一个面向南一个面向北站着，不允许回头，不允许走动，也不允许照镜子，他们怎样才能看到对方的脸？

441. 什么时候放假一年

新学期的开始，有10个同学来到教室，为座位问题争论不休。有人说，按照年龄大小就座；有人说，按照学习好坏就座；还有人要求按照个子高矮就座。

老师对他们说："孩子们，你们最好停止争论，任意就座。"

这10个同学随便坐了下来，老师继续说道："请记下现在的就座次序，明天来上课时，再按照别的次序就座；后天再按照新的次序就座，反正每次来时都按照新的次序，直到每个人把所有的位子都坐过为止。如哪一天正好每个人都坐在现在所安排的位子上，我将给你们放假一年。"

请你算算看，老师要隔多少日子才给他们放假一年呢？

442. 泄密的公式

这里有一个猜年龄的秘诀。

魔术师有一个魔力公式，这个公式通常会把人的出生月日和年龄泄露出去，这对于那些年龄比较大的女士来说是一种伤害，她们特别憎恨魔术师。

这位魔术师的公式如下：

（出生月日）×10+20×10+165+（你的年龄）=？

把你的出生月日和年龄对号入座地填入上面这个式子，然后将最后的数字告诉给魔术师，他就知道你的年龄是多少。

你知道秘诀在哪里吗？

443. 王子能娶到公主吗

一位王子向智慧公主求婚。智慧公主为了考验王子，就让仆人端来两个盆，其中一个装着10枚金币，另一个装着10枚同样大小的银币。仆人把王子的眼睛蒙上，并把两个盆的位置随意调换，请王子随意从中选一个盆，从里面挑选出1枚硬币。如果选中的是金币，公主就嫁给他；如果选中的是银币，那么王子就再也没有机会了。王子说："能不能在蒙上眼睛之前，任意调换盆里的硬币组合呢？"公主同意了。

请问：王子该怎么调换硬币才能够确保更有把握娶到公主呢？

444. 北极探险的故事

英国两个探险爱好者到冰天雪地的北极探险，被一条冰河挡住了去路。他们想游过去，但冰河很宽，水又很凉，

很可能会被冻死。他们想要绕过去，可是沿着河岸走了半天，也绕不过去。"要是有树就好了。"一个探险家说，"我们有斧子、铁棍等工具，可以造一只木船。"可是，这里到处是厚厚的冰雪，上哪里去找树呢？

后来，另一位探险者想了一个办法过了河，他们没有用到树，而且他们的身体没有被河水沾湿，请问他们是用什么办法过河的？

445. 陆倩和王琳

陆倩住在一幢高层大楼的16楼。平常她和王琳一起出去，但是某一天，王琳生病了，她只好独自出去了。她乘电梯到了一楼，然后乘坐公交车。在她回来的时候，她乘电梯仅到了5楼，然后爬楼梯到了第16楼。电梯没有出故障，而陆倩也的确宁愿乘电梯也不愿走那么久的路。那么，她那天到底是为什么呢？请你给出一个合理的解释。

446. 怎样把鸡蛋带回家呢

在全球提倡环保的情况下，很多国家的便利店、超级市场都不提倡用塑料袋了。这天，杰克穿着背心、短裤，打完篮球准备回家时，想起了妻子交代要买的鸡蛋。于是，他便跑到便利店里买了10多个鸡蛋回家了。便利店没有袋子，杰克没有把自己的衣服脱下来装鸡

113

蛋，也没有其他可以装鸡蛋的工具，但他还是把这些鸡蛋拿回家了。你知道杰克是怎样把鸡蛋拿回家的吗？

447. 无穷旅馆

这个问题把你引向奇异的无穷世界：你是一家无穷旅馆的经理，你的旅馆有无穷多个房间。无论旅馆有多么拥挤，你都能给新来的客人安排房间：只要简单地把1号房间的客人移到2号，2号房间的客人移到3号，3号房间的客人移到4号。以此类推，把所有的客人都用此方法安置好后，你就可以把新来的客人安排到1号房间。

不幸的是，当你打算去休假时，来了一批前来开会的客人，会议讨论的问题一定很热门，因为来了无穷多个人。你已经有了无穷多个客人，那么你怎么安排这批新客人呢？

448. 会发声的陶瓷品

一位古董商正在与富翁谈生意，他告诉富翁自己有一件很值钱的陶瓷瓶，这个陶瓷瓶里可以发出清脆的声音，但是里面什么东西也没有，富翁一听当然非常感兴趣，于是便花大价钱买下了这件宝贝。拿回家轻轻一摇，里面果然有清脆的声音，他很好奇，想看看瓶子里究竟有什么东西，可是这个瓷瓶的盖子怎么也打不开。富翁好奇心切，最后把

瓷瓶打碎了想一看究竟。结果什么都没有发现。那么，到底是什么东西发出的声音呢？

449. 把樱桃分成 5 份

周舟拿到了特等奖学金，全家人特别高兴。妈妈为了帮助周舟庆祝，特地从罗莎蛋糕店买了一个特大的长方形的蛋糕。蛋糕非常漂亮，上面点缀着10个红色的樱桃。看看这个漂亮的蛋糕，5个小朋友都想要蛋糕上的樱桃，也不计较蛋糕的大小。周舟的妈妈想了一下，只在蛋糕上切了3刀，就把这些樱桃平均分成了5份。

你知道周舟的妈妈是怎么切的吗？

450. 取球

网球比赛时，网球掉到了地面上的一个洞里，这个坑不仅弯弯曲曲，而且也不大，其直径只有20厘米左右。手不能进去把球取出，地面土质又硬又黏，也不好挖掘。你说在不损坏网球的前提下，能够将网球取出来吗？

451.找谁理发呢

一位科学家来到一个小镇，他发现镇上只有两位理发师，每个人都有自己的理发店。科学家先察看了一下：一家理发店，一眼就看出它非常脏，理发师本人衣着不整，而且头发凌乱，这说明这个理发师理得很蹩脚；另一家理发店，店面崭新，理发师的胡子刚刮过，而且头发修剪得非常好。科学家稍作思考，便返回了第一家理发店。你猜这是为什么呢？

452.智搬石头

公园里运来一些漂亮的花岗岩，其中一块重达15吨，另外一些是小的，小的花岗岩也有150千克左右。现在为了更加美观，园丁师傅想把这块大岩石放到小岩石上，但想要搬动这块15吨重的庞然大物似乎不太可能。刚巧有一位新来的园丁得知了此事，他两三下就将这块巨石搞定。你猜新来的园丁想了一个什么办法？

453.切西瓜

外公来家里做客，想要考考李明的智慧，他给了李明一个西瓜和一把水果刀，让李明只切3刀，要切出7块西瓜8块皮来。你能帮李明想想办法吗？

454.聪明的招待员

洛杉矶一家酒吧里，一位老牛仔在吧台上拿出1美元："伙计，来瓶啤酒。"

"普通的还是烈性的？"调酒师问道。

"他们的价格有什么不同吗？"老牛仔望着调酒师。

调酒师说："普通的90美分一杯，烈性的1美元一杯。"于是老牛仔给了调酒师1美元，要了一杯烈性酒。

过了一会儿，又有人来到吧台，递上了1美元，也要啤酒，调酒师一句话都没说，直接给了他一杯烈酒。

请问，调酒师为什么不经询问，就直接给后一个人拿烈酒呢？

455.羊吃草

放羊娃牵着羊来到一棵树下，他用3米长的绳子拴住羊脖子，让它在树下吃草，自己就割牧草去了。他把割来的牧草放在离树5米远的地方，又去继续割，但是，等他再回来时，羊却把他割好的牧草吃光了。当然，绳子很结实，也没有断，更没有人解开它。你知道羊是怎样吃到牧草的吗？

456.狼和羊

明明牵着一只狼和两只小羊回

家，路上遇到了一条河。没有桥，只有一只小船，并且船很小，他每次只能够带一只狼或者一只小羊过河。你能帮助他想想办法，把狼和小羊都带过河去，又不让狼吃到小羊吗？

457."无情"的杰克

杰克拿着鲜花去医院看女友，护士说："你的女友正忙着做手术，要等手术成功后才能见面。"

"什么手术？"

"大脑手术。"

杰克哼起了小调，眉飞色舞地在外边等了起来。杰克为什么对女友这样"无情"呢？

458. 不洗脸的孩子

姐姐和妹妹一起在花园里干活儿，为小花除草。干完活儿后，姐姐的脸还是干干净净的，妹妹却一脸灰土，脏兮兮的。有趣的是，姐姐急忙跑去洗脸，妹妹却没有去洗脸。你说这是为什么？

459. 巧移硬币

6个带编号的硬币可以沿纵、横、斜向每次移动1格，计为1步。请巧妙地移动硬币，使纵、横、斜向每条线上的

硬币都不超过2枚。要求用最少的步数达到目的，并且必须在A的位置上放一枚硬币。

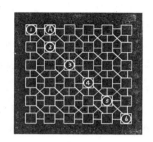

460. 不见的西红柿汁

在澳大利亚的一个农场里，马里安家里自制了很多西红柿汁。有一天他的小儿子约翰站在窗下。可是淘气的哥哥汤姆却把西红柿汁朝弟弟的头上倒了下去。西红柿汁正好成一条线，落到约翰的头上。马里安先生急忙赶到窗户边一看，真奇怪！约翰的头上一滴西红柿汁也没有，地上也没有痕迹。请问，这是为什么？

461. 反常举动

两名铁路工人正在检修路轨，这时一辆特快列车向他们迎面高速驶来。火车司机没有注意到他们正在路轨上工作，因此来不及减速了。这两名工人沿着特快列车所在的铁轨朝列车迎面跑去，这是为什么？

462. 猎人的战果

有一天，猎人出去打猎，直到天黑才回到家。他的妻子问他："你今天打了几只野兽？"猎人说："打了9只没有尾巴的，8只半个的，6只没有头的。"他的妻子莫名其妙，弄不清楚他说的是什么意思。猎人到底打了几只野兽，你知道吗？

463. 摆放硬币

将10枚硬币按照"十"字形状排列，要求不论横着竖着数都是6枚。想一想该怎么摆？

464. 卖水

有一个用大皮裹装着25升水的水商，行经沙漠时，碰到一位要买19升水的客人和一个要买12升水的客人。商人的水不够卖给二人，只能卖给某一方，而且他希望在这酷热的沙漠中，尽快结束交易。

假设水商从皮囊中倒出1升的水需要10秒，那么他会卖给哪位客人呢？

465. 追车人

一辆载满乘客的公共汽车沿着下坡路快速前进着，有一个人在后面紧紧地追赶这辆车子。一个乘客从车窗中伸出头来对追车子的人说："老兄，算啦，你追不上的！""我必须追上它。"这人气喘吁吁地说。请你想象一下，到底会是什么原因，才使得这个人追车如此卖力？

466. 想象厚度

把一张普通的16开纸对折，这很简单，大家可能都试过。但是，假如给你一张边长为2米的正方形的超薄纸。让你对它实施10折以上，你能想象一下你能否办到吗？

467. 猴子的模仿

动物园里，有一只猴子专门爱模仿人的动作。

这天，一个人走到猴子面前，右手抚摸自己的下巴，猴子就用右手抚摸下巴；人闭上了左眼，猴子也闭上了左眼；人睁开了左眼，猴子也立刻睁开了左眼。

可是，后来这个人做了一个动作，猴子怎么也没办法模仿。

请问，到底是什么样的动作这么难以模仿呢？

468. 杀手的失误

一名杀手潜入一栋豪华的别墅，目的是要暗杀住在别墅里的一个仇人。杀手悄悄地走到仇人的房门口，从钥匙洞里看见仇人正在打电话。杀手想，这倒也省事，于是便从钥匙洞里向房内射进了一枚毒针。他看到毒针正好射中仇人的胸部，但奇怪的是，仇人一点儿反应也没有，依然拿着电话在聊天。

那么问题出在哪里呢？

469. 贪吃的蛇

如下图所示，这些饥饿的蛇正在互相吞食着对方。由于它们采用了这种怪异的进餐方式，它们所组成的圆环正在逐渐缩小。如果它们仍旧继续吞食对方的话。最后这个由蛇构成的圆环会出现什么情况呢？

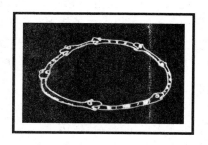

470. 弹力球搬家

一个杯子倒扣在一张桌子上，杯子里有一个弹力球。你怎样在不借助任何外物的情况下将这个杯子连同里面的弹力球挪到距离此桌子两米的另一张桌子上？要求弹力球不能从杯子里拿出来。

471. 倒立的杯子

据说这是一个中世纪的魔法。一个人用手把装满水的杯子倒转过来，一直拿着，杯子中的水也不会洒下来。当然，杯子上没有加盖子，而杯中的一定是液态的水，而非冰或者水蒸气。一位博士听闻后说："这招我也会用。"请问，他用的是什么方法呢？

472. 没撞着穿黑衣的醉汉

公路上有一辆汽车飞驰，没有开灯。突然间，有一个穿黑衣服的醉鬼走到路中央。这时没有路灯，也没有月光。眼看那个人就要被汽车撞倒，但汽车忽然刹住了，是什么原因呢？

有人答："醉鬼手里有手电筒。"

有人答："因为醉鬼大声叫喊。"

但这些答案都不够准确，你知道正确答案是什么吗？

473. 两个人过河

两个人想过同一条河，但是河上没

有桥，只有一条小船，并且小船一次只能搭载一个人。两个人想了想，相互打了招呼，就高兴地过河了。你认为这有可能吗？

474.门牌号码

小红家的门牌号是一个从左到右、用阿拉伯数字写的4位的数字。有一天，门牌掉了下来，小红重新放上去的时候，却把它放反了。她发现现在的门牌号仍然是一个4位的阿拉伯数字，但是比原来的数字多了7 875。请问，小红家的门牌号到底是多少？

475.急中生智

有个农民挑了一对竹筐，赶集去买东西。当他来到一座独木桥上，对面来了个孩子，他想退回去让孩子先过桥，但是回身一看，后面也来了个孩子。正在进退两难之际，农民急中生智，想了一个巧办法，使大家都顺利地通过了独木桥，而且3个人之中谁也没有后退过一步。问：农民用的是什么办法？

476.最失败的抢劫

有一群劫匪持枪闯入了市中心的一家大银行，他们破坏了那里的报警系统，控制了局面。当他们要求工作人员

交出柜台抽屉里的所有现金时，银行经理表示，柜台已经没有半分钱了。抢匪要经理打开保险柜，经理照做了，但就在这时，警察赶来了，立刻逮捕了抢匪，到底发生了什么事？

477.标签

有3个盒子，一个装的全是铅笔，一个装的全是橡皮，第三个则装着铅笔和橡皮。3个盒子的标签都正好贴错了。现在你可以每次从某个盒子里拿出一样东西看看。你至少要拿多少次才能给箱子重新贴对标签？

第六章 乐趣横生

——锻炼手脑能力的思维游戏

478. 分蛋糕

有7个小伙伴给丹丹过生日，他们带来一个圆形的生日蛋糕，为了考考这个"小寿星"，他们要求丹丹只切3刀把蛋糕分成8块，而且每个人都得到相等的一份。你知道该如何切吗？

479. 让石头不挡道

媛媛觉得这本书上的故事十分有趣，聪明的画师教会了自己怎样开动脑筋。下面这个故事，其实也很有趣，媛媛觉得，这些官员也很聪明。故事是这样的：古时候有一个国王，他总是以聪明自诩。有一天，一个大臣出了一道题，考考国王。国王骄傲地说："我这么聪明，有什么题目能够难倒我呢？你说说你的题目吧。"

大臣便将题目说了出来："某城的城墙在雨中崩塌，塌下来一块巨石挡在道路当中。正巧，第二天，皇上要到城里的寺庙去上香，必须使道路畅通无阻。官员们四处寻找力工，要他们把石头搬走，但因天下大雨，场地泥泞，石头怎么也搬不走。时间眼看就要到了，要是皇帝怪罪下来怎么办呢？正在这时，有人想出了一个办法，解决了这个问题。请问这是什么办法呢？"

自诩聪明的国王想了半天，怎么也想不出如何能够搬动大石。你想出来了吗？

480. 查看陷阱的走法

辰辰正在看电视，电视里一个节目主持人给大家讲了这样一道题，并把图形画在了写字板上，题目是这样的：猎人设下的陷阱，黑点表示陷阱。猎人一口气查看了所有的陷阱。他从有星形记号的方格出发，一格一格地走，把有陷阱的和空白的方格全走到了，并且一次也没有回到已经走过的方格中去。他也没有对角走，也没有到过有斜线的方格，因为斜线方格是水沟。他转完一圈，仍回到出发时的一组方格中。你知道他是怎么走的吗？

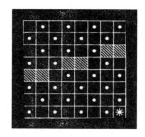

481. 怎么走才不相遇

最近，同学给卉卉说了这样一件事情，同学说自己的外婆家住在一个院子里，和院子里其余两家的关系非常紧张。而其余两家的一个院子里住了3户人家，这3户人家关系也不是很好，互相不说话，谁也不想见到谁。说完，同学就把外婆家所在院子的房屋位置简图画了出来，如下图所示。同学是想让聪明的卉卉给想想办法，如果他们想各走各门的话，也就是像图中所画的那样，A走A门、B走B门、C走C门。为了避免相遇，他们走的道也不能交叉。那么，他们该怎样走法才好呢？

卉卉想了想，很快就画出了正确答案。请问，你知道正确答案是什么吗？如果感兴趣，可以试着画画看。

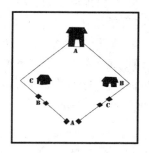

482. 硬币的头像

准备两个相同的硬币，让一个硬币在右面保持不动，而另一个硬币在左面并不滑动，仅仅是绕着它转。当它转到另一边的时候，最后女王的头像是向上还是向下？

483. 重组硬币

用16枚硬币组成一个正方形，交替放置硬币，显示出H和T。如图所示，现在，你要把这些硬币重新放置，使得第一行都是H，第二行都是T，第三行都是H，最后一行都是T。在移动的过程中，你只能够动其中的两枚硬币。你知道如何做吗？

484. 妈妈给出的难题

放学回家后，利然就看到妈妈坐在沙发上剪一个硬纸板，利然感到很是好奇，就问妈妈在干什么。妈妈却神秘地对他说："等会儿你就知道了！"

不一会儿，妈妈剪了一个形状如下图所示的硬质片。利然看了正感到纳闷时，妈妈说话了："儿子，你能不能只用一条线将我剪的这个纸片分成大小相等、形状相同的两份？"

"啊？我试试看吧！"利然挠着后脑勺说。

他拿起这个硬纸板仔细看起来，还拿出一支笔在纸上画了起来。突然，他高兴地对妈妈说："妈妈，我想出来了，你看看，我画的对不对！"他把纸板交给了妈妈看。

柳红一看，连说："对的，对的，儿子，你真聪明！"原来，这是她下午在一本书上看到的题目。

你也来裁一下试试吧！记住，只能用一条线哦！

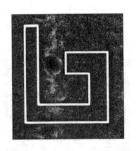

485. 瓶子上的硬币

这是一个非常有意思的游戏。把一个空瓶子垂直放在桌子上。然后，剪一个两厘米宽、30厘米长的纸带，按照图上的样子将纸带放在瓶口。接着，在纸带上的瓶口处放4枚硬币：先放1枚1元的硬币，然后是1枚5角的硬币，接着是两枚1角的硬币。现在，你要来试试在保持硬币平衡的情况下把纸带移走。在进行游戏时，既不能接触硬币也不能触摸瓶子，唯一可以接触的就是纸带。你猜能够完成吗？

486. 聚会上的趣味游戏

托姆斯在参加同学聚会时，学了一个非常好玩的游戏。在桌子上放了1个鸡蛋、两把叉子、1个瓶塞和1个拐杖，然后用两把叉子和1个瓶塞把鸡蛋稳放在拐杖的末端。这个游戏到底该怎样操作呢？你觉得能够完成吗？

487. 怎样先取深蓝色滚珠

杉杉给小伙伴们分配了一个有趣的任务。在一段两端开口的透明软塑料管内，装有11颗大小相同的滚珠，其中有

5颗是深蓝色的，6颗是浅蓝色的。这个塑料管的直径是均匀的，只能让一个滚珠勉强通过。

现在，杉杉要同学们想尽一切办法把深蓝色的滚珠取出来。如果不先取出浅蓝色的滚珠，又不切断塑料管，深蓝色的滚珠是不会出来的。那到底能够取出来吗？

488. 移动硬币

叶锦发明了一个很有意思的思维游戏（如下图所示）。将除8号硬币之外的9枚硬币放在五角星的各个位置上。游戏的目的就是除1枚硬币外，把其他硬币从五角星上拿下来。拿硬币时，必须用另一枚硬币沿着线从它的上面跳过去，这个硬币跳过去的地方必须是没有硬币的地方，如把5号跳到8号，就可以拿掉7号。这些硬币到底该怎么移动？

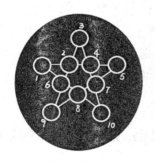

489. 买了什么车

老吉、大瑞、阿穆刚新买了汽车，汽车的牌子分别是奔驰、现代和别克。他们一起来到朋友杰克家里，让杰克猜猜他们3人各买的是什么牌子的车。杰克猜道："老吉买的是奔驰车，阿穆买的肯定不是别克车，大瑞自然不会是奔驰车。"很可惜，杰克的这种猜测，只有一种是正确的，你知道他们各自买了什么牌子的车吗？

490. 不倒的多米诺骨牌塔

准备7个多米诺骨牌，然后把它们搭建成一个小塔（如下图所示），再拿一个骨牌放在塔的前面。做完这一切的准备活动后，你可以在塔不塌的情况下利用骨牌B将A骨牌从塔上移开吗？除了碰触骨牌B之外，你不可以用其他东西接触塔？

491. 悬空的火柴棒

威灵顿·曼尼拜格斯是赌场中的名家，他总是用一些新奇的创意与别人一决胜负。一天，他将一根火柴支撑在两个颠倒的玻璃杯的中间部位（如下图所示）。现在，威灵顿打赌说，他即使将其中的一个玻璃杯拿走，也可以使那根火柴悬在空中。在做这个游戏的时候，他只能够拿桌子上的第二根火柴与那根火柴接触，那么，他到底是怎样取得成功的呢？

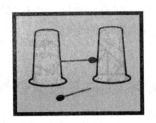

492. 吸管的力量

我们用来喝饮料的吸管一般都比较软，轻轻一折就弯曲了。但是，吉姆却说他可以不用任何工具就能将这么柔软的吸管插进土豆里面去。波比认为他是在吹牛，可是吉姆却真的做到了，你知道吉姆是如何做到的吗？

493. 谁住中间房

天长、小鹤和阿利3人住在3个相邻的房间内，他们之间满足这样的条件：

（1）每个人喜欢一种宠物，一种饮料，一种啤酒，不是狗就是猫，不是橙汁就是葡萄汁，不是南京啤酒就是哈尔滨啤酒。

（2）天长住在喝哈尔滨啤酒的隔壁。

（3）小鹤住在爱狗者的隔壁。

（4）阿利住在喝橙汁的隔壁。

（5）没有一个喝南京啤酒的也喝橙汁。

（6）至少有一个爱猫者喜欢喝南京啤酒。

（7）至少有一个喝葡萄汁者住在一个爱狗者的隔壁。

（8）任何两人的相同爱好不超过一种。

请问：住中间房间的人是谁？

494. 获奖选手

奇奇、乐乐、云云3个学生参加迎春杯比赛，他们是来自汉城县、沙石县、水杨县的选手，并分别获得一、二、三等奖，现在知道的情况是：

（1）奇奇不是汉城县选手。

（2）乐乐不是沙石县选手。

（3）汉城县的选手不是一等奖。

（4）沙石县的选手得二等奖。

（5）乐乐不是三等奖。

根据上述情况，云云应是什么选手，她得的是几等奖？

495. 如何把 2 变成 8

课间操的时候。真真拿起桌子上的两根火柴棍，很神秘地在同学们面前晃了晃，你们知道如何在不允许破坏火柴棒的情况下，才能用两根火柴棒拼出8个三角形呢？

496. 火柴棍拼出的长颈鹿

大力和悦悦在一起玩耍的时候，一下子想到一道和火柴有关的题目，他拿来一盒火柴，在桌子上拼出了一个长颈鹿。拼好后，大力说，只要移动一下其中的两根火柴棒，就可以再添一只小长颈鹿。

大家听后都表示不相信，但在大力移动了其中的两根火柴棒后，大家发现，真是多了一只小长颈鹿。那么，你知道大力是怎么移动的吗？

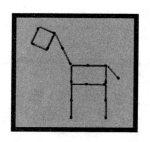

497. 位置奇怪的 4 个点

大家一块吃草莓的时候，乐乐拿起4颗草莓摆在了大家围坐的桌子上，然后问大家，像这样摆放4颗草莓，你能

用一个正方形把它们连在一起吗？

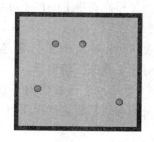

498. 消失的正方形

如下图所示，在一个用40根火柴组成的图形中共有若干个正方形。你能去掉9根火柴而使图中的正方形完全消失吗？

499. 摆棋子

思思拿着一张图画来找爸爸："爸爸你看，这张纸上有这么多方格子，难道这是一个棋盘吗？"

思思拿的纸上画了一个大方格，大方格又被画成16个面积相等的小方格。爸爸说："不错，这确实是一个棋盘。但我现在有一个问题要问你。如果给你10个棋子的话，你该如何去做，才能在

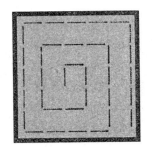

这个棋盘上摆出最好的偶数行，也就是说横排、竖排和斜排上的棋子总数都是偶数呢？"

思思回答不上来了，爸爸说："你看好了，我来摆给你看。"

不一会儿，爸爸就摆出了16个偶数行，并且告诉思思这样摆偶数行是最多的。

你知道爸爸是怎样摆的吗？

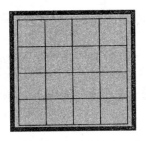

500. 让螺旋形逆时针兜圈子

杨家人最喜欢玩的游戏便是关于火柴棍的游戏。这不，吃完饭后，杨阳便拿出35根火柴排出了一条呈长方形的螺旋线。如果从这里面向外沿着这条螺旋线行进，就要按顺时针的方向兜圈子。现在要求移动4根火柴，使图形仍是一条呈方形的螺旋线，不过从里向外沿这条螺旋线行进时，是按逆时针方向兜圈子。

半个小时过去了，还是没人摆出来，正当杨阳准备宣布答案时，爸爸竟然出人意料地移对了。你知道爸爸是怎样移动火柴棍的吗？

501. 四个三角形

请使用6支火柴棒，做成4个正三角形。

502. 倒置的金字塔

古埃及人认为尖角朝上的三角形带有某种神圣的性质。三角形的尖角如果朝下，将会冒犯神灵。下图所示是由10个硬币组成的尖角朝下的三角形，如何只移动3个硬币，使得这个三角形尖角朝上？

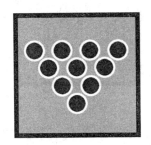

503. 移动硬币

桌面上有4枚硬币，你有没有办法使它们形成如图所示的图形，使得如果有第五枚硬币置于其中的阴影部分，正好在同一平面上与其余4枚硬币同时接触。问题在于，你不能使用第5枚硬币，你只能根据需要，把这4枚硬币中的任意一枚从一个位置紧贴桌面滑移到另一个位置。

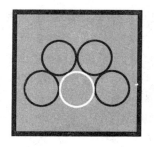

504. 翻硬币

7枚硬币都正面朝上，现在要求你把它们全部翻成反面朝上，但每一次必须翻5个。根据这条规则，你最终能把它们都翻成反面朝上吗？需要几次？

505. 奇怪，这个挂件怎么组合的

王静下班后买了一件汽车上的小挂件回来。这个挂件，由4部分组成，上部是一个软绳，第二个是一个铁环（可以折），第三个是一个硬塑环（不能折），最后一个是两个不能穿过硬塑环的纽扣，这两个纽扣被一个细绳连接在一起，各个环状的大小依次为：铁环大于纽扣，纽扣大于硬塑环。

家辉看了妈妈手里的小挂件说："奇怪，这四样东西是怎样组合在一起的？"他这一问，大家都开始琢磨起来，可一家四口没有一个人想出来。你知道这挂件是怎么穿的吗？

506. 用麦秆提苏打瓶

把一个空苏打水瓶从桌子上拎起来，工具是一只手和一个麦秆。在做游戏时，要遵守两个规则：不能把麦秆打成结；麦秆不能和瓶子外的任何部分接触。你知道该怎样做吗？

507. 碑文谜题

威利在希腊进行发掘工作时，发现了很多纪念碑的碑文上反复出现下面这个由圆和三角形组成的符号。这个图可以一笔画出来，线条可以不重复地画过两次以上，你可以试着画出来。另外，

还可以采取那种更为一般的、允许同一线条可以随意重复画过的画法。只是要求用尽可能少的转折一笔画出这个图形。你知道怎么画吗？

508. 移动火柴变图形

图中是由12根火柴构成的4个相等的正方形，只移动2根火柴，要形成7个不全相等的正方形，该怎么移动？

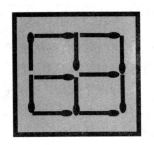

509. 用纸搭桥

在桌子上放两个玻璃杯，它们之间的距离不要太远。然后，将一块较硬的纸放在两个杯口上面。如果在纸的中间再放一个杯子，可以放吗？

510. 正方形大变法

用24根牙签拼成7个正方形，现在把其中的3根牙签换到其他位置，就可以使所有的牙签拼成14个正方形。你知道怎么拼吗？当然，在拼的过程中，不能把牙签折断。

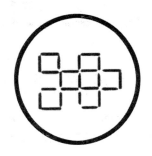

511. 花瓶门变戏法

在一个偏僻荒远的高山上，有一座建筑奇特的城堡。城堡不仅造型奇特，它的门也是多种多样。游人走进的第一道门是花瓶状，第二道门是长方形，第三道门是正方形。这里的管理员说，城堡里面的门原本都是花瓶形状，但三道门都做好后，城堡的主人不满意，便改成现在的样子。游人仔细端详后，发现虽然长方形和正方形门都拼接得很好，但是仍然可以隐约地看出接缝来。

你知道，将花瓶门改成长方形和正方形是怎样锯割的吗？

512. 移动杯垫

夏天的中午，为了消暑，圆圆妈妈拿来了一大瓶饮料分给大家喝。喝完饮料后，调皮的圆圆把6个一次性纸杯都撕得只剩下了垫子。并且按照图中所示的样子，在桌子上摆了起来。

妈妈看到后，突发奇想道："你们可以尝试着把它们重新排列，形成一个'完整的'圆，但是只能够移动其中的3个杯垫，并且每个只能移动一次？"

妈妈说完，一家人都盯着杯垫看起来，跃跃欲试。但最终也没人能按照要求移动出来。

你知道是怎样移动的吗？

513. 死亡三角

杂技团的芬顿·凯奇奥尔总是表演自己的拿手好戏——死亡三角。他在表演中所使用的道具都是源自一个著名的思维游戏。如果你把这5个三角形中的任意一个切成两半，那么，就可以把这6个三角形拼成一个完整的正方形。你愿不愿意试一试这个游戏呢？

514. 架桥

如果觉得在聚会的时候无聊，你可以跟你的同伴做这个游戏。拿3把餐刀，在桌子上分别隔一把半刀的长度放3个平底大玻璃杯，组成一个三角形。

然后尝试仅仅用3把刀在平底大玻

璃杯上搭桥，并且桥的强度要足够让第4个平底大玻璃杯放在桥中间。

515. 锯木块

有一个木匠用锯子把一个边长为3厘米的立方体锯成27个1立方厘米的小立方体（如下图所示）。显然，他只要锯6次，就很容易做到这一点。有一天，他突发奇想，能否把锯下的木头巧妙地叠放在一起锯，而减少锯的次数呢？

请你用手中的木头和锯子试验一下，看能实现木匠的奇思妙想吗？

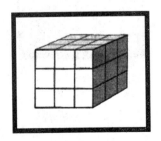

516. 切立方体

如下图所示是一块立方体，如果我

们选择垂直的切面把它一分为二，所得的截面是一个正方形。能否选择某一角度的切面同样把它一切为二，使得所得的截面是一个正六边形？

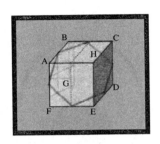

517. 高斯拼图

数学家高斯因其杰出贡献而被誉为"数学王子"，但并不是所有的人都对他得到这一殊荣而心悦诚服。有一天，一个自诩为天才的傲慢青年来找高斯，妄图出一道难题难住高斯，让他出丑，以夺走"数学王子"的桂冠。他拿出6个拼图块，选出两块拼成上面的图形。高斯一眼扫去便发现了其中的诀窍，并想出3种拼法。那青年自知冒失，便灰溜溜地走了。高斯是怎么拼的呢？

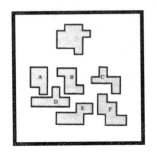

518. 连在一起

U形的玻璃管中，灌入水和两个塑料球，如图甲所示。试问，在水和球都不可掉漏玻璃管外的情况下，如何使甲图变成乙图？

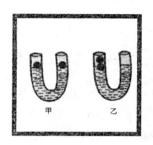

甲　　　乙

519. 精美刺绣

艾里斯家里有一块珍藏了很久的刺绣，这块刺绣的做工非常精美。可是，刺绣的形状有点儿怪异（如图所示）。一天，妈妈将这块刺绣从柜子里面拿出来，想让艾里斯把它拼成一个正方形，前提是只能剪两次。艾里斯看了半天也不敢动手，你能帮帮艾里斯吗？

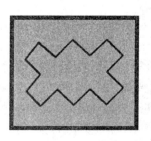

520. 埃达套纸靴

埃达现有一个方框、一双连在一起的纸靴以及一个小圆环（如图所示）。圆环的内径比方框的边宽略大一些，而连接纸靴的纸条长度超过方框边径的两倍。

埃达在想，怎样才能把纸靴和圆环套到方框上去（不能把纸靴折细后由圆环内径穿过再套上去）？

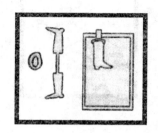

521. 拼正方形

下图是一个如钳子形状的铁皮，如果只剪3刀，就拼成了一个正方形。你知道是怎么剪的吗？

522. 金枪鱼大转身

将8根牙签按照图中所示的样子摆放，再把一个纽扣当做眼睛放在方框内，就成了一条金枪鱼。突然，金枪鱼看见了一条鲨鱼，它必须转身逃命。

你能否将3根牙签和纽扣移动一下位置，使金枪鱼转到左边呢？

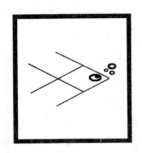

523. 酒会上的瓶塞思维游戏

在酒会上，你可以与你的客人做这个思维游戏。准备2个葡萄酒瓶的瓶塞，然后按照图1的样子把它们夹在手上（即：每个瓶塞都横着放在拇指的分岔处）。

现在，用右手的拇指和中指抓住左手上的瓶塞（两根手指抓住瓶塞的两端）。与此同时，再用左手的拇指和中指抓住右手上的瓶塞。然后，把两个瓶塞分开。

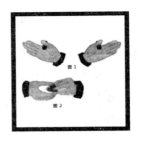

524.8 个三角形

赫比一家人出去滑雪，休息时，赫比建议大家玩一个非常有意思的思维游戏。游戏是这样的：用6根滑雪橇组成8个完整的三角形。如果在家的话，可以利用吸管或者火柴棒代替。你知道如何摆放吗？

525. 一笔连线

手里拿着一支铅笔，然后按照下图再重新画一个。画的时候必须一笔画完，线条不能彼此交叉，也不能重复。画时，从图中那只铅笔的笔尖所指的位置开始。

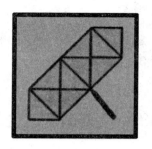

526. 东方的好斗鱼

在世界上的机械思维游戏当中，持续时间最长的莫过于七巧板。现在，这里有一个七巧板的谜题。这是一个长方形的七巧板，在它的上面是一条东方好斗鱼的轮廓。这个游戏就是要把这7块七巧板重新排成鱼的形状。那么，你能否展示这个过程呢？

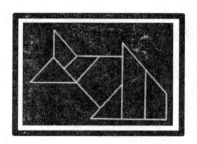

527. 把房子旋转 90 度

小狗杰西新盖了一栋房子。趁着晴朗的天气，他把朋友都叫来参观他的新房子。朋友很喜欢他的新家，只是觉得他应该转90度，这样他就可以面对路这边了。现在，我们用10根火柴把杰西家的轮廓拼了出来。那么，你能否只挪动

两根火柴的位置，使他的家面对路呢？

528. 神奇的叠纸

琳达给了鲁西一张长方形纸，并折成了图中的形状。乍一看，把纸折叠成下图所示效果是不可能的。可是，琳达说："如果你的脑子里有正确的思路，将纸折成这样的效果是轻而易举的。"你也来试试看，只允许把一个长方形的纸片剪开两处，不允许使用胶水和胶带，就把纸片折成如图所示的形状，你能不能做到呢？

529. 宿舍的傍晚

住在学校宿舍的同一房间的4个学生毛毛、李丽莎、贾凤梅、李晶晶正在

听一首流行歌曲，她们当中有一个人在剪指甲，一个人在写东西，一个人打电话，另一个人在读书。请问毛毛、李丽莎、贾凤梅、李晶晶各自都在做什么？

已知：

（1）毛毛没有剪指甲，也没有读书。

（2）李丽莎没有打电话，也没有剪指甲。

（3）如果毛毛没有打电话，那么李晶晶没有剪指甲。

（4）贾凤梅既没有读书，也没有剪指甲。

（5）李晶晶没有读书，也没有打电话。

530. 助手的姓

王老板有3位朋友：老邓、老莫和老云。机车上有3位乘客，他们分别为秘书、助手和司机，这3个乘客与老邓朋友的姓氏是一样的。恰好3位乘客的姓氏一样。

（1）乘客老莫的家住天津。

（2）乘客老邓是一位工人，有20年工龄。

（3）助手家住北京和天津之间。

（4）机车上的老云常和司机下棋。

（5）乘客之一是助手的邻居，他也是一名老工人，工龄正好是助手的3倍。

（6）与助手同姓的乘客家住北京。

根据上面的资料，对于机车上3个人的姓氏，助手姓什么？

531. 是谁做了这件事

一件事难坏了领导，一直不知道是谁做的，下面的事实成立，你猜猜谁做了这件事？

（1）A、B、C中至少有一个人做了这件事。

（2）A做了这件事，B、C也做了。

（3）C做了这件事，A、B也做了。

（4）B做了这件事，没有其他人做这件事。

（5）A、C中至少一人做了这件事。

532. 只剪一刀

图中所示的一张十字标志图若让你只剪一刀，并把它拼成一个正方形，你知道怎么做吗？

533. 剪出来是什么形状的呢

用两条宽度和长度相同的纸带做两个圆圈。将这两个圆圈在P处相互粘在一起，然后沿虚线剪下来（如图所示）。请问剪下来的形状是什么样子的？

534. 怪老头的玩意儿

小区门口有一位老头经常坐在一个刻有16个小方格的桌子旁，桌子上面放了10个棋子。他每天都拿着棋子在桌子上移来移去。有一天，有人问他在干什么，他说他在尝试用10个棋子摆出最多的偶数行，即横排、竖排和斜排上的棋子都是偶数。路人一听完，两三下就排出了16行，并且自称偶数行是最多的。你知道他是如何摆放棋子的吗？

535. 怎样连链子

最近，张彩彩家里所在的小区发生了几起脚踏车被盗案。张彩彩的爸爸提高了警惕，打算用一条铁链锁住车子。但是他只找到了5条很短的链子，这5条链子每一条都是由3个链环连接而成的。

张先生想，只有把这5条短链全部连接起来，才能够派上用场。不过连接起来比较麻烦，必须先将链环切断，然后把它们连接起来。

最初，张先生想到的办法是切断其中4条链子，然后连成一条链子，但是他很快就想出了一项只切断3个链环就能连接整条链子的好办法。

你能猜出张先生是怎么连接的吗？

536. 小神探

泰瑞探长是剑剑所在福尔摩斯社团的顾问，一次课外教学，泰瑞探长给大家出了一道题，考考大家，看大家有没有进步。

希吉、里克、伊凡和康奇4名犯罪嫌疑人因一起谋杀案而被警方审讯。他们的口供如下：

希吉："是里克干的。"

里克："是康奇干的。"

伊凡："我没有杀人。"

康奇："里克在撒谎。"

泰瑞探长说："这4个人只有一个人讲了真话，大家猜猜到底谁是凶手？"

大家一时间七嘴八舌地讨论，谁都吃不准。

你知道是谁吗?

537. 谁是养鱼人

有一道据说是由爱因斯坦出的测试题,也有人说,这个世界上有98%的人不能解出正确答案,你是不是另外的2%呢?

题目是这样的:有五栋颜色不同的房子;这五栋房子主人国籍都不同;这五个人每一个人都只喝一种饮料、只抽一个牌子的香烟、只养一种宠物,而且各不相同;英国人住在红色的房子里;美国人养的宠物是狗;丹麦人喝的饮料是茶;绿色房子在白色房子的左边;绿色房子主人只喝咖啡;抽登喜路烟的人养了一只鸟;黄色房子的主人抽VISIONS烟;住在中间那栋房子里的人只喝牛奶;挪威人住第一栋房子;抽BLENDS香烟的人住在养猫的人的旁边;养马的人住在抽VISIONS烟的人的旁边;抽555牌香烟的人只喝啤酒;德国人抽PRINCE烟;挪威人住在蓝色房子旁边的那栋房子里面;抽BLENDS香烟的邻居喝矿泉水。需要找出的是,谁的宠物是鱼?

538. 三人之间的关系

A、B和C有亲缘关系,他们之间没有不符合伦理道德常理的问题。已知他们的关系如下:

第一,他们3人当中,有A的父亲、B唯一的女儿和C的同胞手足。

第二,C的同胞手足既不是A的父亲也不是B的女儿。

问题是:他们中的哪一位与其他两人的性别不同?

539. 说话的是谁

"我们医院里的医务人员,包括我自己在内,总共有16名医生和护士。下面的人员情况,无论是否把我计算在内,都不会产生任何变化。"在这些医务人员中有这样的关系:

(1)护士的数量多于医生。

(2)男医生的数量多于男护士。

(3)男护士的数量多于女护士。

(4)16名医护人员中,至少有一位女医生。

问题是:分析说话人的性别和职务?

540. 谁是未婚妻

詹姆斯先生认识丽萨、菲比、多萝西、黛丝、米莉这5位女士。她们满足以下条件:

(1)这5位女士的年龄可以概括为两种情况:其中的3位女士年龄小于25岁,另外两位女士大于25岁。

(2)其中两位女士的职业是教师,另外三位女士的职业是普通职员。

（3）丽萨和多萝西属于相同的年龄水平。

（4）黛丝和米莉属于不同的年龄情况。

（5）菲比和米莉的职业相同。

（6）多萝西和黛丝的职业不同。

（7）詹姆斯先生将同其中一位年龄大于25岁的教师结婚。

请问，这五位女士中，谁是詹姆斯先生的未婚妻？

541. 付账的姐妹俩

莉莉、露丝、芬妮、露丝雅这四位女士午休时间在楼下的咖啡厅买了些点心，正在付款。以下提到的"银币"是指5美分、10美分、25美分或50美分的硬币。

（1）这四位女士中，有两位身上的硬币各为60美分，而且都是银币，且数量相同，但彼此间没有一枚硬币面值相同。

（2）有两位女士，身上的硬币各为75美分，而且都是银币，枚数相同，但彼此间没有一枚硬币面值是相同的。

（3）莉莉的账单是10美分，露丝的账单是20美分，芬妮的账单是45美分，露丝雅的账单是55美分。

（4）每位女士都一分不少地付了账，而且全部正好，不需要找零。

（5）其中有两位女士是姐妹俩，她们付账后剩下的硬币枚数是相同的。

请问：哪两位女士是姐妹？

542. 昨天吃什么，今天吃什么

同公司的小王、小宋和小李3人每天中午都去同一个餐馆吃饭，他们每人每餐吃的不是套餐就是拉面。如果小王吃的是套餐，那么小宋吃的就是拉面。吃套餐的不是小王就是小李，但是不会两人都吃套餐。小宋和小李也不会两人都吃拉面。

请问：谁昨天吃的是套餐，今天吃的是拉面？

543. 鬼机灵的主意

小兔子闹闹和笑笑去森林里采蘑菇，很快就采了一大堆。但是在分蘑菇的时候，闹闹和笑笑争吵了起来，因为都想多要点，怎样才能把这堆蘑菇平均分配给他们呢？

这时，森林中最聪明的鬼机灵——小猴子，给它们出了个奇特的主意，它们拿着属于自己的蘑菇，都高高兴兴地回去了。鬼机灵猴子给他们出的是什么主意呢？

544. 同学聚会

一次高中同学聚会上，甲、乙、丙3个要好的同学在各自的岗位上都做出了一些成绩，分别成为了教授、作家和市长。另外还有一些关于他们的信息：

（1）甲、乙、丙3人分别毕业于英语系、化学系和中文系。

（2）3人中的作家称赞中文系毕业者身体健康。

（3）化学系毕业者请3人中的教授写了一个条幅。

（4）作家和化学系毕业者在一个市内工作。

（5）乙向英语系毕业者请教过留学方面的问题。

（6）高中毕业后，化学系毕业者、乙都没再和丙联系过。

那么，以下说法正确的是哪一项呢？

A.丙是作家，甲毕业于化学系。

B.乙毕业于英语系。

C.甲毕业于英语系。

D.中文系毕业者是作家。

545. 医生是谁

陈先生的家庭除了他自己之外，还有太太和一个女儿；他的女儿有丈夫和一个儿子。这些人符合如下的情况：

（1）在这5人中有一个人是医生，而在其余4个人中有一个人是这位医生的病人。

（2）医生的孩子和病人父母亲中年龄较大的那一位性别相同。

（3）医生的孩子不是病人，也不是病人父母亲中年龄较大的那一位。

请问：谁是医生？

546. 相遇的日期

阿兵和阿成是在一家健身中心首次相遇并成为朋友的。已知以下情况：

（1）阿兵是从一月份的第一个星期一开始去那家健身中心的。

（2）此后，阿兵每隔4天（即第五天）去一次。

（3）阿成是从一月份的第一个星期二开始去健身中心的。

（4）此后，阿成每隔3天（即第四天）去一次。

（5）在一月份的31天中，只有一天阿兵和阿成都去了健身中心，正是那一天他们相识。

问题是：阿兵和阿成是在一月份的哪一天相遇的？

547. 性别不同

童童、小东、阿力和阿明有亲缘关系，但他们之间没有违反伦理道德的情况。已知下述条件：

（1）这4人中，有一个人与其他3人的性别不同。

（2）在这4个人中，有童童的母亲、小东的哥哥、阿力的父亲和阿明的女儿。

（3）4人中，最年长的一位与最年轻的一位性别是不同的。

请找出是谁与其他3人性别不同？

548. 领巾的颜色

有几个好朋友一起去郊游。为了不走散，他们分别系了不同颜色的领巾。这些人中，他们有的人戴的是红色的领巾，有的人戴的是黄色的领巾。在不允许偷看自己领巾颜色的情况下，一个戴红色领巾的人眼里，红色领巾与黄色领巾一样多，而戴黄色领巾的人看来，红色领巾比黄色领巾要多一倍。那么，这群人里到底有几个人戴红色领巾，几个人戴黄色领巾？

549. 古物拥有者

老王和老何都是考古学家老李的朋友。有一天，老李拿了一件古物给两人看，这两人都无法验证出来这件古物是谁生前的。老李告诉了老王拥有者的姓，告诉老何拥有者的名字，并且在纸上写下以下几个人的人名，告诉他们这其中有古物的拥有者。

纸条上的名字有：陈平、岳飞、岳云、张飞、张良、张鹏、赵括、赵云、赵鹏、陈友谅。

老王说："如果我不知道的话，老何肯定也不知道。"

老何说："刚才我不知道，听老王一说，我现在知道了。"

老王说："那我也知道了。"

你知道那件古物到底是谁的吗？

550. 谁有钱

安、爱丽丝和玛利亚是三位杰出的女性，她们各有一些令人注目的特点。

（1）三人中有两位非常聪明，有两位十分漂亮，有两位多才多艺，有两位存款上万。

（2）每位女性至多只有上述特点中的三个。

（3）对于安来说，下面的说法是正确的：如果她非常聪明，那么她也存款上万。

（4）对于爱丽丝和玛利亚来说，下面的说法是正确的：如果她们十分漂亮，那么她们也多才多艺。

（5）对于安和玛利亚来说，下面的说法是正确的：如果她们存款上万，那么她们也多才多艺。

那么哪一位女性并非存款上万？

551. 兔子和外套

小白兔、小黑兔、小灰兔各买了一件外套。这3件外套的颜色分别是白色、黑色和灰色。

一只小兔说："我很久以前就想买白外套，今天终于买到了！"说到这里，她好像想到了什么，惊喜地对另外两只说："今天我们可真有意思，白兔没有买白外套，黑兔没有买黑外套，灰兔也没有买灰外套。"

另外两只也发现了这一点，笑着说："真是这样的，你要是不说，我还真没有注意这一点呢！"

请问小白兔、小黑兔和小灰兔各买了什么颜色的外套？

552. 多少野雁蛋

亚南、阿兰、纯美、璐璐是好朋友，她们年龄由18岁到21岁，各不相同。在暑假里，她们分别到4个不同的岛屿去旅行，每个人都在岛上发现了1个到3个野雁蛋。已知以下条件：

（1）纯美是18岁。

（2）阿兰去了A岛。

（3）21岁的女孩子发现的蛋的数量比去A岛女孩的少1个。

（4）19岁的女孩子发现的蛋的数量比去B岛女孩的少1个。

（5）亚南发现的蛋和C岛的蛋之中，其中一个的数量是2个。

（6）D岛的蛋比璐璐的蛋要少2个。

那么请问，她们分别是多少岁？分别在哪个岛屿上发现了多少野雁蛋？

553. 布娃娃换装

晓芳有4个布娃娃，分别取名为玲玲、丽丽、宝宝和娜娜。布娃娃们都穿着裙子。有一天，晓芳把布娃娃们的上衣和裙子在它们中间互相调换了一下。

成为以下状况：

（1）至少有一个娃娃穿着自己的上衣，至少有一个娃娃穿着自己的裙子。

（2）穿着"穿玲玲上衣的娃娃"的裙子是宝宝。

（3）穿着"穿丽丽上衣的娃娃"的裙子是玲玲。

（4）穿着"穿娜娜裙子的娃娃"的裙子是丽丽。

那么，换穿之后，每个布娃娃分别穿着谁的上衣和裙子呢？

554. 找出次品

有80个外观一致的乒乓球，其中一个和其他的重量不同（不知道更轻还是更重）。现在给你一个天平，允许你称四次，把重量不同的乒乓球找出来，怎么称？

555. 森林里的下午茶

小狗按顺序到它在森林中的四个动物朋友的家里去拜访，在每个动物家里都品尝了各不相同的奶酪和各不相同的红茶，并且满足以下条件：

（1）在拜访了山羊的家之后才拜访了喝A红茶的家，但不是山羊家的下一家。

（2）在拜访了喝B红茶的家庭后才去拜访了吃1奶酪的家庭，但也不是紧接其后。

（3）在拜访了吃2奶酪的家庭后才

拜访了斑马的家，但也不是紧接其后。

（4）在小鹿的家里吃了3奶酪，但是没有喝B红茶。

（5）在小兔的家里品尝到了C红茶和2奶酪。

其中：

四个朋友：山羊、小兔、小鹿、斑马

奶酪：1干羊乳酪、2荷兰干酪、3英式干酪、4意大利奶酪

红茶：A祁门红茶、B伯爵红茶、C薄荷茶、D水果茶

请问：小狗在每个动物家里受到什么样的招待？

556. 女巫的蜘蛛

一座黑森林里有4个小女巫，她们每个人都饲养着蜘蛛，但每个人拥有的数量各不相同。她们眼睛的颜色，以及她们中意的女巫服装的颜色都各不相同。其中：

（1）灰色眼睛的少女和黑色服装的少女和艾玛3人共有8只蜘蛛。

（2）绿色眼睛的少女和红色服装的少女和罗拉3人共有9只蜘蛛。

（3）褐色眼睛的少女和银色服装的少女和辛迪3人共有7只蜘蛛。

（4）紫色服装的少女的眼睛不是灰色的。

（5）罗拉的眼睛不是蓝色的。

（6）艾玛的眼睛是褐色的。

已知条件如下：

（1）蜘蛛的数量分别是：1只、2只、3只、4只。

（2）女巫眼睛的颜色分别是：灰色、绿色、蓝色、褐色。

（3）女巫服装的颜色分别是：黑色、红色、紫色、银色。

（4）女巫的名字分别是：艾玛、罗拉、辛迪、琳娜。

请根据以上条件，判断出她们每个人的眼睛的颜色、女巫服装的颜色、饲养蜘蛛的数量都是什么？

557. 海滨旅馆

阿珠、娜美、蒙蒙、莉莉安4人，分别在不同时间入住海边的休闲旅馆，又在不同的时间分别退了房。其中，

（1）停留时间最短的是阿珠，最长的是莉莉安。而且，娜美和蒙蒙的滞留时间相同。

（2）莉莉安不是8日离开的。

（3）莉莉安入住的那天，蒙蒙已经住在那里了。

已知条件如下：

（1）入住时间分别为：1日、2日、3日、4日。

（2）离开时间为：5日、6日、7日、8日。

根据以下条件提示，你能知道4人分别是哪天入住又是哪天离开的吗？（提示：假如说9日入住，10日离开，停留时间算2天。）

558. 穿错衣服

在一场戏剧表演中上，玛丽安、奥利尔、莫妮卡、露西亚4人刚开始都穿着正确的服装。但是，由于下台换衣服的时候，后台有一分钟停电了，导致有的人拿错、穿错了衣服。只有一个人穿对了自己该穿的上衣，还有一个人穿对了自己该穿的下装。并且，这4个人中，没有人把上装和下装全部穿对。其中：

（1）穿了"穿着玛丽安的上装的人（不是奥利尔）该穿的下装"的人是奥利尔。

（2）穿了"穿着奥利尔的上装的人（不是莫妮卡）该穿的下装"的人是莫妮卡。

那么根据以上条件，请问4个人分别是穿了谁的衣服呢？

559. 谁要找零

阿力、小波、阿才、德子4人刚刚在一家餐馆吃完午餐，正在付账。

（1）这4人每人身上所带的硬币总和各为1美元，都是银币，而且枚数相等。

（2）25美分的硬币，阿力有3枚，小波有2枚，阿才有1枚，德子没有。

（3）4人要付的款额相同。其中3人能如数付清，不必找零，但另一个人却需要找零。

这里面说的银币是指美元中5美

分、10美分、25美分和50美分的硬币。

请分析出：谁需要找零？

560. 交换邮票

A、B、C、D是很好的朋友，每个人都有一些数量不同的邮票，从5枚到8枚不等。有一天，A送给另外3人中的1人一些邮票，B、C、D也做了同样的事情。也就是说，4人都分别从别人那里得到了邮票。他们互相赠送的邮票数量各不相同，且都在1枚到4枚之间。交换后，4人手里的邮票数量依然是5枚到8枚不等。

（1）A最初拿着7枚，送给了B几枚。

（2）B向某人赠送了3枚。

（3）C从别人那里得到1枚。

根据以上条件，请推断最初这4人分别有几枚邮票？每人又给谁多少枚？交换后每人又有多少枚呢？

561. 四人过桥

在一个夜晚，同时有4人需要过一桥，一次最多只能通过两个人，且只有一只手电筒，而且每人的速度不同。爷爷、姥姥、奶奶、跛脚阿黄需要时间分别为：1、2、5、10分钟。

请问：这4人最短需要多长时间才能过桥？

562. 工作室的模特

某年的某月从1日到10日之间的连续的4天里，鲁尔在一个工作室里当模特。而且，模特Ben、金、杰夫也做同样的工作。

（1）鲁尔和Ben共同在工作室的时间是3天。

（2）Ben和金共同在工作室里的时间有3天。

（3）鲁尔和杰夫没有一起在工作室工作过。

（4）7日那天有两个人在工作室里。

（5）1日那天至少有一个人在工作室里。

请根据上面的条件判断，他们分别是在几日到几日在工作室里当模特呢？

563. 比分是多少

森林队、河谷队、台风队、雷霆队4个队参加足球循环赛,已知森林队、河谷队、台风队的情况列在下表中:

	已赛场数	胜场数	负场数	平场数	进球数	失球数
森林队	2	1	0	1	3	2
河谷队	3	2	0	1	2	0
台风队	2	0	2	0	3	5

请问：森林队与雷霆队的比分是多少？台风队与雷霆队的比分是多少？

564. 下一行数字

下面的一列数字是有规律的。你能继续写下去吗？

3
13
1113
3113
132113
1113122113

565. 巧断时间

现在，桌子上放了2支同样的蜡烛，红色喜烛和金色喜烛，每支燃尽需要1个小时，那么，如何燃烧这两支蜡烛，可判定一个45分钟呢？注：只有这2支蜡烛和点火工具。

566. 几点钟做什么

晓莱在昨天晚上从9：00到11：30的时间里连续做了5件事情，但没有同时做2件事。而且，她做各件事用的时间也各不相同。

（1）晓莱10：05的时候在做数学题。

（2）第三件事情做了10分钟，第四件事做了50分钟。

（3）学习完语文后做了数学题，

学习完英语后（20分钟）又学习了地理。

（4）晓莱曾经做过的事情：学习语文、数学、英语、地理、历史。

（5）晓莱花费的时间：10分钟、20分钟、30分钟、40分钟、50分钟。

那么，根据以上条件提示，请问晓莱从几点到几点分别做了什么呢？

567. 分辨运动员

伊森、阿诺、曼德3名运动员分别来自德国、法国和丹麦，其中一个擅长柔道，一个擅长击剑，一个擅长散打。

已知条件如下：

（1）伊森不是擅长击剑的，阿诺不是擅长散打的。

（2）擅长击剑的不是来自法国。

（3）擅长散打的来自德国。

（4）阿诺不是来自丹麦。

由此可知下面的哪一项说的是正确的呢？

A.伊森擅长散打，阿诺擅长柔道，曼德擅长击剑。

B.伊森擅长柔道，阿诺擅长击剑，曼德擅长散打。

C.伊森擅长柔道，阿诺擅长击剑，曼德擅长散打。

D.伊森擅长散打，阿诺擅长击剑，曼德擅长柔道。

568. 买画

曼曼、丽丽、朵朵、彤彤4人去美术馆买了一些绘画大师画的复制品，曼曼买的是"梦乡""湖""等待""远山"4幅画中的1幅以上，4幅以下，注意同一幅画不可能买2幅。丽丽、朵朵、彤彤也是同样的。画的价格各不相同，分别是100元、200元、300元、400元。

（1）"梦乡"是200元。

（2）丽丽和朵朵各自买画所花的总金额是一样的。

（3）曼曼和丽丽买的画包含了所有种类的画，但是曼曼和丽丽没有买同一幅画。

（4）丽丽和朵朵都买了"湖"这幅画。

（5）曼曼和朵朵都没有买"远山"这幅画，这幅画以外的所有的画都被这两人买了下来。

（6）彤彤和朵朵没有买同样的画。

根据上面的条件，请问到底每个人分别买了哪幅画呢？

569. 谁入选了

4名潜水技术很好的工作人员预测自己参加深海探察预选情况，有如下结论：

张华：我估计咱们4个人中谁也没有条件入选。

吴立：我觉得别人条件即便再强，咱们几个也能有入选的。

川子：我觉得这次深海探察不能一个女队员没有啊!吴立和晓云最少能入选1个。

晓云：我条件合格，应该能入选。

最后证明其中有两人猜对了。实际情况是什么样的呢?

A.张华猜对，没人入选。

B.吴立猜对，川子入选。

C.川子猜对，吴立入选。

D.晓云猜对，晓云入选。

570. 金鱼的鹅卵石

溪谷里有四条金鱼：A、B、C、D。一天，它们分别发现了一些鹅卵石。金鱼们把鹅卵石在彼此之间相互赠送，每条金鱼都接受了其他金鱼的鹅卵石。但是，作为礼品的鹅卵石数量各不相同，而且没有两个金鱼之间互相赠送的情况。而且，赠送后它们各自拥有的鹅卵石数量各不相同。

依据下面的条件，请问它们一共发现了多少鹅卵石，谁向谁赠送了多少鹅卵石?

（1）第一个向拥有8个鹅卵石的A赠送的D，最后手里有2个鹅卵石。

（2）C在赠送后有5个鹅卵石。

（3）已知开始的时候各自拥有的鹅卵石数量：5个、6个、7个、8个。

（4）它们赠送的数量分别是：1个、2个、3个、4个。

571. 大少爷做运动

冯家大少爷听说做运动有助于健康，就决定试试，于是他在某个月的前半个月（即1日到15日）做了5种运动。坚持每种运动的天数各不相同，而且，同一天里不做两种运动。

根据下面的条件来看，究竟哪天他在做什么运动呢?

（1）冯家大少爷4日的时候打了高尔夫球，8日时候在滑雪，12日时候骑马。

（2）第三项运动只进行了一天时间。

（3）第四项运动是躲避球。

（4）用3天做的运动项目不是躲避球也不是游泳。

（5）大少爷参与的运动项目包括：高尔夫球、滑雪、骑马、躲避球、游泳。

（6）大少爷的运动天数分别为：只有1天、连续2天、连续3天、连续4天、连续5天。

572. 走慢的钟

巫师婆婆有2个钟，一个钟两年只准1次，而另一个钟每天准2次，巫师婆婆的徒弟小小想要一个钟。如果你是小小，你会选哪只。当然，钟是用来看时间的。

573. 四个研究生

一个大学宿舍住着4个研究生，分别是江苏人、湖北人、山西人和北京人。他们分别在中文、国贸和历史3个系就学。其中：

（1）北京籍研究生单独在国贸系。

（2）山西籍研究生不在中文系。

（3）江苏籍研究生和另外某个研究生同在一个系。

（4）湖北籍研究生不和江苏籍研究生同在一个系。

根据以上条件可以推出，江苏籍研究生所在的系为哪个系？

A.中文系。

B.国贸系。

C.历史系。

D.中文系或历史系。

574. 电梯里的男人

有个男人住在一楼，每天他会乘电梯下到大堂，然后离开。晚上，他会乘电梯上楼，如果有人在电梯里或者那天下雨，他会直接坐到他的那层。否则，他会坐到第七层，然后他会走3层，到他的公寓，你能解释为什么吗？

575. 谁是谁

甲、乙、丙3人是好友，一个姓张，一个姓程和一个姓王，他们一个是银行职员，一个是IT精英，一个是医生。又知甲既不是银行职员也不是医生；丙不是医生；姓张的不是银行职员；姓王的不是乙，也不是丙。请问：甲、乙、丙3人分别姓什么？

576. 丁先生找表妹

丁先生认识程、滕、骆、郭、周5位女士，他被告知其中有一位是他失散多年的表妹，而且表妹的线索就在以下条件中：

（1）5位女士分别属于2个年龄档，有3位小于35岁，2位大于35岁。

（2）5位女士的职业有2位是律师，其他3位是会计。

（3）程和骆属于相同年龄档。

（4）郭和周不属于相同年龄档。

（5）滕和周的职业相同。

（6）骆和郭的职业不同。

（7）丁先生的表妹是一位年龄大于35岁的律师。

请问：哪位是丁先生的表妹？

577. 录取到哪儿了

孙凯、戚薇、吴梅3人被北京大学、厦门大学和天津商业大学录取，但不知道他们各自究竟是被哪个大学录取了，有人做了以下猜测：

甲：孙凯被厦门大学录取，吴梅被

天津商业大学录取；

乙：孙凯被天津商业大学录取，戚薇被厦门大学录取；

丙：孙凯被北京大学录取，吴梅被厦门大学录取。

他们每个人都只猜对了一半。

孙凯、戚薇、吴梅3人究竟是被哪个大学录取了？

578. 多大年龄

4个人在对一部电视剧明星的年龄进行猜测，实际上只有一个人说对了，发言如下：

王姐：她不会超过20岁；

刘杰：她不超过25岁；

丽丽：她绝对在30岁以上；

宋阿姨：她的岁数在35岁以下。

下面几个选项那个是正确的？

A.刘杰说得对。

B.她的年龄在35岁以上。

C.她的岁数在30～35岁之间。

D.宋阿姨说得对。

579. 毛毛虫的巧遇

将3只毛毛虫放在一个正三角形的每个角上。每只毛毛虫开始朝另一只毛毛虫做直线运动，目标角是随机选择。那么毛毛虫互不相撞的概率是多少？

580. 更快的速度

在一幢大厦前的出口处，柯警官和女盗留香飞贼狭路相逢，柯警官要去地下3层，留香飞贼要去楼上3层。怀着不同的目的，他们做出了如下的约定：

"咱们来场比赛吧。"留香飞贼提议说。

"比什么？"

"不乘电梯，看咱们谁先取回来到正门，谁输了谁答应对方的要求，你可以逮捕我，或者不能阻止我离开。"

"好吧，那就来吧。"说着，两个人同时奔向楼梯。

柯警官刚跑出没10步，突然发现上当了，这次比赛他输定了。

这是为什么？

581. 不同的民族

6个不同民族的人，他们的名字分别为甲、乙、丙、丁、戊和己；他们的民族分别是汉族、赫哲族、白族、回族、瑶族和壮族（名字顺序与民族顺序不一定一致）现已知：

（1）甲和汉族人是医生。

（2）戊和瑶族人是教师。

（3）丙和赫哲族人是技师。

（4）乙和己曾经当过兵，而赫哲族人从没当过兵。

（5）回族人比甲年龄大，壮族人比丙年龄大。

（6）乙同汉族人下周要到白族

去旅行，丙同回族人下周要到瑞士去度假。

　　请判断：甲、乙、丙、丁、戊、己分别是哪个民族的人？

第七章　一眼戳穿

——提高侦探推理力的思维游戏

582. 伪证

在某县法院的法庭上，法官正在审理一起民事案件。

原告起诉说，被告曾经借了他1万元钱，至今没有归还，说完拿出一张借单，上面的日期是1993年2月29日。

法官接过这张借单，略略沉思了一下，便对原告说："被告究竟借没借你的钱，希望你老实交代，否则要负法律责任的。"

请问，这是为什么？

583. 苹果疑案

杰森探长说，曾经有一次，洛克探长陪同友人莫斯和律师迪恩带着一篮子苹果，来到莫斯的生意伙伴伯纳的家中。他们准备在律师的调解下，妥善解决合作中出现的经济问题。

伯纳很热情地拿起一把水果刀为他们削苹果。削完后，他递给莫斯，莫斯没有接。伯纳尴尬地笑了笑，又递给律师。律师迪恩说自己从不吃苹果。伯纳只好自己吃起来，这时莫斯也拿了一个苹果削了起来。

莫斯是个左撇子，迪恩看起来有点儿怪。谁知，莫斯的苹果还没吃到一半，就倒下去了。

洛克及时报警。赶来的警察询问后，感到很迷惑："他怎么会被自己带来的苹果毒死呢？"

在一旁的洛克探长冷静地说："我知道凶手是谁。"接着他描述了凶手采用的手段过程。警察的调查也证实了洛克探长的话是对的。你知道杀手是谁吗？

584. 脚印的疑点

在夏令营的最后一天里，杰森探长要跟孩子们告别了。简简请杰森探长再给大家讲一个探案故事。杰森探长欣然答应了，接着他就说了这样一个案件：有一年冬天，雪下得特别大。积雪厚度达到了30厘米。严冬的早晨，四周白雪皑皑，一位罪犯在自己的家中杀人以后，穿过一片空地，将尸体扛到邻居家一所正在建造中的空屋内，转移了杀人现场。然后，他按照原路返回家中，拨通了报警的电话。

几分钟后，警探的巡逻车赶到了，他装作平静的样子，若无其事地说："今天早晨，我扫雪，去邻居家的家里找推雪板，却发现了一具年轻的尸体，着实把我吓了一跳。因为空屋周围没有其他人和凶手的脚印，只有我一个人进出的脚印。所以这个人肯定是昨天夜里下雪前在空屋里被杀的。"

杰森探长听完后，查看了报案者往返现场时留在雪地上的脚印，便说："我已经知道凶手是谁了。"

你知道凶手是谁了吗?

585. 漏洞在哪里

杰森探长告诉孩子们,他的老师洛克探长是一个非常注重细节的人。洛克说,探案过程中的每个细节,其实都是非常珍贵的。有时,要想破获案件,往往需要注意这些小细节。接着,杰森探长又说了一个洛克探长曾经破获的案子,而这个案子关键的地方,就是细节。到底是怎样的案子呢?

一天,洛克接到朋友哈利太太打来的电话,说她的10 000元钱放在桌子上不见了,请他赶快来一趟。

洛克立刻赶到哈利太太家,时间是下午5点钟。他问哈利太太最后一次见到钱是什么时候?

哈利太太说是下午4点钟。她说她把装钱的信封放在房间桌子上就去洗澡了。4点半左右出来就不见钱的影子了。

洛克又问:"当时还有别的人在家吗?"

"还有我家的保姆罗斯,她帮我料理一些家务。"

洛克点点头,来到罗斯的房间。罗斯热情地招呼他,请他坐在屋内唯一的一把椅子上。洛克感到椅子很凉,问道:"罗斯小姐,请问哈利太太丢钱的时候你在做什么?"

罗斯回答说:"我4点前回到哈利太太家,就进了自己的屋里,一直坐在你身下的那把椅子上织毛线活儿,一直没离开半步,可是我好像听见有人把门'砰'地关上了。"

洛克听完,笑了一下,说:"我知道凶手是谁了,但还是希望凶手自己能够亲自承认,这样也算是一次自首的机会。"

你知道凶手是谁了吗?

586. 神奇的蚂蚁

凡凡去医院看生病的外婆,当走到一楼病房的时候,看见有一群人围在那里,原来头等病房有一名男病人被人用刀杀死,探员接报赶到现场调查,发现了一把染满鲜血的小刀弃置在病房外的草地上,小刀的刀柄上布满了蚂蚁。

经过深入调查后,有3名疑犯。他们是住在二号病房的胃病患者、住在三号房的心脏病患者及住在五号房的糖尿病患者。

你能够据此判断出谁才是真正的凶手吗?

587. 把大毒枭"揪"出来

这天,吃过晚饭后,陈彦就坐在电视机旁看起了他最喜欢的缉毒类题材的电视剧。这一集的剧情很是精彩,讲述的是一个贩毒集团的首脑抵达一座海滨城市,他藏匿在一艘豪华游轮上。

警方监视这艘游轮已经三天三夜

了，船上人员的每日情况如下：一个绅士，他除了每天早晚到船舱外做运动外，就是整天都待在船舱内；一位厨师，他每天都定时去采购，先去面包店，再去调味料店，经常满载而归；还有5名水手，他们偶尔会上岸去休闲娱乐场所。警长心急如焚，因为游轮可能在明天或者当晚起航。

看到这里，这集结束了，陈彦坐在沙发上想，到底这3人中谁会是大毒枭呢？他根据自己的分析进行了预测，结果下一集一开始，就印证了他的猜测是正确的。

你能从上述条件中分析出贩毒者是谁吗？

588. 盗贼留下的手表残物

这天早晨，吃过早饭后，百无聊赖的赵焰打开电视看早间新闻，突然这样一条新闻引起了他的注意：

昨天，在本市郊区的一家仓库，发生了一起抢劫案，警察搜遍了现场，想从中找到一些蛛丝马迹，最后发现小偷留下的一堆支离破碎的手表残物。手表的长针和短针正指着某个刻度，而长针恰比短针的位置超前一分钟。除此以外再也找不到更多的线索。正当大家一筹莫展时，其中的一位警察却据此判断出了盗贼的作案时间，最后顺着这个线索，警方一举破获了这起抢劫案。

新闻已经播完了，赵焰却有了一个悬念：盗贼的作案时间到底是什么时候？可是想了半天，却没有一点儿头绪。

你能分析出这个时间是几点几分吗？

589. 把盗窃犯"揪"出来

这天早晨，陈海刚一到公司，就被告知他们公司的仓库失窃了，公司领导已经报案了。方东旭、何峰、高晓龙、郑梧桐4个人是仓库的保管员。经过警察的侦查，最后发现这4个保管员都有作案的嫌疑。又经过核实，发现是4个人中的两个人作的案。

在盗窃案发生的那段时间，警察找到的可靠线索有：方东旭和何峰两个人中有且只有一个人去过仓库；何峰和郑梧桐不会同时去仓库；高晓龙若去仓库，郑梧桐必定一同去；郑梧桐若没去仓库，则方东旭也没去。

陈海听了警察说出这些线索后，马上就想到是谁了。他把自己分析的结果告诉了警察，结果事实证明他分析得一点儿也没错。

那么，你分析出谁是盗窃犯了吗？

590. 破案的玄机

一天早上，气温在-5℃左右。这时，突然有个湿漉漉的人，气喘吁吁地跑来警局。他对警局的组长说："我的朋友跳进了湖里，凝结的冰突然破裂。他陷进去后，我跟着跳了进去，可是已经见不到人影。请你快叫人来帮忙。"于是，组长马上和小组成员行动起来。大家一起朝着出事的地点走去。他们走了1.5公里路，看到了冰上的裂洞。组长把视线转移到那个人身上，说："虽然不知道是何理由，但是，你就是那位杀害朋友的罪人。你认为我看不出破绽吗？"

那么，组长的判断正确吗？

591. 总裁之死

莱特斯威的总裁在服用安眠药睡熟后被煤气毒死，煤气是从一根橡皮管里放出来的。现场还有一只同样因为煤气中毒而死的猫。猫尾巴上不知为何系着一个棉花球。据推测，死亡时间是晚上10点30分左右。因为这个房间的门窗都紧闭着，所以只要打开煤气开关，30分钟内，室内的人就会死亡。也就是说，凶手行凶的时间是在晚上10点左右。但是，警方追捕到的嫌疑犯则拿出确凿的证据，证明自己从晚上9点一直到第二天。你知道这是为什么吗？

592. 投毒命案

一天早晨，某集团的董事长被发现死在自己家的后院里。死因是氰化钾中毒，死者在准备骑自行车出去晨练时，

吸入剧毒气体而死。

可是，案发当天，既没有人接近过死者的房子，也没有人发现现场有任何可能产生氰化钾的药品和盛放氰化钾的容器。那么，罪犯是使用了什么手段将这位董事长毒死的呢？

调查这一案件的警探发现，倒在地上的自行车的一个车胎已经完全没气了，变得扁扁的。注意到这一点后，警探马上就识破了罪犯的作案手段。

你知道凶手是如何作案的吗？

593. 照片上的钟楼

10月11日下午3点，在某个郊区，有个富翁被杀。侦探杰西接手此案，根据调查，被害者的远方外甥嫌疑最大，他要谋夺富翁的财产。富翁的外甥，外表忠厚、斯文，一点儿都不像杀人犯。当杰西盘问他10月11日下午3点的行踪时，他拿出一张照片给杰西说："那个时间段，我正在市内钟楼旁边的公园内，你看这张照片，就是我当时拍的，我身后钟楼上的时间不是3点吗？"杰西看了照片说："聪明反被聪明误。这张照片更说明了你是凶手。"你知道杰西说这话的根据吗？

594. 真正的凶手

葛顿探长为了一个学生的事上门去拜访黛妮。他按了一下门铃，没有人

理会。

黛妮的门上装的是自动锁，一旦装上，除非有钥匙，否则外面人是根本进不去的。葛顿感到奇怪，便请管理员把门打开，他进去一看，见黛妮穿着睡衣，胸部被人刺了一刀，死在地上。经推测，死亡时间大约是在昨晚9点前后。

经调查，昨晚9点前后有两个人来找过黛妮小姐，一个是她的情人，一个是她的学生，这个学生是当地的流氓。在询问这两个可疑分子时，他们都说自己按了门铃，见里面没有人答应，以为黛妮不在家，都没有进去。

听了他们的诉说，葛顿想起了黛妮小姐的房门上有个小小的窥视窗，于是他立刻认准了谁是真正的凶手。

595. 酒吧里的发现

刚刚发生了一场枪击案，枪响后，酒吧里只有哈瑞一个顾客。

他刚刚喝了一口咖啡，就看到3个人从银行里跑出来，穿过马路，跳上了一辆等在路边的汽车。

不一会儿，一个修女和一个司机进了酒吧。

"二位受惊了吧！"善良的哈瑞也没有仔细打量这两个人，就说："来，我请客，每人喝一杯咖啡。"

两个人谢了他。修女要了一杯咖啡，司机要了一杯啤酒。3个人谈起了刚才的枪声和飞过的子弹，偶尔喝一口

杯子里的饮料。这时，街上又响起了警笛声。抢劫银行的罪犯抓住了，送回银行验证。哈瑞走到前边的大玻璃窗前去看热闹。当他回到柜台边时，那个修女和司机再次谢谢他，就走了。

哈瑞回到座位上，看着旁边空空的座位和杯子，有一个杯子的杯口处还隐约有些红色，他突然好像明白了什么。叫起来："哦，这两个家伙是刚才抢银行罪犯的帮手！"说完赶紧报警。

请问，是什么东西引起了哈瑞的怀疑呢？

596. 识破谎言

在加拿大北部的某座城市，曾在圣诞节那天发生了一起命案。警方抓到了一个嫌疑犯，以下是警察和嫌疑犯的对话。

警察："你曾经因一些债务问题而与死者积怨，并且还闹上了法庭，是吗？"

嫌疑犯："是的。过去很长时间了。"

警察："案发当日，有人看见一个身材、相貌和你很相像的人进入了死者的住所，那个人是你吗？"

嫌疑犯："不是。据你们所说，死者是在圣诞节遇害的。圣诞节那段时间，我正在澳洲。可能这个世界上的确有人和我长得很相像。"

警察："你在澳洲干什么？"

嫌疑犯："过圣诞节。我希望在那

里过一个白色的圣诞节。节日那天，我们还堆了雪人。"

警察："好了，先生，你不用再说什么了。因为你是在撒谎，你就是凶手。"

请问，警察的判断是正确的吗？

597. 弹孔在哪里

某地著名的富翁被枪杀了。他是站在房子的窗边时，被突然从窗外射进来的子弹击中的。也许是凶手的枪法不准，打了4枪，最后一枪才命中。窗户的玻璃上留下了4个弹孔。你知道最后一枪的弹孔是哪个吗？

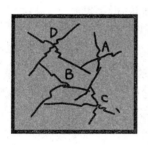

598. 最后的指纹

有这样一件事情，安德鲁向布得利借了很多钱买了一栋豪华的别墅，可现在都快半年了，安德鲁还没有还一分钱。布得利实在是无法忍受就按响了安德鲁新家的门铃，跟他要钱。两个人在争吵过程中动手打了起来。高大的布得利用两只手死死地掐住了安德鲁的脖

子，安德鲁在挣扎中左手摸到了一个锤子朝布得利的头砸去。布得利随即倒地停止了呼吸。

杀死布得利之后，安德鲁马上把布得利的尸体拖到后院掩埋起来，然后擦拭干净所有的血迹，再认真清理了沙发、地板和布得利所有可能碰过的东西，不留下一个指纹。正当他做完这一切的时候，门外响起了急促的敲门声——是布得利的两位警察朋友。布得利曾经交代，如果他在下午还没有回到家的话，就让他的警察朋友到这里来找他。尽管安德鲁十分镇定，但是，警察还是不费吹灰之力就找到了布得利的唯一的指纹。你知道这个指纹在哪里吗？

599. 谁在说谎

有一件发生在船上的案件：威廉邀请业界的好友齐聚在"伊丽莎白"上并远航日本。正当他们玩得高兴时，威廉的一位好友大叫，称他那装有机密文件的公文包丢失了。威廉立刻把船上的5名船员叫了过来一一询问。船长说，刚才他在驾驶舱里一直没走开过，有录像带可以作证；技师说他一直在机械舱保养发动机，好让发动机能一直保持一定的速度，可是没人可以证明；电力工程师告诉威廉，他刚才在顶层甲板更换日本国旗，挂上去以后发现挂倒了，于是重新挂了一次，有国旗可以作证；还有两名船员说他们在休息舱打牌，互相可以作证。

威廉听完，立刻指出了其中一个人在说谎，并且让他交出公文包。聪明的读者，你知道是谁在说谎吗？

600. 爆炸中的失误

国家情报局接到通知：一辆时速为60千米/小时的火车上装满了炸药准备驶向首都。为阻止这一恐怖活动，国家情报局决定派本杰伦在火车必须通过的长为500米的隧道中，装上黄色远程遥控炸弹。由于火车通过隧道的时间仅30秒。于是本杰伦把遥控定时装置设置为"30"，只要火车一进入隧道，就会触发装置计数，30秒后炸药自动爆炸。当火车呼啸而来进入隧道，高强度炸药在铁轨上准时爆炸后，火车仍然在失去铁轨的路面上继续疯狂前行，最后在树林里停了下来，随之引起了一场大火。消息传到国家情报局后，以指挥失误为由处分了本杰伦。你知道本杰伦错在了哪个地方吗？

601. 推算惨案时间

一天夜里，邻居听到一声惨烈的尖叫声。早上醒来发现，原来昨晚的尖叫是受害者的最后一声。负责调查的警察向邻居们了解案件发生的确切时间。一位邻居说是12：08，另一位老太太说是11：40，对面杂货店的老板说他清楚地记得是12：15，还有一位绅士说是11：

53。但这4个人的表都不准确。在这些手表里，一个慢25分钟，一个快10分钟，还有一个快3分钟，最后一个慢12分钟。聪明的你能帮助警察确定作案时间吗？

602. 谁是小偷

民间流传着这样一段关于包青天的断案过程：一天清晨，村里的村民甲乙在争吵。

甲说："这茄子是你从我的地里偷的。"

乙说："你诬赖好人，茄子是我从自家地里摘下来的。"

他们闹得不可开交，只好告到衙门找包青天明辨是非。

包青天在仔细观察后对乙说："你把茄子按照大的、中等的、小而未成熟的分成三堆，数数各堆有多少。"

乙只好照办，并说："大的82个，中等的71个，小而未成熟的50个。"

包青天听后冷冷一笑，严厉地对乙说："这茄子肯定是你偷的，老实交代吧！"

乙不敢再辩，只好认错。试问，包青天凭什么断定茄子是乙偷的呢？

603. 越狱历险记

1940年，德国法西斯猖狂地侵略欧洲，许多战俘被关进了监狱。其中一个战士不想等死，决定来一场别人预想不到的逃狱计划。

在他被宣判死刑的那一天，敌人允许他的家人来探监。他家里给他送来一把雨伞和一件毛衣，还有几件羽绒服和一个针线盒。

他积极启动发散性思维，根据这些东西实施了自己的逃跑计划，并且成功逃离了监狱。

他是怎样做到的呢？

604. 罪犯的供词

一个富翁家失窃，被盗走一颗价值100万元的红宝石，经过侦破，警方人员查明作案的为甲、乙、丙、丁4个人中的某一个。于是，4个人作为重大嫌疑犯被拘留。在审讯中，4个人的口供如下：

甲：宝石被窃的那一天，我正在别的城市，所以，我不可能作案。

乙：丁就是罪犯。

丙：乙是盗窃宝石的罪犯。3天前我见他在黑市上卖一块宝石。

丁：乙同我有私仇，故意诬陷我。

现在假定4个人中只有一个人说真话，罪犯是谁？你能用最便捷的方法推断出来吗？

605. 跳车的姿势

一具男尸横在铁路旁边，头朝下，肢体扭曲，脖子都断了。警长勘察现场后初步认定，死者叫拉福特，是个诈骗犯，应该是从芝加哥开往洛杉矶的快车上跳下来的。这次列车是今天唯一从这里经过的火车。

随后赶来的尼克探长说："你根据什么说他是从火车上跳下来的？"

警长领着尼克探长顺路轨西行，走了100码左右，看到第一个旅行包，往前走300码左右，又看到另一个旅行包，包里有崭新的纸币，共5万美元。

警长说："钱是假币，看来是有人想抢这笔钱，拉福特便跳车要抱住它。"

探长说："不，他是被人从火车上扔下来的。"

请问，探长的判断是否正确呢？

606. 曲发女郎

老查理喜欢偷看隔壁女郎，像是入迷一样。这晚，老查理看到女郎黑色的身影在窗上，好像是在清理房子的模样。

忽然，女郎好像发现自己被偷窥，待了一阵之后，她拿了一条绳子挂在梁上，然后伸出脖子套在绳圈。老查理意识到她在自寻短见，又见她一动不动，老查理立即报警。

报过警后，老查理好奇，马上飞

奔到对面女郎的住宅拍门，但无法进入房内，20分钟后，警方到现场，发现女郎已经死亡，但死去已经有3个多小时了。

显然，老查理有说谎的嫌疑，但老查理大声疾呼："不对，我一直见到的是个曲发女子，可这个死者是直发的呀！"

请问，老查理有没有说谎呢？

607. 音乐会上的谜案

格雷有两个得意门生——巴蒂和艾利，他们要参加一场盛大的音乐会，但是谁将首次登台独奏小提琴，直到音乐会开幕的当晚，格雷仍然犹豫不决。开幕前15分钟，他告知巴蒂准备出场演奏，然后将这个决定告知艾利，艾利感到很是遗憾。

10分钟之后，格雷去叫巴蒂准备出场，却发现巴蒂倒毙在小小的化妆间，头部中弹，血流满地，格雷慌忙敲开舞台侧门，将这一惨案报告查理探长。

探长见开场时间已到，就极力劝说格雷先别声张，继续演出，然后他走进艾利的化妆室。艾利听到最后决定让他登台时，没有询问情由，便拉拉领带，拿起琴和弓，随格雷登台了。

当听众如痴如醉地沉浸在优美的乐曲中时，查理探长却拿起电话通知警察前来逮捕这位初露头角的小提琴手。

你知道探长为什么要逮捕艾利吗？

608. 真假证词

某小区一位富翁被杀了，凶手在逃。经过艰苦的侦查之后，警察抓到了A、B两名疑凶，另有4名证人在录口供。

证人张先生说："A是清白的。"

第二位证人李先生说："B为人光明磊落，他不可能犯罪。"

第三位证人赵师傅说："前面两位证人的证词中，至少有一个是真的。"

最后一位证人王太太说："我可以肯定赵师傅的证词是假的。至于他有什么意图，我就不知道了。"

最后警察经过调查，证实王太太说了实话。请问：凶手究竟是谁？

609. 案发现场

一位评论家的仆人早上打扫卫生时，发现他的主人胸部中了两枪，倒地而亡。

亨利探长在现场了解情况，鉴定人员告诉他死亡时间确定为22：00左右。

正在鉴定人员答话时，挂在书房墙上的格子报时钟"咕咕咕"地响了，挂钟里的鸽子从小窗中探出头报了10点。

因为鉴定人员到达现场时收音机正开着，录音键也按着。将磁带转到头一放，录的是22：10结束的巨人队和步行者队决赛的比赛实况。

鉴定人员按下了桌子上录音机的放音键，里面传出了比赛实况的转播声。

亨利探长一边看着手表一边听着，然后他肯定地说受害人不是在这个书房而是在别处被杀的，连同录音机转移到这里伪装杀人现场的。

请问：亨利探长是根据什么来判断的？

610. 情报电话

闯闯经过社区的警察局时看到一张通缉令，原来隔壁镇的一个金店被暴力抢劫了，受害者描述了嫌疑人画像，希望居民能提供线索。

第二天，闯闯来金冠大酒店接到此旅行的叔叔回家做客。闯闯发现在这里喝酒的一伙人，很像他看到的通缉令上的人。

为了迅速捉拿这些人，闯闯赶紧写了一张纸条递给叔叔，叔叔便用电话通知警方。闯闯的叔叔装作和女友通电话，这伙人听到的电话内容是：

"亲爱的罗莎，你好吗？我是福特，昨晚不舒服，不能陪你去夜总会，现在好多了，全靠金冠大酒店经理上个月送的特效药。亲爱的，不要和我这'坏人'生气，我们会永远在一起的，请你原谅我的失约，我的病不是很快就好了吗？今晚赶来你家时向你道歉，可别生我的气呀！好吧，再见！"

这伙人听了大笑不止，可是5分钟后，警方突然出现在他们面前，他们不得不举手投降。

你知道这是为什么吗？

611. 判断凶手

几天下来，孩子们已经对推理案件有了粗浅的认识。杰森探长喜爱孩子们孜孜不倦的学习精神，这天，他又给孩子们讲了一个案子。

一个酷热的夏日夜晚，M市发生了一宗奇特的凶杀案。警方经过调查，发现死者上身赤裸，未穿上衣，是被人勒死的。根据现场侦查发现了两个嫌疑人。

第一个是死者的弟弟，他是个游手好闲的流氓，染上毒瘾，经常向他的哥哥索钱，两兄弟也发生过争吵。

第二个是被开除的学生的家长，他为人粗暴，脾气很差，他因儿子被开除而大发脾气，怀恨在心。

根据死者现场的环境，警方估计案情大概这样：死者在住所的窗前，看到来找他的人，于是开门。结果，却遭袭击身亡。那么，哪个人才是凶手呢？

612. 老气象员之死

一个初秋的早晨，在一片森林里有一棵大树下的一顶帐篷里，发现了失踪的老气象员的尸体，他好像是在这儿被人杀死的。

然而，警方得知他是个老气象员之后，只看了一眼现场，就马上下了结论：

"罪犯是在其他地方作的案，然后又将尸体转移到这里来，伪装成死者在帐篷里被杀的假象。"

此结论的理由何在？

613. 强中自有强中手

有一个职业小偷。一天，他溜到公交车上去作案，先偷了一位时髦小姐的钱包，又接连偷了一位西装革履的男子和一位白发苍苍的老太太的钱包。他兴高采烈地下了车，躲在角落里清点了一下，发现3个钱包里总共不过两百元。接着他又惊叫起来。原来与这3个钱包放在一起的他自己的钱包不翼而飞了，那里面装着700多元呢。他口袋里还有一张纸条，上面写着："让你这该死的小偷尝尝我的厉害，看看你偷到谁头上来了？"

猜猜看，那3个人中，究竟是谁偷了他的钱包呢？

614. 抓住绑匪

某公司老板的儿子被绑架，对方要求拿10万美元来交换。绑匪在电话中说："你把钱包好，用普通邮件在明天上午寄出，我的地址是……"

老板马上报了案。为了不打草惊蛇，警察经过化装来到罪犯所说的地址。可奇怪的是，这儿有地区名、街名，却没有罪犯说的门牌和收件人。

警察经过研究，马上确定了嫌疑犯，并很快找到证据将其抓获，救出了

人质。

这个绑匪是什么人呢？

615. 戴墨镜的杀手

市郊的一座公寓住着两个小伙子，一个是吉姆，一个是特里。这天，大雪纷飞，奥尼尔警官和助手接到吉姆报案，说刚才特里被人枪杀了。他们赶到现场，只见特里头部中了一枪，倒在血泊中。

吉姆说："我刚才正与特里吃火锅。忽然闯进来一个戴墨镜的人，对准特里开了一枪后逃走了。"

奥尼尔警官看到桌上摆着还冒着热气的火锅，于是说道："别装了，你就是凶手！"

请问，这是为什么呢？

616. 哪里露出破绽了呢

有一位富翁想要将自己的全部财产都用于公益事业，这件事令他的儿子杰克感到不满。于是他想杀了父亲，好尽早继承父亲的遗产。一天他趁其他人不在家里，戴着胶皮手套将父亲毒杀在家中，然后又仿照父亲的笔迹写了一封遗书。在认真处理了现场后，他就报了警。

第二天他认真听了广播里警方关于案件的报道，报道是这样的："昨晚纽约市的一个退伍老兵在家中被人暗杀，

桌子上放着一封伪造的遗书。"听到这里，杰克感到一种莫名的恐惧。他自认为他把事情做得很完美，那么问题到底出在哪里呢？

617. 狙击手绰号

刑事局干事历经千辛万苦，总算取得有关A、B、C、D、E五名狙击手的部分情报，再通过仔细分析，旋即找出了B狙击手的绰号。其资料如下：

（1）大牛的体型比E狙击手壮硕。

（2）D狙击手是白猴、黑狗的前辈。

（3）B狙击手总是和白猴一起犯案。

（4）小马哥和大牛是A狙击手的徒弟。

（5）白猴的枪法远比A狙击手、E狙击手准。

（6）虎爷和小马哥都不曾动过E狙击手身边的女人。

请问，B狙击手的绰号是什么？

618. 抢劫案

一天深夜，王刚下班开车回家。在一条偏僻的小路上，突然前轮两个车胎被扎破了。王刚下车察看轮胎的时候，从丛林中跳出了4个蒙面大汉，他们把王刚身上的所有钞票和值钱的东西洗劫一空后，逃跑了。王刚只得步行

向前走去。走了不久，发现前面有一个加油站。王刚对那里的加油员说自己刚被抢劫，希望能帮助他报警，并再买两个新轮胎。加油员答应了他的请求并且帮助他打电话报警。过了一会儿，警察来了。王刚向警察描述了被抢劫的经过，他的车子也换上了新轮胎。警察走到加油员面前说，你就是劫匪。你知道警察为什么这么快就断定加油员就是劫匪吗？

619. 愚蠢的凶手

警察正在巡逻的时候，忽然听到一声枪响，然后看到不远处一个老人正跌向房门。警察马上跑了过去，发现老人背部中弹，已经死去。警察开始询问现场仅有的两名目击者。甲说："我看到老人刚要锁门，枪响后，他应声倒地。"

乙说："我听到枪声后不知道发生了什么事情，就跑过来看看。"警察听了两个人的话后，立即拘捕了其中的一个人，你知道拘捕的是哪一个吗？

620. 巧识小偷

一对新婚夫妇在某市郊区外买了一间房子，一层共有3户人家。一天，这对夫妇正在看电视，突然听见有人敲门。妻子打开门一看，是一个陌生男子。男子一看到她便说："对不起，

对不起，我走错门了，我还以为是我的房间呢。"然后转身走了。这对夫妇回到房间一考虑，便确定那个男子是个小偷。他们马上报告了小区的保安，保安很快就将男子抓获。后来经过警方查证，该名男子果然是个惯偷。这对夫妇是如何知道陌生男子就是小偷的呢？

621. 凶手的破绽

古时候，苏州有个商人叫贾斯，他经常外出做生意。这一天晚上，他雇好了船夫，约定第二天在城外寒山寺上船出行。

第二天，天还未亮，贾斯便带着很多银子离家去了寒山寺。当日光已经照在东窗上时，贾斯的妻子听到有人急急敲门喊道："贾大嫂，贾大嫂，快开门！"贾妻开门后，来的正是船夫，他开口便问："大嫂，天不早了，贾老板怎么还不上船啊？"

贾妻顿感慌张，随船夫来到寒山寺，只见小船停在河边，贾斯却失踪了。贾妻到县衙门去报案，县令听了她的诉说后，便断定杀害贾斯的人是船夫。

你知道这是为什么吗？

622. 他为什么是小偷

洛瑞有一次坐轮船，忽然发现自己的包不见了，往远处一看，一个人正提着自己的包在走，追上以后，那人客气地向他道歉说拿错了，然后继续往前走。这时一个民警冲过来，扭住那人并给其戴上手铐。民警凭什么认为那人是小偷。

623. 判断律师的本性

某私宅发生了一起抢劫案，犯罪嫌疑人X和Y被送上了法庭。本案的奇特之处在于，众所周知，原告的律师是奇妙岛上土著居民。我们知道，奇妙岛上的土著居民分为诚实人和骗子两部分，诚实人只讲真话，骗子只讲假话。原告律师在法庭上陈述了以下两个断定：

（1）X有罪。

（2）X和Y并非都有罪。

如果你是法官，你将从中得出什么结论？你能否断定X或Y谁有罪？

你能否断定原告律师是诚实人还是骗子？

624. 超市失窃案

某超级市场失窃，大量的商品在夜间被罪犯用汽车运走。3个嫌疑犯被警察局传讯。

警察局已经掌握了以下事实：（1）罪犯不在ABC三人之外；（2）C作案时总得有A做从犯；（3）B不会开车。

A是否卷入了此案？

625. 谁才是间谍呢

在一列国际列车的某节车厢内，有A、B、C、D四名不同国籍的旅客，他们身穿不同颜色的大衣，坐在同一张桌子的两个对面，其中两个人靠边坐。已经知道，他们中有一位身穿蓝色大衣的旅客是国际间谍，并且还知道：

（1）英国旅客坐在B先生的左侧。

（2）A先生穿褐色大衣。

（3）穿黑色大衣者坐在德国旅客的右侧。

（4）D先生的对面坐着美国旅客。

（5）俄国旅客身穿灰色大衣。

（6）英国旅客把头转向左边，望着窗外。

那么，请找出谁是穿蓝色大衣的间谍。

626. 县官断案

某县官正在开庭审理一起抢劫案件，有甲、乙、丙3个嫌疑犯。县官认为，说真话的肯定不是罪犯，说假话的肯定就是罪犯。于是，他问甲，甲说话的时候正好有一阵雷声，所以县官什么都没有听见，所以他接着问乙和丙："甲刚才说的是什么意思？"乙说："禀告老爷，刚才甲说他不是罪犯。"丙说："老爷，甲已经招供了，他说他就是罪犯。"

根据这些条件，你知道谁是罪犯了吗？

627. 胆大的盗贼

小北的家在城市近郊，那是一幢别墅式的住宅，房子外面有一个大花园，附近没有邻居。秋天的时候，小北的夫人领孩子去外婆家，只有小北一个人在家，他每天都在公司吃过晚饭后再回家。

一天晚上，当小北回到家时不禁大吃一惊：只见大门敞开着，家里的一切都没有了，包括钢琴、电视机、录像机，就连桌子和椅子这些家具也全不见了，整个屋子空空如也。

这显然是被盗，但是令人不可思议的是，盗贼怎么会这么大胆，大白天居然把小北家偷得这么彻底呢？并且，据说在窃贼偷盗的时候，有两个巡逻警察还站在旁边看了一会儿热闹呢。这到底是怎么一回事呀？

628. 智破伪证案

詹姆斯有一次出庭为一家保险公司辩护。

案情是这样的，原告参加了这家保险公司的人身保险。他的肩膀被掉下来的广告牌砸伤了，而且伤得很重，现在手臂都抬不起，于是他向保险公司提出了巨额的赔偿请求。保险公司凭借着多年的从业经验，怀疑原告诈保，于是拒绝巨额赔偿。双方因此闹到法庭。保险公司请来了詹姆斯做辩护律师。

詹姆斯仔细分析了案情，又从多方面对原告进行了观察，很快就看出原告所说的伤势有假。开庭时，詹姆斯以一种关心的口吻问原告："为了证明你的伤势，请你给陪审员们看看，你的手臂现在能够举多高？"原告慢慢将手臂举到齐肩高时就痛苦不堪了，不能再举了。接着詹姆斯又问了一个问题让原告的伪证不攻自破。

那么，你知道詹姆斯是怎样让原告的伪证不攻自破的吗？

629. 抓住盗窃犯

江陵城外有个佛光寺，寺里有座宝塔，塔顶上有一颗闪闪发光的大佛珠，寺庙因此而得名。这年中秋节，寺院的老和尚要外出化缘，便留下两个徒弟看守寺院。

半个月后，老和尚化缘归来，发现塔顶上的佛珠被人偷换走了，便叫来两个徒弟询问。大徒弟说："昨晚我上厕所，借着月光，看见师弟爬上塔偷走了佛珠。"小徒弟争辩道："我昨晚整夜都睡在禅房里，从没起来过，佛珠不是我偷的。好像自从师傅走后，佛珠就没有发过光。"老和尚听完两人的叙述后，便知道谁说了谎话，偷了佛珠。

你知道是谁吗？

630. 找出公主的衣服

有一个美丽的公主在河边洗澡，当她洗完后发现放在岸边的衣服被人偷走了。关于这件事，受害者、旁观者、目击者和救助者各有说法，她们的说法如果是关于被害者的就是假的，如果是关于其他人的就是真的。

请你根据她们的说法判定谁是受害者？

玛丽说："瑞利不是旁观者。"

瑞利说："古尔不是目击者。"

德西说："玛丽不是救助者。"

古尔说："瑞利不是目击者。"

631. 指纹哪里去了

偶然的一天，一位警察在咖啡馆里发现了在逃的女盗窃犯就坐在门口处喝咖啡。女盗窃犯浓妆艳抹，穿着时髦，指甲上涂了鲜红色的指甲油，正悠闲地品尝着咖啡。警察正想过去抓住这个盗窃犯，不料女盗窃犯忽然冲出门去消失在人海中。

警察立即检查盗窃犯刚用过的东西，试图采取指纹。但令他失望的是，刚刚明明看见盗窃犯用手摸过东西，现在却没有发现一点儿指纹。也就是说，盗窃犯十分狡猾，没有留下蛛丝马迹。

警察并没有看见盗窃犯在喝咖啡时戴着手套，也没有看见她的手指上缠胶质一类的东西，只看见她的指甲上涂了红色指甲油。请问，女盗窃犯究竟为什么没有留下指纹呢？

632. 一地木屑

马戏团里有两个侏儒，其中略矮的是一个瞎子。由于马戏团经营不善，需要裁员，两个侏儒只能留下一个。谁留下呢？按照马戏团的想法是谁矮谁留下，因为在观众的眼里，侏儒当然是越矮越受欢迎。

大家都知道瞎的侏儒个子比较矮。但为了体现公平、公正，马戏团还是决定两个侏儒在公开的场合对比身高。可是，在约定比个子的前一天，瞎子侏儒死在了家里，现场只有木头做的家具和满地的木屑。经警方调查，死者是自杀。

那他自杀的原因是什么呢？

633. 帽子的破绽

一天晚上，海边的某市受到了台风和暴雨的袭击。

第二天早晨，在公园发现了一具男尸，浑身湿淋淋地趴在地上，旁边还有死者的一顶帽子。现场没有留下任何痕迹，更找不到合适的目击证人。经过验尸，死亡时间已经超过20个小时。警员断定，这不是凶杀现场，死者是被人由别处搬运过来的。

想一想，为什么？

634. 谁是主谋

星期二的早上，一位作家被发现死于家中。他是在和经纪人王先生通电话时被自己养的狗咬死的。在此之前，因为作家外出，这只狗曾委托王先生代为照顾。

于是，王先生成为嫌疑人，但无确凿证据。因为作家被狗咬死时，王先生在5千米外的研究所实验室里。即使他在照顾狗期间将狗训练成咬人的工具，也不可能在5千米以外发号施令，指挥狗咬人。因此，一般人都推断是狗兽性大发，将作家咬死的。

但是负责这件案子的探长却有不同见解，而且断定主谋就是王先生。

那么，探长是怎样判断的呢？

635. 浴缸谋杀案

深夜11点钟，警察接到报警，报案人发现自己的新婚妻子死在浴缸里。

刑侦队值班队长立即率领众人赶赴现场。报案人是一个经理，他说今晚轮到自己在公司值班，9点45分打电话到家，妻子在卫生间接电话，说刚坐进浴缸里洗澡，请他15分钟后再打过来。他也听到了洗澡的水声。半小时后，他打电话回家却没人接。又过了15分钟，他再打电话回家，依然没人接电话。

他很担心，于是赶回家中，却发现妻子已经死在了浴缸中。鲜血把满是肥皂泡的水都染红了，浴缸边有一只啤酒瓶。

队长吩咐手下给报案人做笔录，可法医却走过来说："报案人在说谎，杀人凶手就是他。"队长有点儿迷惑，问法医找到了什么证据，法医却笑而不答。

你知道吗？

636. 蜡烛的启示

露西死在卧室里，尸体是邻居发现的。邻居立刻拨打了110，刑警和法医以最快的速度赶到了现场。

"死因和死亡时间查出来了吗？"刑警问法医。

"是他杀，大概已经死了二十三四个小时了，但现场没有作案的痕迹。"法医回答。

"那就奇怪了。"

刑警忽然注意到桌子上的蜡烛在燃着，他顺手打开日光灯，却发现停电了。猛然，他意识到了什么。

"原来这尸体是从别处移过来的。"

请问，刑警是怎么判断的？

637. 项链被谁偷走了

美国有一位贵妇人，带了一条价值连城的钻石项链，登上了一艘开往英格兰的客轮，准备到那里去安家。晚上8点时，贵妇人在甲板上悠闲地散步，

这时刮起了一阵海风，吹得船摇摇晃晃。10分钟后，风停了，贵妇人返回房间，却发现放在箱子里的钻石项链不翼而飞。

船上的警察全部出动，对附近的客舱进行搜查，企图找到那条价值连城的项链。乘客们走到一个自称是作家的小姐的房间，发现那位小姐正在写作，桌子上放着一沓稿纸。

警察问那位小姐，她是什么时候在写作。小姐说："我从晚上7点就开始写作，一直写到你们进房间的时候。"

警察看着桌子上的稿纸，发现上面的字整齐秀丽，于是就断定，小偷就是这位小姐。结果，警察在她的房间搜出了钻石项链。

你知道警察是怎么判断出这位小姐就是小偷的吗？

638. 警长的根据

在森林公园的深处，发现一辆高级的敞篷车，车上有少量树叶，一个老板模样的人死在车里。警方封锁了现场。

"有什么线索？"警长问。

"法医估计这个人已经死亡两天。没有发现他杀的迹象，死者手边有氰化钾小瓶，所以初步认定是自杀。"

"有没有发现第三者的脚印？"

"没有，地面上落满了树叶，看不到什么脚印。"

"请大家再仔细搜查现场，排除自杀的主观印象。这不是自杀，而是他杀

后移尸到这里。估计罪犯离开不到一小时，他一定会留下马脚的。"大家又开始仔细搜查，果然发现了许多线索，追踪之下，当天便抓获了杀人犯。

请问：警长为什么认定不是自杀，而且罪犯没有走远呢？

639. 巧寻毒品

警方在捕获的某个犯罪分子的口袋中，找出了一张纸条，上面写着："X日下午3点，货再在X区银杏树顶。"警方迅速赶到现场查看，发现这棵树并不高，而且货物明显不在树顶。但是他们在认真推敲那句话的意思后，在正确的位置将货物取出了。请问，警方是如何发现的？

640. 他为何跳楼

有一户人家，家里有一个安着厚玻璃的大衣柜。有一天小林和小强发现这家没有人，就打算进屋子里去偷点儿东西，小林先去，小强在外面把风。但过了很长时间小强都不见小林回来，很着急。于是，又自己一个人进去了。

小强搜遍了整个房子都没有看见小林，非常纳闷。最后，他来到了大衣柜前，望了一下，就跳楼了。请问：这到底是怎么回事？

641. 无法找到的证据

在一间高级餐厅里，有一位很文静的小姐在吃西餐。她喝了男侍应拿来的汤后，又赶快叫男侍应拿一杯水来。男侍应拿来水后，她一口气全部喝完，接着又叫他再送一杯来。不久男侍应又拿来了一杯水，那位小姐喝了两杯水后死去了。

大批警察到场调查，证实死者是死于中毒，而且是一种剧毒。但化验过死者餐桌上的一切食物、饮料和器皿，都没有毒。警方经过进一步调查，发现死者原来是某国一名特工，因为被另一国的特工发现，必须要置她于死地，因此遭到毒杀。

杀人的特工是谁？他用什么方法下的毒呢？

642. 没有字迹的遗嘱

作曲家简和音乐家多克都是盲人，简病危时请多克来做公证人，立下了一份遗嘱：把简一生积蓄里的一半财产捐给残疾人福利机构。随即，简让他的妻子拿来笔和纸，以及个人签章。他在床头摸索着写好遗嘱，装进信封里亲手密封好，郑重地交给多克。多克接过遗嘱，立即将遗嘱送到银行保险箱里保存起来。一星期后，简死了。在简的葬礼上，多克拿出这份遗嘱交到残疾人福利机构的代表手中。但当那位代表从信封中拿出遗嘱时，发现里面竟然只是一张白纸。

多克根本无法相信，简亲手密封、自己亲手接过，且由银行保管的遗嘱会变成一张白纸！这时，来参加葬礼的尼克探长却坚持认定遗嘱有效，众人都想知道这是为什么。你知道吗?

643. 不在现场的作案工具

在法国，出现了一起连环杀人的案件，政府对此绞尽脑汁也无济于事，最后决定请来远近闻名的探长，全权负责这个案子。

探长刚到，凶手又杀害了一名无辜者。探长立即赶往现场。除了看到死者的头部插着一根钢条外，没有在死者的身上找到任何指纹，而且连死者周围的20米内都没有发现凶手的足迹。

探长从来没遇到过这样棘手的案子，突然他想起了一个成语"百步穿杨"。最后终于抓到了凶手。你知道是怎么回事吗?

644. 失踪的赎金

百万富翁贝克的独生子突然失踪了。这天，贝克收到一封恐吓信："把100万美金装进手提包，明晚12点，让你的司机在万圣公园的雕像旁边挖一个洞埋进去，后天中午你的儿子就可以回家了。"

贝克心急如焚，立即报了警。警方

决定派警察埋伏在公园暗中监视。夜深了，公园里漆黑一片，司机按照绑匪的要求，在黑暗中挖了一个洞，把提包放进去埋好，然后空着手走了。

可是，直到第二天中午，还是不见任何人来取钱，贝克的儿子却安全回到了家。警方不知道绑匪在要什么花招，决定挖开埋钱的洞，提包果然还在，可是打开一看，100万美元已不翼而飞。

探友们，你们知道这是为什么吗?

645. 登山照片

"上个星期天你在哪里?"警长询问一个嫌疑人。

"我在登山。你看，这就是当时我在山顶上的照片。登上山顶后，我很有成就感，就决定喝一罐啤酒，并把相机放在一个合适的位置，自拍下了开启啤酒的一瞬间。回来后，我把这张照片命名为'痛饮庆功酒'。"那个嫌疑人一边说，一边拿出一张照片给警长看。

警长看了看照片说："风景很不错，山腰上还有云雾，你登上的那座山一定很高吧?"

"嗨，可高啦，有3500米呢。"那人以为探长相信他不在场的证明，颇为得意地回答。

"可是，"警长突然脸色一变，声色俱厉地说，"你在撒谎，这张照片是假的!"

这张照片究竟有何破绽?

646. 野营的嫌疑人

一件凶杀案的嫌疑人正在山里野营，警长驱车前往调查。在群山之间的一片绿茵上，警长进入嫌疑人的帐篷。在帐篷内的吊床边，有两个金属制品在绿草地上闪闪发光，是两颗步枪子弹壳，与杀害死者的子弹口径相同。嫌疑人却辩解说这是他在山上捡来的，他在这个帐篷里已经住了一个多月了，根本没去过市区。

警长说："你需要重新编造谎言。"

那么，警长从哪里看出了破绽呢？

647. 凭借细节制胜

一天晚上下了一场大雪，第二天早上气温下降到了-5℃。刑警询问案件的嫌疑犯，当问到她有无昨夜11点左右不在作案现场的证据时，这个独身女人回答："昨晚9点钟左右，我那台旧电视出了毛病，造成短路停了电。因为我缺乏电的知识，无法自己修理，就吃了一片安眠药睡觉了。今天早晨，就是刚才不到30分钟之前，我给电工打了电话，他告诉我只要把大门口的电闸合上就会有电了。"

可是，当刑警扫视完整个屋子，目光落到窗边的大玻璃鱼缸上时，他立马识破了女人的谎言。

刑警发现了什么？

648. 密室的开关

卓林警探接到一位同事的求救信号，赶到后，发现同事倒在血泊中。同事看见卓林，用手指着房间的床下，断断续续地说道："犯人从那密室逃走了……"

"密室有开关……多拉……"同事没说完就合上了眼睛。卓林虽然伤心，但还是忍着伤心准备追捕那个犯人。

想了想，但怎么也想不出有什么东西和密室的开关联系起来，这时他突然抬头看见了屋角的一架钢琴，顿时才恍然大悟。于是顺利开启了密室去追捕犯人。

你能猜得到是怎么一回事吗？

649. 沸腾的咖啡

大侦探哈利正在森林中休息。忽然一个年轻人跑来对他说："我叫菲尔特。一小时前，我和朋友卡特正准备喝咖啡，突然从树林里蹿出两个人来，把我打昏了。等我醒来一看，卡特已经……"

哈利听完，拍拍菲尔特的肩膀说："走，一起去看看。"来到了案发地点后，只见卡特的尸体倒在火堆旁，两条绳子散乱地扔在卡特的脚下。

哈利俯下身，见卡特的血已经凝固，断定是一小时以前死亡的。他的目光又回到火堆上，黑色咖啡壶发出"嘶嘶"的声响，刚刚烧沸的咖啡从锅里溢到锅外。

哈利默默地站了一会儿，突然掏出手枪说："我知道凶手是谁了。"

你知道凶手是谁吗？

650. 画蛇添足

一天晚上，一位女作家被发现死在她的住宅中。从现场看，死者是被重击头部而死的。书桌上放着一个开着的应急灯，台灯是关着的。

警察到来后，管理员说："昨晚9点左右曾停了约1小时电。"

"那停电以后有什么可疑的人出入吗？"警察问道。管理员想了想说："来电后有一名30岁左右的男子从死者住的那层楼下来，但我不知道他有没有进过死者的房间。"警察听到这里已经知道谁是真凶了。

你知道是谁了吗？

651. 玻璃上的冰

乔治先生委托邻居库尔帮他照看房子。这一天早晨，乔治远道归来，库尔跑来告诉他，前一天夜里他家被盗了。

乔治便请来沃克警长。沃克警长向库尔了解失窃情况，库尔说："昨天夜里我听见乔治家里有响动，就走到别墅窗边看怎么回事。玻璃上结了一层厚厚的冰，什么也看不清。我便朝玻璃上哈了几口热气，这才看清屋里有个男人

在翻箱倒柜……""够了！"沃克打断了库尔的话，说道，"你的把戏该收场了！你就是小偷！"

这是怎么回事呢？

652. 被冤枉的狗狗

有一天，雷姆正在家里看书，突然邻居索菲太太气势汹汹地跑来冲他嚷道："自己的狗也不管好！把我咬了！"

雷姆问："咬在哪里？我怎么没看到伤口？"

索菲太太说："就在刚才经过你家门口时。"说着她把裤子拉得高高的。

当雷姆看过索菲太太的伤口后，十分肯定地说："荒谬！你在撒谎！你的伤口不是我的狗咬的。"接着雷姆说出了证据，索菲太太顿时哑口无言。

653. 自杀之谜

一天，刘警官接到报案，说有人在家里自杀了。他赶到现场后，发现死者全身盖着毛毯躺在床上，头部中了一枪，使用过的手枪滑落在地上，床头柜上放着写着悲观话语的纸条。

助手认为此人是自杀。刘警官走近床边，揭开盖在死者身上的毛毯，看了看说："他不是自杀。"

刘警官为何断定他不是自杀？

654. 电视泄密

警长杜斯的别墅同莫利的寓所相距不远。一天夜里，莫利跑来告诉杜斯说："托里是我的客人，刚才我俩正在看电视，突然电灯全灭了。我正要起身查看原因，有人闯进来对着托里开了两枪后逃走了。"

杜斯进入寓所，拉开电闸，发现屋子里的电视机也是关着的。他大喊："够了，莫利涉嫌谋杀！"请问：洛克为什么作出这一判断？

655. 真假医生

一辆救护车从东向西飞驰而来，一名男子拦车让救他母亲遭拒绝，便同司机大吵起来，司机不得不同意。

这时，一辆去堵截3名抢劫犯的警车正好经过，当警长看到患者被头朝外、脚朝里地抬上救护车时，立即下令将司机和医生抓了起来，并从车上的急救箱中搜出了整捆的钞票。原来他们就是那3名抢劫犯。

那么，警长是从哪里看出来的呢？

656. 杀人的雨伞

一个下着大雨的晚上，一个人被人用雨伞刺死在酒吧的角落里。

半个小时后，警方抓到一个年轻人，罗林警官立刻对这个年轻人进行询问。年轻人对罗林警官说，他今天并没有到过那个酒吧。但是，罗林却发现这个年轻人浑身上下都湿漉漉的，而雨伞却是干的。

他只问了年轻人一句话，就下令将他逮捕。

你知道罗林警官问了一句什么话吗？

657. 血渍中的线索

卡罗用手中的匕首将格林杀死在一个种满睡莲的公园里，但是警方并没有找到有力的证据来证明卡罗就是杀害格林的凶手。因此，并不能起诉卡罗。

当警官再一次来到公园搜集证据时，终于发现了格林留在现场的血渍。

经过法医的化验，留下血迹的地方正是格林被害的第一现场。

你知道警官是在公园什么地方发现格林的血迹吗？

658. 百密一疏

这天晚上，波特邀请杰夫到家中喝酒，杰夫一看手表，时间是9点钟，还不太晚就答应了。杰夫很快就被灌醉了，波特将他的头按进一个装满海水的大桶里，直至他死亡。然后波特将杰夫的尸体扔进了大海里。

完事后，波特看了看手表，已经是

凌晨1点了，他便回家了。

第二天，杰夫的尸体被人发现并报了警，法医确定死亡时间为昨天晚上9点钟。

罗林警官对死者的尸体进行详细的检查后，说道："死者的尸体是在今天凌晨1点左右被凶手抛进大海的。"

那么，罗林警官是根据什么作出这一推断的？

659. 电热炉的启示

海蒂警官出差一年后回到家中，打开房门一看，家中客厅的桌子和地上都布满了灰尘。由于感到家中气温很低，他就打开了屋内的电热炉。不一会儿，电热炉中的电热管就红了起来，屋内渐渐变得温暖了。

这时，海蒂突然警觉起来，因为他发现有人曾经进过他的房间。如果不是他忘了往一个地方上喷灰尘从而露出了破绽，海蒂是无论如何也不会知道有人曾经来过他的房间。

你知道，海蒂是从什么地方发现破绽的吗？

660. 颜色中的线索

梅里夫人被人谋杀了，格瑞警官在对她家进行检查时，发现她平时摆放整齐的红、绿丝巾被胡乱摆放在一起，这绝不是她的风格。

警方根据调查，将两名嫌疑犯拘捕。一个是梅里夫人的侄子，一个是暖气修理工。格瑞在对他们审讯一番后，突然不经意地问道："你们谁是色盲？"

这时，暖气修理工立刻下意识地回答说："我是色盲。"

格瑞听了之后，笑了一下说："现在我已经知道你们之中谁是凶手了。"

你知道谁是凶手吗？

661. 锁孔上的细线

康特下班后发现家门反锁，撬开家门后发现妻子和儿子吊死了。

警察认真查看现场，发现房门的一个缝隙和门闩上面残留着几根细线，就说道："这是一场谋杀，只不过凶手将现场伪装成了自杀。"

事实的确如此，你知道罪犯是怎么作案的吗？

662. 被虐死的男童

在小河中央的一块大石头上，罗林警官和助手杰克发现了一具男童的尸体，尸体上有很多伤口，浑身是鲜血。

杰克调查现场之后，认为男童的死亡时间是两天之前。罗林警官却说："我认为，男童的死亡时间是今天，而且距离现在的时间并不长。凶手一定是将男童杀害后，抛弃到这里，想利用湍急的河水来毁尸灭迹。"

你觉得罗林警官和助手杰克谁说的话更有道理，更正确？

663. 小偷是谁

哈洛侦探的弟弟家里那个银质的奖杯被盗了。被小偷偷窃的房间里，满地都是透明碎玻璃。

这时弟弟的邻居来了，说自己看见有可疑人物从弟弟家里走出去。根据邻居的描述，警察很快就找到了两名可疑的男子。

其中一个是小区臭名昭著的瘾君子，他戴了一副墨镜，另外一个没有戴眼镜，鼻梁上有痕迹。

哈洛仔细地观察了一下两人，说出了真正的盗窃者。

你知道是谁了吗？

664. 不在场的漏洞

深冬的一个下大雪的晚上，市郊一家三口被谋杀了。警方经过一晚上的搜查，终于找到了犯罪嫌疑人德克。在进德克家之前，警长彼得发现德克家的房屋和烟囱都覆盖着厚厚的积雪。

彼得问道："昨天晚上你在什么地方？"

德克回答说："昨天晚上我一直在家，睡前我还烧了些热水，洗了个热水澡。"

彼得听了后，立刻指出了德克的漏洞。经过进一步调查，德克果然就是杀人凶手。

那么，你知道彼得是如何发现德克说话漏洞的吗？

665. 遗书的证据

一家旅馆发生了一起命案，死者右太阳穴中了致命的一枪，右手拿着一把手枪。在桌子上还留有一封遗书。从现场来看像是一起自杀案。

罗林警官调查现场后，突然看到在书桌上放着一台电风扇。电风扇的电线被死者压住了一部分，而插头也从插座上脱离了下来。罗林把电扇的插头插好，风扇呼呼地就转动起来了，那放在桌子上的遗书很快就被吹到了地上。

罗林看到这种情况后，说道："死者不是自杀，而是被谋杀的。"

请问，罗林是如何判断出死者是谋杀而不是自杀呢？

666. 奇怪的凶杀案

某天夜里，一栋17层的公寓里发生了一起凶杀案。死者住15楼，是一家公司的秘书，头部中弹，当场死亡，凶器是一把手枪，放在死者的身边。

死者家中的房门是从内侧锁着的，只有窗户是半开着的，窗户外面还装了防护栅栏，间隔很小，人是不可能从这里进来的。

那么凶手是怎样作案的呢？

667. 白纸上的疑点

富有的盲人艾特太太在别墅中毒身亡。维斯警官赶到后，发现她的手里拿着一根织毛衣的织针，沙发前的茶几上摆着几张白纸。

维斯检查了别墅里所有的房间，也没有发现什么有价值的线索。正在他伤透脑筋时，突然看到了茶几上的白纸。这让他灵机一动，似乎想起了什么。

最后，维斯警官从这几张白纸中找到了重要的线索，很快就抓住了凶手。

请问维斯警官是怎样通过那几张白纸破案的？

668. 头发是谁的

某天一女星被人勒死在自己的别墅内。默克警探到达现场后，推断出死亡时间大概为夜里12点到凌晨2点。死者右手指上还缠着几根烫过的头发，后来女星的女佣证实说女星助手是卷发。

于是默克招来女星助手询问他昨晚去哪里了，女星助手回答说一直在房间看电视。

女星助手边拔头发边说自己的头发是前一天中午刚理的。默克警探掏出放大镜，比较着女星助手和从死者手里拿

来的头发后说："这的确是你的头发。不过别担心，凶手另有其人。"

那么默克警探为什么这样说呢？

669. 甲级通缉犯

迈尔斯先生接到戴维警探的电话，说一个甲级通缉犯目前已抵达本市。而迈尔斯想着目前酒店入住的客人中，似乎有三人符合通缉犯的体态特征：一个是从东京来的九野太郎；另一个是从南非来的珠宝商洛克斯；第三个是从以色列来的牧师比迪亚可。

第二天上午，迈尔斯先生在一边观察这三个人的一举一动。九野太郎去了麦迪逊花园看球；洛克斯一直在酒店的娱乐中心玩牌；而比亚迪可一直在认真地从左向右阅读一本用希伯来语写成的书。

迈尔斯很快判断出了通缉犯是谁。你知道吗？

670. 不可能出现的情况

洛林警探的老朋友哈迪逊被发现死在床上。房间内的一切现象，似乎都像是自杀。

最后洛林警探发现了锁孔上还插着一把钥匙，于是便将钥匙提取下来。但上面留下的拇指及无名指指纹和自己的老朋友的右手拇指及无名指指纹一样，这也证明自己的老朋友是锁门后自

杀的。

不过，细心的洛林警探经过反复推敲，最后还是看出了这是一场伪造的自杀现象。

那么，洛林警探是从哪里看出破绽的呢？

671. 欲盖弥彰的凶手

哈维对罗伯特说："曼妮昨天晚上突然打电话给我，说她不想活了。这不，我才问明了她的住址，我们一起去看看她吧。"

到了后，罗伯特先走下车子。5分钟后，两人在顶楼发现了曼妮的尸体，正当他俩吃惊时，楼下传来"吱"的一声开门的声响。

于是罗伯特跟着哈维赶到楼下的后门，只见一个小姑娘站在门口。

"妈妈叫我把这鲜花送给姐姐，说是姐姐预定的。"

女孩走后，罗伯特接过鲜花，朝着哈维冷声看去道："你就是杀死曼妮的凶手！"

那么，哈维在哪里露出了破绽呢？

672. 自作聪明

天气阴沉，达克警探正要入睡，却被局长找回局里，告知华尔街那边有一个人被谋杀了。

局长将死者妻子的笔录说了一

下："死者的妻子说当时她和她丈夫都已经睡了。半夜她从厕所回来时，透过客厅的窗子却看见一个戴墨镜的男人从他们的院子走了出去。再回到卧室时，就看见丈夫已经死了。"

局长刚说到这里，达克警探就很确信地说这个女人在说谎。那么达克警探判断死者妻子说谎的理由是什么呢？

673. 他为何作伪证

某天下午，杰克和一个不熟悉水性的朋友哈维一起出海钓鱼，而另外一个朋友彼得则留在海边的别墅。几个小时之后，杰克载着哈维的尸体回来了，杰克说哈维是因为钓鱼时失去重心而落水死亡的。

当罗林警探接受案件询问彼得的时候，彼得说他当时正用望远镜看着天空，只见一只海鸟在高大的棕榈树上筑巢。不过他的望远镜无意中对准了海面，只见杰克与哈维在小船上扭打，杰克猛地把哈维的头按入水中。

"彼得先生，我想你现在正在作伪证，需要负责任的！"罗林警探很严肃地说道。

那么，他为什么这样说呢？

674. 穿雨衣的看客

纽约市的一个博物馆展览上，一个无价之宝法老面具被盗了，各方面的线索显示案犯仍在馆内。

这几天，罗林警探一直在馆内寻找案犯的下落。今天又下起了大雨，罗林坐在椅子上思考，这时一位观赏者穿着一件干雨衣，手里拿着包向大门走去。

罗林立即把他叫住："先生，你从昨天就一直在馆内没有离开过，我现在怀疑你和一起盗窃案有关，请你跟我回警局接受调查。"

那么，罗林警探凭什么来断定他就是窃贼的？

675. 变态杀人案

临夏的一天，奈克警探接到一起变态杀人案，赶到现场后发现死者的腹部被利器扎得溃烂，旁边有一条比钥匙稍长的刀片。

通过仔细勘察，奈克警探还在现场发现一张椅子和一个放在地上还在运作的时钟，而整个现场都是满地金属碎片，似乎经历过一次小爆破，地上还有一把银色钥匙。

现场还有另一个女伤者晕倒在货柜的另一端，头发凌乱，双手满是鲜血，两边嘴角有明显的淤痕。

根据上面的资料你能推断出凶手是怎样作案的吗？

676. 密室杀人案

一男子被人用领带勒死在屋里。屋子一直是反锁着的，胡非警探被通知赶去时，还是撞开的门。

整个房间的窗户是从里面上了锁的，房门也从里面上着门闩。那是长约10公分的铁制门闩，紧紧地套进闩套里。

虽然门扉是木制的，但是门扉与墙壁之间并无丝毫缝隙。看情形想要从外面利用细长的铁丝或者丝线等来拉动门闩，使之套进闩套里是绝对不可能的事情。

总之，根据现场的情况来看，整个房间都是密封的。

那么，在这个密室里勒死死者的凶手，究竟是怎样安然逃离这个密室的呢？

677. 悬崖命案

有人在海边一悬崖上发现一具裸尸，格里警探连忙带着自己的助手赶往现场。

这具裸尸卧在悬崖上，血迹斑斑，浑身都是伤痕，却只穿了一只鞋子，架着一副完好的太阳镜。

助手认为这是一宗自杀案。格里却大叫一声："不对，这是谋杀案！尸体是被人搬运过来放在这里的！"

那么，格里警探为什么这样说呢？

678. 显像管屏幕的提示

一名懒散的富翁，终日闲在家里，靠看电视消磨时间。一天，电视机坏了，只有声音没有画面，富翁却像往常一样躺在椅子上聆听声音。那女管家趁富翁看电视之际，将他太太的项链偷走了。

次日，富翁对女管家说："你把那条项链交出来，我就饶了你，否则我就报警。"

那么，究竟富翁是如何发觉的呢？

679. 女子身亡之谜

在一个漆黑的夜晚，胡子侦探走到博物馆门口的时候，突然发现一个不明身份的女子倒在博物馆门口的台阶上。那女子背上插着把古老的匕首，并且匕首只插入一半，旁边站着一个发愣的青年人。

青年人说，他刚走到第二级台阶时，就听见了一声尖叫，接着这个女人就从台阶上滚了下来。

胡子侦探听完他的话，不但没有相信他的话，反而认为他很可能就是凶手。

那么，你们知道究竟是怎么一回事吗？

680. 酒店凶杀案

这起凶杀案发生在非洲的一家高级酒店里，死者为一女性，坐在房内的一把椅子上，一把刀插在胸部，一只猩猩坐在旁边吃着香蕉。

很多人都认为她是自杀而死，因为警方到达现场时所有的窗子都是关着的，门也是从里面锁着的。警方经过一系列的调查后，重新将本案确定为谋杀案，并根据手中的线索破获了此案。

那么凶手是怎样作案的呢？

681. 捆绑在床上的情人

在一个雪花飘飞的中午，老板波克朗来到他情人玛特兰的住所。一进屋，波克朗就看见玛特兰手脚都被捆着，绑在了床上。

"到底出了什么事情？"波克朗边问边为自己的情人解开了绳索。

"昨晚10点左右，一个蒙面歹徒闯进了我的房间，把我捆绑之后，将你存放在我这儿的用假名字开的银行存折抢走了……"她边哭边说，凄凄惨惨的。

波克朗环顾着房间的四周，见取暖的炉子上一个水壶正袅袅冒着蒸汽，立马恶狠狠地对情人说："说，你自导自演的这出闹剧是为何？"

你知道波克朗在现场发现了什么证据吗？

682. 弄巧成拙

早上7点半，刑警队长黄冈接到报案："警官，我是个单身汉。一个月前我去出差，今天回到家一看，发现大门被盗贼给撬了！"

黄冈赶到现场后，只见门锁被撬坏了，两箱衣物被扔在地上，墙上的一只旧的挂钟还在走着。黄冈认真观察了环境后，断定报案者在说谎。

那么，他是怎样作出这个判断的呢？

683. 两盘蓝莓饼

女模特艾伦想把男友阿布卡的珠宝据为己有。

这天晚上，酒店服务员给他们送来了咖啡和蓝莓饼，就在阿布卡快要把自己这盘蓝莓饼都吞进肚子之时，突然眼珠一翻，倒了下去。

此事惊动了正在这家酒店住宿的名侦探柯道尔。艾伦对柯道尔说，阿布卡在失去知觉前把他自己那盘蓝莓饼都吃光了，也许是因为阿布卡的那盘饼里掺进了过多的药物的缘故。

说着，她露出一口洁白光亮的牙齿。

柯道尔却说："我觉得你的嫌疑最大。"

那么，柯道尔根据什么作出这种判断？

684. 13 朵玫瑰

海克特有买玫瑰的习惯，可是近两个星期来，他却没有了消息。花店的人怕他出事，就给警局打了电话。

警察赶到海克特家中时，发现海克特已经死亡。房间里的一切似乎都表明这是自杀。

"他买的那13朵玫瑰怎么样了？"海尔丁探长问道。

"它们都装在一个花瓶里。花瓶放在狭窄的窗台上，花都枯萎了。"警官回答。

"在地板、窗台或者地毯上有没有发现血迹？"

"地上只有一点儿灰尘，并无血迹。"

"海克特肯定是被人谋杀的！"

那么，海尔丁为什么如此推断呢？

685. 无赖的马脚

雪特和华莱在一个气温为-5℃的夜晚，一起潜入一个富翁的别墅。他们从冰箱里拿出两只肥鸭，放在桌子上解冻。

几个小时过去了，一切平安无事。雪特点燃了壁炉里的干柴，屋子里更暖和了。他们一边吃着烤得焦黄的肥鸭子，一边把电视打开，将音量调到很低，看起了电视节目。

突然，门铃响了，两个人吓得跳起

来，面面相觑，不知所措。门外进来了两名巡逻警察，晃了晃两副叮当作响的手铐。

那么，他们究竟在什么地方露出了马脚呢？

686.自杀还是谋杀

一家IT公司的老总被人刺死在办公室。

秘书翁小姐对赶来的警察说："杀人凶手肯定是邵总经理。两人因为争吵，邵总很生气，用刀刺杀了张董。"

负责此案的高探长发现办公桌上的一个烟缸里只有三五个烟蒂。经过技术分析，上面留有邵总的指纹。

高探长问翁小姐有没有碰过办公室的东西，翁小姐回答说没有碰过。高探长指着翁小姐说："虽然我还不知道杀人动机，但是你肯定是杀害张董事长的真正凶手。"

请问，高探长凭什么证据断定翁小姐是杀人凶手的？

687.圣彼得堡的雪花

18世纪，俄国沙皇彼得大帝修建了圣彼得堡，并把它定为俄国的首都。下面这件怪事就发生在1773年的隆冬，当时圣彼得堡的一个舞厅正在举行一场盛大的宴会，点着上千支蜡烛。由于屋里的空气浑浊，有人晕倒了，大家赶紧打开窗户透透气。结果，屋里竟然纷纷扬扬地飘起了雪花。

外面并没有下雪，雪花是从哪里来的呢？

688.钻石藏在哪儿

夏季的一天，女盗梅姑盗出了两颗大钻石。一回到家，她马上将钻石放在水中用冰箱做成冰块。第二天，吉川侦探来梅姑家里搜查。

"你尽管搜查好了。"梅姑若无其事地说，"今天真热啊，来杯冰镇可乐怎么样？"梅姑说着从冰箱里拿出冰块，每个杯子放了4块，再倒上可乐，递给吉川侦探一杯，将藏有钻石的冰块放到了自己的杯子里。

"那么，我就不客气了。"吉川侦探接过杯子喝了一口，下意识地看了梅姑一眼，忽然一把夺过了她的杯子。

冰块还没融化，那么吉川侦探是怎么看穿梅姑的可乐杯子里藏有钻石的呢？

689.大厦失火

深夜，某大厦失火。125房间里浓烟滚滚，住在一间套房里的郑小姐逃了出来，而另一间套房里的王小姐则被烧死在里面。经过验尸，发现王小姐在起火前已经被刀刺中心脏而死。

郑小姐说："我因为有点儿事很晚才回去，看到王小姐已经睡了，就回自己房间里休息。刚刚睡下，我便感觉呼吸困难而醒来，发现四周弥漫着烟雾，急忙大声喊叫王小姐，然后跑到室外。"

警察又找到平素与王小姐不睦的李先生。李先生说："我还收到一封恐吓信呢。上面写着我是凶手，如果不想被人知道，就交出100万。"

这时，离案发时间只有1小时。警察立即确定了凶手，你知道凶手是谁吗？

690. 假遗书

杰克是一个职业杀手，这一次，他受雇谋杀一位百万富翁。深夜，杰克潜入富翁的家，开枪打死了他。

然后，杰克把手枪塞在富翁的右手里，把那张纸塞进了屋子里的打字机，伪造了一份遗书，然后满意地离开了。在整个过程中，他一直戴着橡胶手套，因此不担心有指纹留下。

第二天，清洁女工发现了富翁的尸体，立刻报了案。警方在现场勘察后，判定这是一宗谋杀案。警方认为，虽然遗书上的签名确实是富翁的亲笔签名，但上面的文字却并非他本人所打。

请问，警方是怎么知道这一点的呢？

691. 消失的黄金

一天，李女士的饰品店里来了两个年轻人，说是挑几件黄金首饰到结婚那天用。他们带了两个保温瓶，在试戴间里足足待了1个小时，试戴了几件首饰，奇怪的是那两个人一件也没买。

还没走出店门时，"站住，留下的东西是假的，这是铜的。"说着店员就把这二人拦住，接着李女士就报了警。

但警方来后搜遍了这二人所有的东西，也没找到东西，奇怪的是那两个保温瓶之中居然有一只里有水。

那么东西到底藏在哪里呢？

692. 高矮嫌疑犯

深秋，一位住在豪宅里的老人被人杀害了，家里的金银首饰和现金被人抢走了。

案发前，有人走过死者的家门口，偶然看到窗内徐徐喷出的烟雾，却没看见人影，像是有人在吸烟。死者家人说当时家里其他人都出去了，而老人是不吸烟的。

这时，又有附近的邻居提供了一条线索。案发前，有一个身材高大的中年男子和一个矮胖的长发男人去过老人的家。

根据警方的推理判定，凶手是两人中的一个。聪明的读者，你知道凶手是谁吗？

693. 凶手是谁

史密斯家里的一个密闭的房室中，一只黄色的猫似乎很不安地在客厅里不断走动。在猫前方不远的茶几下有一摊水，还有破碎的玻璃。水已渐渐渗入了地毯，在地毯上，躺着两具尸体，两个尸体都是窒息而死。

那么凶手是谁，两具尸体又是怎样死的呢？

694. 虚无司机

一天，警探接到报案，说某地发生了一起严重的交通事故，要求他赶快到现场调查事故的原因。

警探到了现场，经过调查，发现是由于高速公路上的一座高架桥坍塌，导致1辆卡车和8辆轿车掉了下去，造成了严重的交通事故。其中卡车严重摔烂，8辆轿车压在卡车上面，也严重摔烂。

卡车司机已经死在了驾驶室里。但是，有个疑惑出现在警探的面前：其他8辆轿车的司机都不在驾驶室，且找不到人，明显已经逃走了，这让经验丰富的警探产生了怀疑。最后他终于明白了其中的真相。你知道真相是什么吗？

695. 刀上的线索

格林兄弟和其他人一起去郊外野餐，不幸的是小格林在河边被人用刀子刺死了，哥哥暗下决心一定要查清楚这件事。

他把这次参加野营的所有人带的刀子都收集到了一起，将大家的刀子分别在火上烤，结果最后收上来的那把刀子的刀刃上出现了青色斑点。

"凶手就是你，你为什么要杀死我弟弟？"格林指着刀的主人，愤怒地说道。

那么，格林为什么说这把刀子的主人就是凶手？

696. 灯下的杀机

戴尔斯继承了父亲的全部财产，他的弟弟威尔斯正在酝酿一场杀戮。

威尔斯装出一副很热情的样子，邀请哥哥和他的几个朋友一起到家里吃饭。他热情地把哥哥让到了他的对面——在吊灯下，光线最好，又可以看到电视。

大家一边吃着火锅，一边看着电视，气氛很好。屋内热气腾腾，突然戴尔斯将碗筷掀倒在地，接着只见他口吐鲜血，不久就断气了。

警方的验尸结果说：戴尔斯死于氯化钾中毒，在他的碗中检验出了毒性。

因为大家都是在一个锅里舀汤喝，只有戴尔斯中毒，所以大家都可以为威尔斯作证，这事跟威尔斯没关系。

那么你知道威尔斯是怎样杀死哥哥戴尔斯的吗？

697. 供词中的破绽

桥边捞起一具年轻女子的尸体。警方问一个划着小船经过现场的男子，他说："那名女子跳水前我正全速划向桥边，亲眼看到她在桥上脱掉帽子后往下跳。"但是，办案经验丰富的刑警立即觉察到了他供词中的破绽。

请问破绽在哪里？

698. 谎报案情

有人到警察局报案说："昨天我在池塘边钓鱼，有个人从背后偷偷靠近我，我看见水上的影子，他拔出刀想刺我。幸亏我反应敏捷，顺手把鱼竿往后一甩，打在那个人脸上了。他'哎哟'了一声，拔腿就逃跑了。"

警长听了之后，哈哈大笑，随后对这个人说："你这家伙说谎也不在行，要知道报假案要负刑事责任的！"

警长为什么不相信这个人的话？

699. 识破偷画的人

洛克探长和收藏家肖恩是好朋友。

几天后的一个清晨，天还不太亮的时候，洛克探长晨练时从肖恩家的后门经过，远远地就看见一辆小汽车停在肖恩家门口，一个穿戴整齐的人从屋里走出来，塞给司机一个长方形的盒子，汽

车很快就启动开走了。

洛克探长觉得不对劲儿便快走几步上了台阶，刚敲了一下门，肖恩就应声道："请进。"洛克探长推门而入，见肖恩正在穿衣服，只见他的左胳膊在外，右胳膊套在衣袖里。

洛克探长将刚才所发生的事一说，肖恩大吃一惊，马上穿好衣服来到收藏室，发现一幅价值连城的名画不见了。肖恩呆立在那里，一动不动。

谁知，洛克探长笑了笑说："你是想得到保险金才把画送走的吧。"

洛克探长是怎么知道的呢？

700. 杀妻者的谎言

一天晚上，小野先生打电话报警。他说他正在楼下看电视，忽然听到楼上卧室传来一声枪响，跑上去一看，就见他妻子右手正握着一把手枪，头部中弹趴在梳妆台上，已经死去。

警官立刻赶到小野家，仔细检查了卧室，然后将溶解了的石蜡涂在小野妻子的右手上，同时对小野说："等石蜡一凝固，就能判断你妻子到底是不是自杀了。"小野见状便赶紧认罪了。

你知道这是怎么回事吗？

701. 发条的秘密

在市郊的一栋别墅中发生了一桩凶杀案，作案的时间是在晚上8时20分，

受害者是别墅的主人彼得先生。探长传讯了3个嫌疑最大的作案人，他们各自为自己辩解：

A："案发时我待在自己的房间里给手表上发条。"

B："……我在给闹钟上发条。"

C："……我在给挂钟上发条。"

探长说："不用说了。凶手已经找到了，就是C。"

请问，他是怎样判断的？

702. 逃窜路线

警长清晨驱车外出，在街旁发现一位奄奄一息的警察。从他的讲述中得知，几分钟前，他被一名青年持刀刺伤，凶手夺了他的自行车逃跑了，说着他用手指向逃跑的方向。

警长一边报警，一边沿着警察所指的方向追去。但是不远的地方出现了岔道，此处正在施工，路面铺有一层黄沙土。他仔细察看路面，发现两条岔道均有自行车压痕。左边路上两条轮印一深一浅，右边路上两条轮痕深浅一致。

他略加思索，果断地追击，不久刑警驱车赶到，在路上捕获了凶手。

请问凶手是从哪边逃窜的呢？

703. 富翁被杀之谜

威廉是一个大富翁，但有一天伯瑞警探忽然得到消息说威廉在自己的豪宅中上吊自杀了。

威廉司机说："昨晚我送威廉先生的一个朋友回家，然后开车回来，刚一进大院的门，就发现威廉先生在三楼的房间里上吊，他没有关灯，透过窗子可以看得很清楚。"

"我亲眼看见他蹬开脚下的凳子，于是我立马将车停下然后跑进屋里叫上秘书一起跑上楼。但我们赶到三楼的时候却发现房间门锁上了。"

伯瑞警探到楼上转了一圈，仔细观察了一下威廉的房间后便对着秘书和司机说道："你们还是到警察局里再详细说明吧。"

伯瑞警探为什么这么说呢？

704. 监守自盗

警长接到一个关于抢劫案的报警电话，便急忙赶到现场。报案者对警长说："今晚我值班，大约一刻钟前断电，却突然有一伙人冲了进来。他们直奔财务室，撬开保险柜，偷走了里面的现金。他们一走，我马上就给你打电话了。"

"当时你在什么地方?"警长问。

"我看见他们人很多，就躲在储藏室里了。"

"这些人有什么特征吗?"

"有。他们一共有5个人，为首的好像脸上有道疤。因为他手里拿着手电筒，当手电的光从门缝射进时，我借着光一眼就……"

"住口，"警长厉声喝住了他，"你说谎的本领也太不高明了。窃贼就是你！"

警长为什么这样说呢？

705. 送货员的脚印

独居的老人去年摔断了腿，生活用品都是由一个超市送货员送来的，每星期送一次。一个冬天的大雪之后，老人被发现死在了床上。

警方找来送货员讯问，送货员说他最后一次来这里是在6天前，那天刚下过一场雪，一进屋，老人的那条狼狗就向他猛扑过去。

警长在屋外找到了送货员的脚印。脚印由北而来，延至老人的小屋，又从小屋折回，证明送货员所说的是事实。这时，那条狼狗正嗅着这串脚印走过来，警长立刻判断出谁是凶手。

你知道谁是凶手吗？

706. 作案车辆

一天晚上，郊外的一户人家失窃了。小偷是开着车子来的。在现场地面上，留有十分清晰的轮胎印，警察将此车轮胎印采集了下来。

不久，警察找到了一辆和此车轮胎印完全相符的车子，于是找到车主查问。然而，车主表示整晚都待在家里，而车也一直停在附近的收费停车场内。

同时，停车场的管理员也证明车子整夜都停放在停车场里。

这辆不在场的车子，怎么会在案发现场留下车轮胎印呢？

707. 八楼上的劫案

有一个赌徒半夜去抢钱，来到八楼一家门口时，听到里面有个女人在说话："这事不着急……"

赌徒虽担心里面是两个人，但他手中有枪，也并不太害怕。他敲了敲门，只听里面的女人说："请稍等一下。"不久，门就开了，里面只有一个女人。

赌徒进门后，马上关上房门，并拔出了手枪。女人来不及喊救命，从消音手枪里飞出的子弹就已经把她击中了。

赌徒立刻打开衣柜，抢走了现款和首饰，并镇定地向楼梯口走去。

就在此时，警探跑了上来："不许动，举起手来！"

警探怎么知道这里有劫案发生呢？

708. 电影明星家的抢劫案

午夜，罗林探长接到电影明星茜茜打来的电话，说自己家里遭到了抢劫。

罗林立即带了手下赶到茜茜家里，茜茜说："当时我洗完热水澡，刚穿上浴衣，忽然有人撞开我家的门，闯了进来。我躲在浴室里，根本不敢出去。从浴室的镜子里，我看到一个手握钢刀，又高又胖的家伙正向浴室的方向走来。我最终被吓晕了，等醒来以后，发现我客厅的一幅名画不见了。我便立即打电话给你了。"说完，她开始瑟瑟发抖。

罗林来到浴室查看，发现浴室里的确有一面镜子，从镜子里的确可以看到客厅的情形。他又打开了浴室的热水龙头，浴室里当即热气腾腾。

再次来到客厅，他看着茜茜说："我不得不说，茜茜小姐，你真是一位好演员。你必须到警察局，配合我们的调查。"

罗林探长为什么这样说呢？

709. 识破伪装

杀手查理戴上假胡子，化装成游客，在夏威夷海边经过一周的摸底，终于把他人交代要杀的爱蒙杀害了，然后混迹于人群之中。

警察很快就来到了现场，迅速设置了警戒线，开始对游客进行盘查。查理为了避免让人认出自己，摘掉了假胡子，又换了衣服，便大摇大摆地从警察身边走去。正当他要通过警戒线时，罗林警官突然走过去把他叫住。

警官笑着说："我怎么看着你不像是来晒太阳的游客呢？"

"怎么不是游客，难道你没看到我身上的皮肤都被太阳晒得黝黑吗？"但是罗林却仍然逮捕了查理。

你知道罗林如何看出查理就是杀手的吗？

710. 他如何中毒而死

这天深夜，罗林警官接到一个报案电话。电话中说，H街某栋公寓里发生了一起命案。罗林马上带上法医和其他警员赶去现场。

这是一间不大的公寓。死者是一名男性，倒在了沙发上，面前的茶几上摆着酒和酒杯，酒杯里有他还没喝完的半杯威士忌。

此时，法医的鉴定结果出来了，此男子系中毒死亡。接着法医对那半杯威士忌进行了检测，检测结果是威士忌中无毒，并且，也没有发现其他有毒的迹象。

罗林沉思片刻说道："我知道毒下在了什么地方！"

你知道了吗？

711. 车是怎样被盗的

这天，约翰开着自己名贵的轿车来饭店赴约，将车停在了一个自动收费处后，他走进了饭店。席间，他突然想起自己的车子没有划卡交费，就赶紧回到停车场交钱。但是，让他吃惊的是，他的名贵轿车不见了。

约翰赶紧报警。瑞克警探的助手乔纳森接手了这个案子，他来到现场，很快就勘察完毕。约翰着急地询问道：

"警官，我的车子防盗系统很安全，车门也不是那么轻易就能被撬开的，这个小偷怎么会将我的车子轻易盗走呢？"

乔纳森说道："当然，再坚固的车门，再精密的防盗系统，也不可能挡得住这小偷的手段。"

那么，小偷到底是用什么样的手段将车子盗走的呢？

712.6 颗子弹只打中 5 个人

罗林的一个朋友田中是警察界里有名的神枪手，在多次举办的国际枪械射击大赛中都拿过大奖。

有一天夜里，田中正在巡逻时，看见 6 个人从一间工厂的墙上翻出来，看到田中以后，这几个人准备逃走。

田中站在那里，大喝一声："站住！再跑我就开枪了！"但是，盗贼们根本没人听他的话，田中不得已，拔枪射击。他的手枪中有 6 颗子弹，但是奇怪的是，他只打中了 5 个人，还是有一个人逃走了。

田中本来是百发百中的，这次到底是怎么回事呢？

713. 车祸掩饰的谋杀

一天晚上，泰格警探接到报案，说一男子倒在公路上，似乎是发生了交通事故。泰格警探和助手到达之后，果然见到一名男子倒在路上，全身是血，

已经死去了。造成这次事故的是辆摩托车，那辆摩托车倒在尸体前面的一棵大树旁，发动机还在运转着，并没有熄火。

"看来一定是这个家伙不要命飙车，然后撞上了大树而死。"看着摩托车，泰格警探的助手分析道。

仔细看了现场后泰格警探摇摇头，说道："应该不是，我想这应该是一场谋杀案才对！"

那么泰格警探为什么这样说呢？

714. 诡异的枪声

泰勒警探接到一男子报案，说女友死在自己租的房间里了。泰勒警探急忙赶去调查。

报案男子说道："7 点左右，我来到这里，突然听到房间里传来一声枪响，便急忙开了门，只见她趴在桌子上，右手紧握手枪，桌上还有一封遗书。于是我立刻报了案。"

听完男子的叙述，泰勒警探断定该女子是殉情自杀。但经过法医鉴定，死者的死亡时间却是在 6 个小时之前。而现场勘察表明，死者死后，屋中并无任何人来过的迹象。

但是男子却在到达现场时听到了第二枪，那么死者是怎样开第二枪的呢？怎么会有如此诡异的场景呢？

715. 曝光的胶卷

A国特工汤姆奉上级命令通过化装混入了敌国核潜艇基地后，他用随身携带的微型自动相机不停地对核心部分进行拍照。可是，他的行动很快就被识破了，遭到对方警力追赶，汤姆仓皇逃跑，途中不幸将腿摔伤。

他到医院照了X光，诊断为关节扭伤，配了点药，回到了位于该国的联络站，将微型相机交给站长，站长交给另一名特工到里面去冲洗胶卷。

然而，冲出来的胶卷没有半点东西，原因是所有的底片全部曝光了。

你知道是什么原因吗？

716. 转弯的危险

杀手杰克为雇主做完一单生意后，便连夜驱车离开该市。途中经过一个急转弯时，迎面突然射来刺眼的车灯光。

杰克急忙向左打方向盘，可是对方居然也同样向左打方向盘。最后杰克已经没有躲闪的余地了，于是一狠心向右猛打方向盘，而右边就是悬崖下的大海。掉进大海后，幸好杰克机智，迅速钻出车子浮在水面上，才幸免于难。

杰克浮出水面后，却并没有看见山道上有车驶过，而当他看到路上的一样东西是便明白了这一切都是雇主为了灭口而作的安排。

那么杰克的雇主用的是什么手段呢？

717. 池塘里的男尸

警方在市郊外的一个池塘里发现一具男尸。法医对尸体进行解剖，断定死亡时间为昨晚8点左右，死者肺部和胃中存有大量的水藻和浮游生物，警方由此估计，死因是溺水。

通过一系列的调查，警方发现该区的一名男子有重大嫌疑。但据那名男子家楼下的酒吧老板反映，昨晚该名男子一直在酒吧喝酒，只是在7点半左右回家穿了件衣服，8点左右便回来了。但在短短的二十几分钟内把人杀掉，再移尸到郊外的池塘，这是不可能的。如果真是他所为，那么他是怎样做到的呢？

718. 走私的是什么东西

罗伯特是边防哨卡的一个边防人员，主要检查过往人员是否携带走私物品。

每天早上，罗伯特都能看到一个工人模样的汉子从自己本国用自行车推着一大捆稻草向入境检查站走来，罗伯特也总是对他盘查。可无论是在大捆稻草中，还是在那名汉子的衣袋中，都没有发现可疑的东西。

但罗伯特肯定此人在走私，便向自己的老朋友罗林询问。罗林告诉了他答案！

那么你能猜出走私物是什么吗？

719. 忽略了哪种可能

纽约警察局得到情报，据说某恐怖分子嫌疑人即将携带10万美金来美国本土资助恐怖活动。警察局在这位嫌疑人到达美国几个小时后，故意制造了一次意外事故，好搜查对方的行李。结果，除了几封他在英国的朋友写给他的信之外，一无所获。

但事实上，该男子就是恐怖分子，10万美金也在他身上，那么他把钱藏在哪里呢？

720. 旅馆谋杀案

在一个炎热的夏季中午，一家旅馆的女招待被凶手杀死在五楼的一间客房里。伯克警官来到现场后马上进行了勘察。最令人奇怪的是，这间客房的门窗都是紧锁着的，凶手是不可能从五楼的窗户跳窗逃走的。但是客房的门也是在里面用插销插上的，导致旅店的工作人员在第二天才发现女招待被凶手杀死在房间里。

凶手在杀人后到底是用什么样的办法把门用插销插上，把房间反锁的呢？伯克为了解开这个谜底，进行了各种尝试却没结果。

炎热的天气，很快让伯克满头大汗了。于是他跑到房间里的电风扇前开始

吹起风来，这时伯克突然发现电风扇的扇叶中有一根钓鱼线，他终于知道，凶手是用什么办法把房间反锁的。

你知道了吗？

721. 马粪的秘密

某夜，盗马贼光临了一个马场，盗走马后，就消失在黑夜里，而马场的人却注意到地上竟然是牛的蹄印。为了抓住罪犯，当地人特意把罗林警探叫来。探长到达事发地后立即和马场场主进行了交流，听了场主提供的线索后，沿着马的足迹进行追捕。大约过了20分钟，探长回到了马场，信心十足地说：“盗马贼骑的是马，他在马的蹄子上安了牛蹄子的模子，为的就是在马厩门口留下线索。”

罗林警探说完，从兜中掏出一个方便袋，打开之后场主不仅欣然一笑。

那么，罗林警探的那个方便袋里究竟放的是什么？

722. 谎报失窃案

河西区有户人家失窃了！

李警官接到报案，当即驱车前往。到达现场之后，看见主人被绑在一张椅子上，室内陈设整齐。主人说：“当时我正在睡午觉，迷糊中一个人向我扑来，我斗不过他，被他绑了起来。他把我所有家产都卷走了，幸亏我上了

保险……"没等主人说完，李警官便打断他："请你闭上嘴，你这个骗子！"你知道这是为什么吗？

723. 雨后的彩虹

雨后的天空，出现了一道美丽的彩虹。人们纷纷走出家门，大街上渐渐热闹起来。忽然，一家银行的报警器响了。原来有个蒙面人闯入银行抢劫，银行员工偷偷按响了报警器，抢劫者抢了一点儿钱，赶紧逃了出来，混在人群里。

警察火速赶到，封锁了现场，并且根据目击者描述的外形特征，抓住了两个嫌疑犯。

第一个嫌疑犯说："当时我在银行对面，听到有人抢银行，才过来看热闹的。"

第二个嫌疑犯说："雨停了以后，我站在路边欣赏彩虹。可是阳光太刺眼了，就准备去买副墨镜。"

高斯警长听完后，说："我已经知道谁是真正的罪犯了！"高斯警长说的罪犯是谁呢？

724. 泄密的秘书

昂奈先生在K公司工作，担任总经理的秘书。K公司有个竞争对手，就是H公司。最近，K公司试制了一种新产品，它的资料是绝密的。

不久后，昂奈因为受伤，就提出了在家写材料，并请了鲍比来照顾他。一天，昂奈先生正在写报告，鲍比给他端来一杯葡萄酒，体贴地说："先生，你喝一杯酒，提提神吧。"昂奈先生一口气全喝了，然后继续写报告。

过了不久，在K公司的新产品上市的前一天，H公司竟然抢先推出了这种新产品。经过调查，原来是昂奈先生泄的密。

这么说来昂奈先生应该是在家里写报告的时候泄密了，可是，他是怎么泄密的呢？

725. 冰凉的灯泡

夏日的一个傍晚，侦探麦考小姐的邻居朱莉的仆人来找麦考，说："我刚才去敲朱莉小姐的门，没人应答，门从里面反锁着。我从锁孔往里一瞧，灯光下只见小姐趴在桌上一动不动，忽然，房中漆黑一片，我怕是小姐出事了。"

麦考随仆人来到朱莉家，用手摸了摸灯泡，发觉灯泡是冰凉的，她迟疑了一下，打开灯，只见朱莉头部被人重击，死在书桌旁。

麦考问仆人："你从锁孔看时，书房的灯泡是亮着吗？"

仆人回答说："是的。"

"不！你在说谎，凶手就是你！"麦考说着给仆人戴上了手铐。

麦考怎么知道仆人就是凶手呢？

726. 救命的闹钟

凯乐是名优秀的特工，最近被S国的暗杀者列托夫跟踪。这天晚上，列托夫用万能钥匙打开凯乐的房门，溜进了房间。他打开床头灯，搜索房间里的物品，却没发现什么有价值的东西，便把灯关了。

不一会儿，外面传来了开门的声音。接着，列托夫见一个黑影扑进卧室，心知必是凯乐，当即抬手一枪，打中了那黑影，就在他以为大功告成之际，忽然又听到一声枪响，但觉一阵剧痛，便倒在了地上。

凯乐打开灯走了过来，拿起床头的闹钟晃了晃说道："你很不走运，如果不开灯的话，现在倒下的人就是我了。"你知道凯乐是怎么知道有人来过的吗？

727. 汽油的疑点

某社区的燃料站上，一位工作人员在中午清点燃料时发现自己错将一罐汽油当成煤油卖给了一位女顾客。如果这位女顾客中午用那罐汽油做饭，那就太危险了。

为了避免爆炸惨案的发生，他立刻报了警，并告诉警方女顾客就是这个社区的。得到这个信息后，警察立刻让社区广播站在这个小区的所有街道上对这件事情进行了广播。但是令人奇怪的是，虽然连续广播了几个小时，但是还是没有人来燃料站换油。

一位警官对这个情况进行了分析后，找到了一条很重要的线索，凭借线索警方很快找到了这位女顾客。

请问你知道警方是根据什么线索找到女顾客的吗？

728. 清晰的指纹

版权代理人玛莉小姐死了。根据调查，当天晚上和玛莉接触过的人只有作家露丝、印刷厂负责人卡罗和玛莉的前夫刘易斯，警方便把3人都请到警察局协助调查。

露丝说："晚上8点左右，我曾去玛莉那里洽谈合作事宜，玛莉还倒了一杯冰镇的松仁露给我喝。我们只谈了5分钟，我便离开了。"

卡罗说："我去玛莉家准备向她讨回所欠的费用，而玛莉只给我倒了杯冰镇苏打水，根本不谈还钱的事情。我很生气地离开了。"

刘易斯说："虽然离了婚，但我们还是好朋友。那天晚上，玛莉的情绪很不好，我喝了杯白水，安慰她几句就离开了。"

汤姆斯局长看着眼前3个都可能是凶手的人，一时无法作出判断。因为现场唯一的线索就在使用过的玻璃杯上，可上面只有玛莉一个人的指纹，指纹非常清晰。

汤姆斯局长只好求助于波斯侦探。波斯听完后说道："案发那天晚上，我记得很热，大概有37℃，杯子上被害人的指纹还十分清晰，如果是这样的话，凶手就找到了。"

汤姆斯局长有些莫名其妙，就凭这样就能认定罪犯吗？

729. 咬过的苹果

威廉探长接到一位科研所所长的报案，说自己的那份绝密文件被人抢走了！探长一听，忙问："是什么人？什么时候？"所长看了看手表，说："大概30分钟前，我一边看电视，一边吃苹果。听到门铃响了，我一开门，被两个男人用麻醉手帕捂住了嘴和鼻子，他们开口就向我要那份密件。我佯装不知，以后我就什么也不知道了。"

果然，所长咬过一半的苹果正滚在电视机下面。电视机电源已经断了。探长从电视机下面捡起了那个苹果，瞧了瞧说："所长，是你自己卖给他们的吧！"说完把手中的苹果扔在他面前。所长一看，脸色变得灰白。

你知道探长是怎样识破所长的假象的吗？

730. 谁是纵火犯

独身画家安格尔和他的小猫生活在树林深处的一所房子里。一天，画家为这所房屋投了高额保险金之后，便去外地旅行了，只将猫留在了家里。结果他刚外出15天，就接到电话说他家发生了火灾。

现场勘察结果表明，起火点是一楼6张席子大小的和式房间。可是，房间里没有任何火源，也没有漏电的痕迹。煤气开关紧闭，又无定时引火装置。

火迹专家在清理书架下面的地面时，发现了一个破碎的鱼缸，随后又在烧焦的席子上发现了熟石灰，于是断定这是一起故意纵火案。那么是谁纵的火呢？

731. 相似的车牌号码

午夜的街头冷冷清清。这时，车祸发生了——一个红衣女孩被一辆疾驰而过的轿车撞死了。出租车司机卡拉奇从后视镜中目睹了这桩惨剧，立刻记下肇事车的车牌号码18UA01交给警察。

然而找到这辆车后，警察们面面相觑：18UA01号车子只是一辆廉价的日本车，而不是卡拉奇所说的昂贵的跑车。于是，警察又找到了18UA81号、18UA10号、10AU81号和18AU01号4个最相近的车牌认真分析，终于找出了真正的肇事车。那么，肇事车正确的车牌号是什么？

732. 照片之谜

秋分之后的一天，午后3点左右，仙台市内发生了一起杀人案。几天后，警察就找到了嫌疑犯。在被问及不在作案现场的证明时，嫌犯拿出一张照片说："我去了一个牧场，这就是那天拍的照片，是自拍的，正是下午3点左右。"

刑警从口袋里拿出放大镜查看了一下照片，见照片是一个带有年轮的树根，便问道："这棵树根周围没有其他大树吗？"

"是的，没有。"

"要是这样的话，即便是当日的照片，也不是下午拍的。从影子的长度看，大概是上午9点或10点左右拍的。从牧场到作案现场，开车3个多小时就可以到，所以你的不在现场的证明不成立。"

刑警对他不在现场的证明产生怀疑的理由是什么？

733. 杀手的败笔

一天晚上，一名杀手悄悄潜入某商业集团董事长所在的书房。当这位董事长察觉之时，手枪已抵住他右边的太阳穴。董事长把所有的钱都给了杀手，但这位杀手还是扣下了扳机。

接着，杀手将一把手枪放在倒在书桌上的董事长的右手上，并把自己的指纹和足迹都清理掉，制造出自杀的假象，然后便离开了。

当警方对现场进行检查后，确定是他杀，而不是自杀。依据是什么呢？

734. 逃走几个小偷

警察林成是一名优秀的射击手。

一天晚上，他正在巡逻时，发现7个小偷。

"站住！再跑我就开枪了！"

他一面叫，一面很快地拔出装有6发子弹的旋转式手枪，朝着他们的脚，一人一发。

被射中的小偷一个个地倒下，其中有几个人趁着他装填子弹时驾车逃走了。

究竟有多少小偷逃走了呢？

735. 隐匿的黄金

为稳定黄金价格，F国政府采取了严格的措施，加强了海关缉私力量，防止从国外走私黄金进来。

这天，缉私队得到举报，有一个走私团伙准备偷运一批黄金入关，而且还知道偷运者是女子，将乘502次航班到达。

为了截获这批黄金，警署调集了大批警察与海关缉私人员一同在出口处检查。这次航班有很多女乘客，其中有一支由十几人组成的金发模特表演队。

乘客们一一接受了检查，但都没发现什么问题。难道线报有误吗？当检查即将结束时，一名缉私人员看着远去的女模特，眼睛突然一亮，大喊："快截住那些模特，她们身上有我们要找的东西！"果然，警方在那些模特身上找到了黄金。

你知道警方是从哪里找到 黄金 的吗？

736. 恐怖分子

神探博士很讨厌跟在校车后面开车，尤其是有小孩子不停上下车时更是如此。不过今天，前面的校车看起来并没有多少人要上下车，所以博士并不太介意。

他在思索着刚才警长打来的电话，一个国家的恐怖分子将要来破坏在王府酒店举行的国际性会议。

不一会儿，校车来到铁路道口，减挡降速，慢慢驶过。博士随后减速而过。走了一段路之后，博士发现校车在前方自己要转弯的路口也转了个弯。

这时，博士好像突然明白了什么，马上抓起车载电话，拨通了警察局的号码："我是杰弗里博士，请你告诉警长，我想我已经找到了他说的恐怖分子。"

737. 蓝色列车之谜

赤井是个记者，在一辆夜快车上，他认识了邻座美女。隔壁一间卧铺里的年轻人一直看着他们。那人自称是律师，还拿出一瓶威士忌送给赤井。赤井回到卧铺，喝了几口威士忌，很快就睡着了。

半夜，赤井醒过来，听到隔壁传来怪异的声音，就硬撑着过去查看。他看见那位美女穿着染血的睡衣倒在地上，已经死了。

他正想去报警，却被人击中后脑，晕了过去。不知过了多久，他醒来了，发现自己仍躺在自己的卧铺内。他马上跳起来，去报告车长。来到邻室，一敲门，开门的却是一位中年妇女。

火车到了终点，车站的钟指着凌晨3点。赤井又吃了一惊，根据时刻表，火车该在凌晨1点半到达车站的，中途并未发生事故，怎么会误点了呢？

凶手到底是谁呢？

738. 诚实的汽车

一名酒后开车的男子，将一个孩子撞倒后，畏罪驾车逃窜。肇事者30分钟后回到家里，将汽车开进车库，并刺爆车胎。他又仔细察看一番，见车身没有擦伤，油漆也一点儿没脱落，根本看不出肇事的痕迹，才放下心来。

不料，警察就在这时突然闯进他家里，原来是目击者记下了他的车号，警察根据这一线索迅速追到他家里。"请你们看吧，我的车胎昨天被扎破了，今天根本没出去。可能是目击者记错车牌号了吧？"肇事者泰然自若地说。

警长只用手摸了一下车盖，就说："人会说谎，汽车却不会。"随即把他逮捕带走了。警长怎么知道他是在说谎呢？

739. 车中的尸体

在下雪的一个冬夜，一个青年跑到派出所报案："不好了！我妻子用汽车废气自杀了！"他把警察带到现场，果然有一个年轻的女子死在一辆停在空地上的汽车里。看起来，她可能已经死了两个多小时了。

车上的积雪足有几厘米厚。一条长长的塑料管，一端连接着排气管，另一端从车窗插进驾驶室中。

"我发现时，车门是锁着的。我用石头将玻璃打破，打开车门后立刻关上了引擎，但她已经死了。"那个青年叙述着发现时的情形。

警察听完便说："她绝不是在汽车里自杀的，而是有人将她杀死，又把尸体放在汽车里。你也有嫌疑。有人伪装她用汽车排出的废气自杀，这骗不了人。"

你知道警察是根据什么判断的吗？

740. 毛毛雨破案

D做生意亏了本，因为无力偿还欠B的一笔巨款，便起了歹意。他将B害死之后，便在晚上10点整开车来到B家，企图找回借据。

刚一下车，天上便下起了毛毛雨。D撬窗而入，把B的保险柜打开，拿出借据收好，顺手把保险柜里的钱偷走，然后将房间搞得乱七八糟，伪造

成小偷来过的模样。这时刚好是10点45分。

他用B的电话报警："我和B约好10点45分见面。我如约前来，发现B家的门窗大开，屋子里乱七八糟，保险柜被撬，B却没在家。"警察赶到后，发现情况确实如D所说。

"如果需要用我的汽车，我很愿意效劳。"D对警察说。

"好吧，那就麻烦你了。"当警察来到D的汽车前，用手电筒照照汽车四周和底下，回过头来迅速地给D戴上手铐，说："你说谎！你在10点之前就到了这里。窗子就是你撬的。"

请问警察是怎么知道的呢？

741. 别墅疑案

香港某大富翁的独生子在上学的路上被人杀害了。数日后，尸体被城郊一幢别墅的户主发现。

别墅主人对警方说："这几年我和太太一直在大陆办厂，这里我们已经两年多没有来了。前几天回来，打开衣柜竟发现里面有一具青年男尸。也许绑匪是这附近的人，对我们的日常生活了如指掌，所以杀完人才把尸体搬到我家的衣柜里。请警方努力办案，尽快抓获凶犯，洗脱我的嫌疑。"

但负责此案的警官是位有多年办案经验的老手。他在检查衣柜时发现了一些樟脑丸，便立即把别墅主人逮捕归案。你知道这是什么证据吗？

742. 密室凶手

住在犹太人聚居区的一位年轻寡妇，有一天被发现死在自己寓所的卧房内。推断死亡时间为前一天晚上10点左右，致死原因是氢酸钾中毒。

根据资料，前一夜死者的小叔曾拜访过她。警方指出："此人7点左右来，在9点以前就离开了，走的时候死者还亲自送他离去，这是管理员亲眼目睹的。"

神甫忽然想起死者有服用安眠药的习惯，于是告诉警方："死者的小叔就是凶手！因为如果死者是自杀的，现场必有盛毒容器。"

接着，神甫就把凶手杀人的计谋有条不紊地说了出来。你知道是什么计谋吗？

743. 神秘的电话杀人案

"零零零……"

"喂，是谁呀？"爱丽斯拿起电话听筒问道。

"你是爱丽斯小姐吗？"电话中传来一个十分嘶哑的声音。

"是呀，你是哪位？"爱丽斯问。

"你别管我是谁，10分钟以后，你就要死了。哈哈！"爱丽斯听到这恐怖的笑声，不知所措。可是这恐怖的声音又响起来了："我警告你，如果你打电话报警，那就会死得更快！我已经在你

家安装了窃听器。"接着便挂了电话。

爱丽斯定了定神，赶紧跑到离家不远的公用电话亭拨打110报警。当警察赶到时，发觉爱丽斯已经中毒，死在公用电话亭中。这真是一件奇怪的事情，原因何在呢？

744. 时间观念很强的经理

鲁克伯是家大银行的经理，他的时间观念很强，身上总带着一只手表和一只怀表，常常在对时间。

一天，鲁克伯的侄子和一个打猎的朋友一起回家，手里拿着一把猎枪把玩着。回家后发现门锁着进不去，侄子很生气，便用枪朝空中打了一枪，大叫道："伯父，你就在楼梯上摔死算了！"然后和客人返回去了。

第二天，鲁克伯果然摔死在楼梯上了。楼梯上的地毯有不平的痕迹，显然是因此掉下来摔死的。尸体的右手拿着怀表，那表快了1小时；手表摔坏了，指着12点，正是他侄子叫喊他的时候。难道诅咒能成为现实吗？当然不会。请问：鲁克伯到底是怎么摔死的呢？

745. 如何接头

探长接到线报，称有两大犯罪集团的成员在某百货公司接头交换情报。探长亲自到场监视，终于等到其中一名犯罪集团的成员出现。这名男子到百货

公司的问讯处，向女职员说了些话，女职员便播出了以下的广播："魏兰小朋友，你的爸爸在百货公司一号门门口等你，请你立刻前去。"探长一直在监视那名男子的举动，但始终没有看见那个名叫魏兰的小朋友出现。而在此期间，两名犯罪人员已经成功地接头了。

那么，你知道他们是怎么接头的吗？

746. 交换情报

警察发现在一家旅馆里住进了两个间谍，他们准备接头交换情报。让人惊讶的是，这两个间谍从来就没有见面交谈过，更没有打过电话。警方经过认真排查，认定这两个间谍唯一的接头机会就是在旅馆的公共浴室里。

因此，警察对浴室的里里外外进行了彻底的搜查，不放过任何蛛丝马迹，但还是一无所获。

正当警察准备离开时，有一个警察突然找到了答案。那么，这两个间谍是如何接头交换情报而又不被别人发现的呢？

747. 钞票藏在哪里

方方精品屋生意火爆，有一个窃贼假装往邮筒中投信，经常观察方方的举动，尤其是现金的存放动向。

一次，这名窃贼在作案后被抓住了，警察就对窃贼进行搜身，但奇怪的是，此人身上连一分钱也没有，警察无奈只好将其释放。但警方没放弃破案的机会，继续暗中监视他。过了一两天，果然看到那个嫌疑犯顺利地取走了钞票。那么，你知道窃贼到底把钞票藏到哪里了吗？

748. 终日不安的罪犯

张某犯有盗窃罪，总怕他的同伙去自首，所以终日不安。后来，他为了逃避罪责就写了一封信给他的同伙，妄想同他订立攻守同盟。白天他不敢出去寄信，于是就在晚上出去寄。可是，当他寄出信后第二天就被捉拿归案了。是同伙告发他了吗？没有。

你知道这是怎么回事吗？

749. 间谍被擒

初春时节，西伯利亚仍然寒气袭人，A国间谍史密夫在那里执行任务时，失手被擒，其后被关在高原上的木屋内。木屋内没有纸、笔、电筒，就只有一扇窗、一张床、一台冰箱及一罐汽水。

在晚上，史密夫就利用囚室内的设备，发出了求救信号，通知同伴来救援。最后，他成功地逃脱掉了。请你判断一下：史密夫是如何发出求救信号的呢？

750. 破解隐语

香港警署截获了某走私集团的一份奇怪的情报，上面有4句隐语："昼夜不分开，二人一齐来，往街各一半，一直去力在。"

某警员经过研究，破解了隐语的意思，并连夜发动群众集合警员，作了战斗部署，很快破获了这个走私集团。你能判断出这4句隐语的意思吗？

751. 不可思议的凶器

罗林探长接到局里的电话，说市长被杀，于是他迅速赶到现场了解案情。

市长大概死于一小时以前，而且是被割喉而死。在市长的桌上放着有关种族问题的提案，于是罗林探长把秘书叫过来。"之前都有什么人和市长接触过？"

"之前有1个邮差来过。"秘书回忆了一下说道。

罗林探长来到市长桌前，发现一本精装版的《为自由而战》。探长摸摸书，然后翻了几页，随即用十分肯定的语气说："凶手就是那个邮差！"

那么你能猜到邮差是怎样实施这起犯罪的吗？

752. 警犬也会有失误

一个初秋的夜晚，监狱中有个因犯越狱了。不过，由于正好下雨，被雨打湿的地面上留下了清晰的脚印。狱警带着警犬沿着脚印进行追踪。警犬仔细嗅过囚犯的足迹之后，一直循此足迹前进，直到进入树林。

但追到途中，警犬不知为什么突然停下了脚步，左顾右盼，一步也不前进了。逃犯并没有换穿别的鞋子继续逃亡，他脚上穿的始终是同一双鞋。请问：他是如何骗过嗅觉灵敏的警犬的呢？

753. 工人偷运橡胶事件

在一家提炼橡胶的工厂，经常发生工人偷运橡胶倒卖的事件。这一天，保安部接到举报，说今天有人要偷运橡胶出厂。保安人员立即行动起来，对来往行人、车辆都十分认真地进行排查。

这时，一辆满载胶桶的货车准备驶出工厂大门，保安人员检查时，发现车上装的只是一些空胶桶，里面并没有装橡胶，就准予货车驶出工厂。

过了一会儿，举报人又打来电话，说："刚才出去的那辆车已经把橡胶偷运出工厂了。"说完就挂掉了电话。

你能想得到那辆货车是怎样将橡胶运出的吗？

754. 纸条上的暗号

南方某城市曾破获这样一起案件。一天，市公安局刑侦队的熊队长接到温阳镇派出所的电话报告，说在当地破获一个走私集团，并在其成员身上查获一张写有"腊子桥"三个字的小纸条。

据调查，这是走私集团的暗号。在去温阳镇的路上，熊队长盘算着：温阳镇只有一座桥，名叫解放桥。假定纸条上的"桥"，指的就是这座桥，那么，"腊子"两字，肯定是接头时间了。

你可知"腊子桥"三个字暗喻着什么吗？

755. 犯罪分子的暗示

S市公安局截获了一份神秘的电报："朝，货已办妥，火车站交接。"经过周密分析，警方认定这是一伙犯罪分子在进行一项秘密交易。公安局立即召开会议，决定要抓获这伙犯罪分子。可是这份电文只有接货地址，没有接货的具体时间，使侦破工作无从着手。

侦察员老王沉思片刻后，破解出了犯罪分子的接货时间。根据老王的判断，警方果然在这天抓获了一个大的走私团伙。你能破译这份电文吗？

756. 玉米袭人案

某大厦一个单元的房间内，突然传出一声男人的呼救声，然后就没有了声息。邻居们担心发生了凶杀案，马上通知了警方。

警察到达后按了那个房间的门铃，却没有人应声开门。于是警察撞开了房门，只见屋内有一名男子昏迷在地板上，他的头部还流着血。而他的妻子则坐在一旁，她似乎是个神经不正常的女人，正在吃煮熟了的玉米。从这种情况来看，显然是那个女人精神病发作，打晕了自己的丈夫。

那么，她使用的凶器是什么呢？

757. 蒙太奇高校杀人事件

这是蒙太奇高校发生的第二次杀人事件了。死者名叫刘伟，是表演系四年级的学生。死因是背部中刀失血过多，而且从中刀的部位和状态判断，凶手应该是个左撇子。

据调查，案发以前刘伟曾和3名同学一起打牌，两女一男，其中男生名叫时强，两名女生分别是紫铃和李娟，时强和紫铃都是左撇子。

经过对3人的询问，刑警小马发现3个人在案发时都没有明确的不在场证明，也就是说凶手就是其中之一（没有帮凶），但是却不能肯定是谁。这时，法医在死者的衬衣口袋中发现了一张记有一组扑克牌的纸条，上面写着：

b9bQr2r9b5rQr2r8r5b9rAb7（b代表黑桃，r代表红桃）。

小马看完纸条后，将它与案发现场桌上的十几张混乱的扑克逐一比较，发现两者完全吻合，于是小马完全肯定地指出了凶手，并复述了当时案发时的情形。那么凶手是谁？为什么？

758. 凶手是谁

在一次豪华的宴会上，一位年轻的妇女炫耀她独特的项链，引起了人们的不满。

宴会进行到高潮时，主办者要向大家展示一颗钻石，当遮布拉开时，大家看到的不是首饰而是那位年轻妇女的尸体，而主办方原本要展示的钻石也不见了。警方前来调查尸体，发现尸体脖子上有刀痕并满是鲜血，衣服有被拉扯的痕迹。

据此警方从众人中找出了5名嫌疑人，他们分别是：主办者的儿子Zalen，与死者发生过争吵的男士Ruden，现场的保安Poter，主办者之一的Olink以及被害者的好友Ann。

同时，警方还在Ann身上发现了被害者的项链，但是他们不认为凶手是Ann，而是另有其人。

此外，现场没有地方隐藏凶器，因此凶器肯定还藏在凶手身上。请问，凶手是谁？凶器是什么？凶手以何种手法杀害死者？（提示：在尸体上发现了一个只有主办者才有的徽章，上头没有指纹，主办者的儿子是残疾人，保安十分了解会场，Ann有晕血症，Ruden是个运动员。）

759. 间谍失踪

E国间谍成功地窃取了M国最新一代远程轰炸机的军事文件后，立刻遭到M国大批警察的追捕。

天公不作美，下起了滂沱大雨。M国警察追踪间谍的任务，由于道路泥泞，极不顺利。当M国的警察经过整整8小时的追踪来到一个低洼的山谷时，雨渐渐小了，聚积在低洼山谷的水开始退去。可是E国间谍却神奇地失踪了。

深谷的出口便是公海，四周光秃秃的一片，根本就没有藏身之处。

你知道E国间谍是怎样逃走的吗？

760. 空中救护神

在某个专制的国家里，一位著名的政治家被判处死刑，囚禁在一个建在山顶的监狱中。就在他将被枪杀的前三天晚上，他用小钢锯将窗户的铁栏杆锯断，越狱逃跑了。

在被囚禁期间，他没收到外面送来的任何日常用品。并且，在这座监狱中他也绝没有内应。

那么，政治家是从哪里弄来的钢锯条呢？当典狱长在被锯断铁栏杆的窗台上，发现有鸟类的羽毛和粪便时，他一切都明白了。典狱长明白了什么呢？请你回答。

761. 消失的车辆

连接A地与B地的高速公路是高架式车道，中间没有任何岔路可以驶离车道。一小帮劫匪在A地作案后，乘一辆轿车向B地逃去，在路上他们不知为什么还劫持了一辆汽车起重机。

A地警察局认为没有必要追赶，只是给B地警察局打了电话，要求他们在B地桥头等待逮捕这帮劫匪。然而，只有汽车起重机到达B地，那辆轿车却神秘失踪了。

警官在这段路上找来找去都找不到这辆车，但是这辆车也绝不可能由中途开下高架公路，这辆车到底哪儿去了呢？

762. 出租车的里程表

一位农民在乡间的一个池塘中发现了一具尸体。在池塘旁的泥地上，警方发现了一些汽车的痕迹。根据车痕，警方很快查到，车子是属于离该地10公里的一家出租公司的。

出租车公司的人翻查记录证实是一个叫山野的男子租了这部车。警方马上找到山野，向他查询。

山野说："别开玩笑，我那天确实租了这部车子，而且四处逛了逛，但我

没有杀人及运载尸体。"

警员问："你有什么证据？"

山野说："我的车子只走了16公里，但从这里到池塘，至少有10公里，来回一趟，汽车要走20公里，这不是最好的证据吗？"

警方再向出租车公司调查，的确，这部车按里程表的读数计算，只走了16公里。

山野明明是杀人凶手，那么他用了什么诡计，改变了里程表的数字呢？

763. 沙滩上的离奇命案

在海边沙滩上，发生了一桩离奇的命案，死者是黑社会某帮头子。探长很快赶到现场，在审视现场环境时，发现死者是在沙滩上被人用太阳伞尖刺毙的。他还发现了一个奇怪的现象：沙滩上除了保镖的足迹和那些东倒西歪的桌椅外，再也找不到第二个人的足迹。既然这样，凶手是怎样逃走的呢？

那么，你知道凶手是谁呢？

764. 偷钻石的人

大富翁维特常常向人炫耀他那颗价值连城的钻石，因此吸引了不少朋友到他家来参观。

为了安全起见，他特意把钻石放在一个很大的窄口玻璃瓶内。玻璃瓶本身重60多千克，普通人想搬走也不是一

件容易的事。

何况，维特又在放钻石的房间周围装上了防盗警报，只要有人移动玻璃瓶，警报系统就会发出叫声。一天晚上，维特从外面回来大吃一惊，因为那颗钻石竟然不见了。维特急忙报警。

经过侦探调查得知，维特外出后曾经有3个人先后进入过这间房子。一个是负责清洁地毯的工人，一个是管家，一个是守卫。

这3人之中谁能够不移动玻璃瓶，就把那颗钻石偷走呢？

765. 楚霸王之死

楚霸王项羽被刘邦打得大败，这天独自逃到了乌江边上。突然，他发现岸边的一块大石碑上写着"霸王乌江自刎"六个大字。他走上前一看，原来这6个字是由无数蚂蚁组成的。项羽大惊，蚂蚁组字，这不是老天要我死吗？天命难违啊！绝望之下，项羽真的拔剑自刎了。

其实，项羽是上了刘邦的当了，刘邦只是使了一计，你知道其中的秘密吗？

766. 剖胃之谜

一天夜里，有个守财奴被人用枪打死了，尸体躺倒在保险箱旁边，保险箱里面的钱已经被抢走了。死者胸部中两

弹，这足以致人死命，但奇怪的是，凶手还是用刀残酷地剖开了死者的胃。

难道凶手与死者有深仇大恨吗？不这样不足以泄愤？但根据一般情况推测，即使这样，凶手也是割下死者的头颅或者戳烂死者的面孔，剖开死者胃的实属罕见。

那么，你知道凶手为什么要剖开死者的胃吗？

767. 哪道菜里有毒

古罗马暴君尼禄想毒杀同父异母的弟弟布里达，他让菜肴调配师在宴席上的一道菜里下了毒。当时的菜肴是：鹅蛋汤；牛舌丸子；冷冻饼干；海蛎浸橄榄油；香菇；无花果与葡萄。

不知情的布里达连吃两份冷冻饼干，后吃海蛎浸橄榄油、香菇，直到把最后一道甜品吃完，才觉得不适，最后倒在地上。

后来，尼禄问菜肴调配师究竟用了什么毒药，调配师说："我用的是番木鳖碱。""但番木鳖碱是有苦味的，为什么布里达没有觉察到呢？"

请问：你能推断出调配师把毒药放在哪道菜里了吗？

768. 狗与杀人犯

A和B共同住在村子尽头的一幢房子里，两人是表兄弟。在一个刚下过雨

的早晨，A带着狗去散步。走到离家大约40米处，突然被什么击中后脑，当场死亡。几分钟后，巡逻的警察正好经过。当他看见尸体时，狗已经回家去了。或许是见到A突然死亡，因而去通知另一饲主B。

现场只有一条路，除了被害者A和狗的脚印就再也没有其他人的脚印了。

而且，就连凶器或棍棒子之类的东西也没发现。

但是，警方经过严密的搜查，还是将B以嫌疑犯的罪名予以逮捕。当A被杀害时B正在家中，B到底是如何将40米外的A给杀死的呢？

第八章 灵机一动

——激活你大脑活力的思维游戏

769.有两个人，一个向西，一个向东，背对背站着，他们要走多远才能见面？

770.有半瓶酒，瓶口用软木塞塞住，在不敲碎瓶子，不拔去软木塞，也不在软木塞上钻孔的情况下，怎样才能喝到瓶里的酒？

771.到了空气非常稀薄的山顶之后，不能做什么事？

772.做什么事情一定要用两眼仔细看一眼？

773.休息的意义是为了走更远的路，那补考的意义呢？

774.小美去意大利旅行，在参观比萨斜塔时，她看到此塔一点儿也没有倾斜，笔直而立。塔上并没有修复的痕迹，看到的也不是仿制品，那么这是怎么回事呢？

775.阿罗在花鸟市场上买了一只鹦鹉，店主说这只鹦鹉可以重复它所听到的一切，可阿罗对着鹦鹉说了一整天的话，鹦鹉一句话也没说，店主也并没有对他撒谎，这是怎么回事？

776.小鸡和小鸭结伴去郊游，它们要翻过一座山，渡过一条小河，它们能到达目的地吗？

777.床上躺着一具尸体，床边的地上有一把剪刀。已知这把剪刀和他的死因有关，但剪刀上没有血迹，尸体上也没有伤口，这是怎么回事呢？

778.在一瓶牛奶里加什么可以使它重量减轻？

779.从4个不同方向开来的4辆车同时来到一个十字路口，开车的司机并没有商量好谁先走，所以都同时开动了，但是他们并没有撞在一起，这可能吗？

780.你能说出连续的3天，而不说星期一、星期二、星期三、星期四、星期五、星期六或者星期日吗？

781.在一个没有放置任何家居的空房子里，站着6个人，每个人都可以对整个屋子一目了然。现在你把一个苹果放在屋内，除了一个人看不见之外其他人都能看见，应该放在哪儿？

782.如果被称为"美国之父"的乔治·华盛顿今天还活着，那么他最为著名的将是什么？

783.一个人正在工作，这时他的衣服被撕破了。10分钟后，这个人就死了。这是怎么回事？

784.受了伤的小宇回家无比艰难，他每向前走一步，就得向后滑两步，但是就是这样他还是回到家了，请问他是怎样做到的？

785.除了形态和大小之外，猴子和跳蚤最大的区别是什么？

786.把你的左手放在哪儿，使你的右手无论如何也够不到？

787.氢气球里装的是氢气，游泳圈里的是什么？

788.长胡子的山羊是母羊还是公羊？

789.我国文化源远流长，自唐朝以来有唐诗、宋词、元曲、明清小说，那么现在有什么？

790.人在行走的时候，左右脚有什么不同？

791.老王说他有两个当警察的朋友，其中一个是另一个人的孩子的父亲，这可能吗？

792.如果有一台电脑能帮你干一半的活，你将怎么办？

793.新版的纸币怎么张张印得不一样？

794.在热带雨林中，奔跑速度最快的动物是猎豹吗？

795.步兵走路，骑兵骑马，什么兵总是要用跑的？

796.大多数人都是用左手端碗，用右手吃饭，对吧？

797.把一个球扔出去，球上没有拴着线，不能碰任何物体，不能让别人扔回来，怎样使球能回到你手里？

798.乐乐称自己是辨认母鸡年龄的高手，其绝招是用牙齿，你知道他是怎么辨认的吗？

799.桌上放着一张纸，纸上写着一个命令，但是，看的人绝不能宣读这个命令，请问纸上写的什么？

800.怎样让母鸡免遭被主人宰杀的命运？

801.除了水资源污染、鱼量减少之外，最令渔夫感到害怕的是什么？

802.某电影学院招生面试，题目是《黑夜归来》，怎样做才容易被录取呢？

803.警察带着一个小孩过马路，路人问警察："他是你的儿子吗？"警察说是。路人又问那小孩："这位警察是你的爸爸吗？"小孩说不是。这是怎么回事？

804.早上9点整，北上、南下两列火车都准时通过同一条单线铁轨，为什么没有相遇呢？

805.法官对一名即将枪决的死囚说："明天就是你的末日，你还有什么要求，可以提出来。"你猜死囚最想得到什么？

806.有一件事情警察费尽了心思都无法调查出结果，你猜他们在调查什么？

807.上课铃响了，却没有一个同学在教室里，这是怎么回事？

808.阿呆喝下感冒糖浆，才想起自己忘了把药摇匀，医生说过不摇匀达不到最佳效果，他该如何补救呢？

809.6岁的薇薇在超级市场和妈妈走散了，她连忙跑去找服务台的阿姨，你猜她说了什么话，把大家都逗乐了？

810.迄今为止，你见到过的最大的影子是什么？

811.掉进无底洞的人会摔死吗？

812.约翰对爸爸说，他想去南极探险，从现在开始要适应寒冷的气候，于是他向爸爸提了一个要求，你知道是什么吗？

813.一个鸡蛋跑去松花江游泳，结果变成了什么？

814.七嘴八舌是什么意思？

815.蛋壳不能拿来吃，它有什么用呢？

816.一个馒头去欧洲留学，回来后变成了什么？

817.你知道九曲十八弯的黄河的源头在哪里吗？

818.什么时候，小胖盼望被老师罚站？

819.豪华游艇上，一位乘客向船长愤怒地抱怨，特等舱里居然有老鼠，你猜船长怎么说？

820.什么话不能对糖尿病人说？

821.哪一个国家如果不抱定死的决心就去不了？

822.人类发明了网之后，用网打鱼、装东西，你知道世界上最大的网是什么吗？

823.在哪个王国，当丈夫的天天吃素，却允许当妻子的吃荤？

824.有没有坐着比站着高的动物？

825.一艘将要沉没的船，是应该先把货物扔下去，还是先把人扔下去？

826.唐僧累了一天睡得正香，悟空为何非要把他叫醒？

827.有一只青蛙当上了天文学家，你知道他是如何观测天象的吗？

828.老师让同学们谈谈自己的理想，小明说自己长大以后想当老师，老师听了很高兴，问他为什么，你猜小明怎么说？

829.什么时候鱼儿可以像鸟儿一样在树木之间自由自在地游来游去？

830.爸爸给元元买了一盒饼干，元元只用手就能把饼干分成大小相同的两块，他是怎么做到的呢？

831.儿子的什么东西一定会比爸爸的大？

832.明明买了一个大西瓜回家，家里的冰箱坏了，怎么样才能防止西瓜变坏呢？

833.除了拔河之外，那一项体育比赛是要向后退的？

834.找到掉在地上的图钉最有效的方法是什么？

835.有一条裙子，妈妈可以穿，奶奶可以穿，爸爸也可以穿，这是什么裙子？

836.如果你向游泳池里扔一块石头，会发生什么现象呢？

837.哪一种鸭子颜色最漂亮？

838.星星、月亮、太阳哪一个是哑巴？

839.小李总是吃软不吃硬，说明什么？

840.有一只小白猫掉进河里了，一只小黑猫把它救了上来，请问：小白猫上岸后的第一句话是什么？

841.数学课上，老师提问关于增加复利的最佳方式，你知道小明怎么回答吗？

842.俗话说"江南出美女"，你知道四大美女之一的西施的故乡在哪吗？

843.现在很多学校都有课前早自习，如果有一天取消早自习会造成什么影响？

844.当你捏住你的鼻子时，你会看不到什么？

845.小明在院子里玩了一整天后，满脸都是泥，耳朵最脏，其次是鼻子，现在他要洗脸，你猜他会先洗什么？

846.小美有3件新买的衣服，棉布的、涤纶的和灯芯绒的，哪一件衣服最耐穿？

847.从北京开往云南的特快列车上最多的是什么人？

848.小莲是个5岁的小女孩，她并没有练过类似气功之类的功夫，却能把一块砖头扔到离自己100米远的地方，你相信吗？

849.当所有的医生都摇摇头说一个病人没有希望了，他会希望什么？

850.在感冒流行的季节里，怎样才能防止第二次感冒？

851.在水泥地面上，没有铺地毯或者其他东西，一只玻璃杯从乐乐嘴边掉到水泥地上，却丝毫没有损坏，这是怎么回事？

852.电子表的动力来自于电池中的电能，那么机械表的动力来自于哪儿呢？

853.一只熊往南走了一千米，又往东走了一千米，再往北走了一千米，就回到了起点。这只熊是什么颜色？

854.你知道全国有多少种厕所吗？

855.按照一般惯例，如果总统死了，副总统就是总统；那么如果副总统死了，谁是总统？

856.如果用牙齿使劲咬10个手指，哪个手指不疼？

857.骑着到处都响的破自行车外出的好处是什么？

858.小明贴近一张告示前观看，头却被撞了一个大包，你知道告示上写的是什么吗？

859.爷爷熟读兵书，却食古不化，每次跟孙子玩象棋都输，请问爷爷用的

是什么战术？

860.劳拉和麦克的汽车里各剩下可以行驶2千米的油，他们距离最近的加油站还有3千米，他们既不能将一辆车里的油弄到另一辆车里，也没有其他办法可以弄到汽油，他们怎样才能驱车到加油站加油呢？

861.桌上放着1个足球，不借助任何东西，你能把3个鸡蛋放在足球上面吗？

862.人的记忆力会随着年龄和健康状况的改变而变化，你知道人在什么时候记忆力最好吗？

863.桌子上有大小两块硬币，如何在不挪动小硬币的情况下让大硬币位于小硬币的下方？

864.警察张贴了一张通缉犯的公告，上面有一年前的该少年犯的照片、身高及年龄等资料，李爷爷看了这张公告却说，这里有一条信息不可靠。李爷爷指的是一条什么不可靠的信息呢？

865.孙悟空翻一个跟头就有十万八千里，却没有翻出如来佛祖的手掌心，你知道如来佛祖的手跟人手有什么不同吗？

866.如果你在尼斯湖划船的时候，水怪突然在附近冒了出来，而你却忘了带相机，这时该怎么办？

867.真金不怕火炼，它怕什么？

868.有一天绿豆从很高的楼梯上跳了下来，流了很多血，会变成什么？

869.美美是田径高手，在决赛的时候，一路领先，没有被其他选手超过，也没有半途弃权，但是，第一个冲到

终点线的人却不是她，这到底是怎么回事？

870.龟兔赛跑，请小狗来当裁判，请问龟兔谁会赢？

871.清朝时候，人们喜欢把青色的衣服浸泡在黄河中，会出现什么现象？

872.怎样才能把一条手巾和一块小石头扔到同样远的地方？

873.小明家有一只白猫和一只黑猫，你知道哪一只不喜欢捉老鼠？

874.一位游泳运动员成功地横渡了英吉利海峡，当他登陆时，大家都为他喝彩，却有一个人批评了他，你猜那人说了什么？

875.青蛙能跳得比桌子高，你相信吗？

876.一只8只脚的蜘蛛正趴在门上睡觉，突然有人开门，看到掉在地上的蜘蛛只有7只脚，还有一只脚去哪儿了？

877.教书育人是一件非常辛苦的工作，你知道最令中学语文老师头痛的是什么事吗？

878.阿呆在客户面前骂总经理是笨蛋，结果阿呆被开除了，理由是什么？

879.如何让一张纸漂在水面上的时间更长一些？

880.要把一个大湖盖住，用什么方法最好？

881.两个警察一起追捕一个杀人犯，一个骑马、一个骑摩托车，谁先追到罪犯？

882.公交车上有人声称自己是拿破仑，还抢占座位，售票员只说了一句

话，那人就下来了，你猜售票员说了什么？

883.小美把文具盒掉在地上，铅笔、钢笔、尺子、橡皮掉了一地，先捡什么好呢？

884.有个人饿得要死，他知道冰箱里有鸡罐头、鱼罐头、苹果罐头，先打开哪一个？

885.阿罗向朋友吹嘘自己写的小说能得诺贝尔文学奖，你知道他写的什么小说吗？

886.有一个人想要过河，桥下河水很急，这里有梯子和木头，但梯子还差10公尺，木头只有5公尺，请问他要怎样才能过河？

887.想想看，如果火星人来到地球，他说的第一句话将会是什么？

888.如果有一天大海里的水都没有了，鱼该怎么办？

889.猫在什么情况下怕鱼？

890.前面一堆草，后面一堆草，你看到了什么花？

891.一只啄木鸟陪一只鸽子一起去送信，有什么好处？

892.什么问题你答对了，老师却对你不满意？

893.8点钟和9点钟有什么不一样？

894.每天早晨，是太阳叫公鸡起床，还是公鸡叫太阳起床？

895.大气的流动叫"气流"，河水的流动叫"水流"，那风的流动呢？

896.怎么才能把不知道变为知道呢？

897.小话梅早上起来跟妈妈说今天

不想上学了，你猜她的理由是什么？

898.小狗怎么才能一下子变大呢？

899.不会讲英语的大明和不会讲中文的外国人有说有笑，他是怎么办到的？

900.草莓最担心什么事？

901.红蜡烛和白蜡烛，哪种蜡烛烧得长？

902.小美说和美国相比，月亮距离我们更近，你知道她的理由是什么吗？

903.怎么样才能在最短的时间里拿到护照呢？

904.小李总感觉地球在动，为什么？

905.动物园里有只可爱的熊猫，为什么人们都不敢接近它？

906.小孩在一家门口玩，一人问："你妈在家吗？"小孩说："在。"此人按门铃，却无人开门。小孩没有撒谎，这是为什么？

907.在什么情况下，每个人都会主动地发扬赴汤蹈火精神？

908.龟兔赛跑兔子输了，它十分不服气，要和乌龟再比一次。乌龟答应了，但提了一个要求，结果这一次兔子又输了。你知道乌龟提了什么要求吗？

909.什么时候是摘苹果的最好时机？

910.地上掉了一张5元和一张50元的钞票，你看见了会捡哪一张？

911.蜈蚣到壁虎家中做客，烧菜的时候发现酱油没了，蜈蚣自告奋勇出去买，却久久未回，究竟发生了什么事？

912.针掉到大海怎么办？

913.烤肉的时候最怕什么？

914.蝙蝠侠和超人有什么不同？

915.积木倒了要重搭，房子倒了要怎样？

916.自古以来都是老鼠怕猫，当然也有例外，你知道猫最怕什么样的老鼠？

917.小明考了100分，为什么哭了？

918.阿里巴巴和四十大盗是东方夜谭还是西方夜谭？

919.一天里，时针和秒针有多少次完全重合？

920.贝多芬给了我们什么样的启示？

921.人类从四肢爬行进化到双腿走路，最大的优点是什么？

922.新买的袜子怎么会有一个洞？

923.把火熄灭最快的方法是什么？

924.小勇有一瓶万溶胶，无论什么东西都能溶化，这可能吗？

925.怎样能让汽车和火车跑得一样快？

926.人敲凳子会发出"咚咚"声，那么凳子敲人会发出什么声？

927.有座黄牛石雕，牛头在斌斌的左边。现在斌斌迫切希望牛头能在自己的右边，但又无法移动如此沉重的石雕。斌斌应该怎么办？

928.小胖有一个苹果，怎样能变成两个苹果？

929.小偷的特征是什么？

930.在什么时候更确定自己是中国人？

931.小马回家忘了带钥匙，可还是进去了，他是怎么进去的呢？

932.如果政府提倡素食主义，将对谁的健康和长寿有好处？

933.什么情况下一山可容二虎？

934.两只螃蟹面对面相互虎视眈眈地准备打斗，他们相距1米，如果按他们平均每秒钟0.1米的速度，几秒钟后可以打斗起来呢？

935.大人上班迟到的原因是塞车，小孩上学迟到的原因是什么？

936.孔子与孟子有什么区别？

937.不通过加热，如何才能把冰立刻变成水？

938.一只普通手表刚掉到大海里，请问它会不会停？

939.什么时候钟表走得最快？

940.天天养的鸽子在露露家下了一个蛋，请问这个蛋应属于谁？

941.莉莉在纸上画了一条鱼，你知道她是从哪里开始画的吗？

942.果果每次数学考试都只得到十几分，他有什么办法保证下次考试不会得到十几分？

943.林林露营时睡在帐篷里，醒来看到满天的星星，为什么？

944.姗姗的爸爸能用黑墨水写出红字，他是怎么做到的？

945.小王买了一台新音响，电源开了，光盘也放了，却没有声音，究竟是哪儿出问题了呢？

946.三更半夜回家才发现忘记带钥匙，家里又没有其他人在，这时你最大的愿望是什么？

947.乌龟梦见自己中了100元大奖，醒来后梦想成真，它接下去该怎么办？

948.什么地方传授增肥秘诀？

949.非洲食人族的酋长平时吃人肉，可有一天他病了，医生嘱咐他要吃素，那么他会吃什么？

950.王太太一向心直口快，可什么事竟让她突然变得吞吞吐吐了呢？

951.妈妈和儿子在花园散步，儿子看到蚂蚁就蹲下来观察。妈妈忽然想考一下儿子的英语，就问他："蚂蚁怎么说？"儿子会怎么回答？

952.一群母牛被关在一间牛棚里，它们的小牛被关在另一间牛棚里，你有什么办法辨认出哪头小牛是哪头母牛的孩子吗？

953.面包肚子饿了怎么办？

954.你能谈谈关于18世纪世界上最伟大的作家们最基本的情况吗？

955.你见过只有两个面的盒子吗？

956.教师布置一篇课堂作文，题目是《假如我是一位老板》。这时，绝大部分学生马上埋头写作，唯有一位男生靠在椅子上无动于衷。老师问他为什么不写，他给出了一个令人哭笑不得的回答。他的回答是什么？

957.某镇只有一家理发店，一天，一位顾客走进这家理发店，只见椅子旁边站着两位理发师，一位头发凌乱，一位头发整齐，他该让哪位理发师理发呢？

958.冬天快来了，毛毛虫终于鼓起勇气对爸爸说了一句话，但爸爸听完当场就晕倒了。你猜毛毛虫说了一句什么话?

959.地里的稻草人会做什么?

960.用什么办法可以看到人心?

961.一根2米长的绳子将一只小狗拴在树干上,小狗虽贪婪地看着地上离它2.1米远的一块骨头,却够不着。它该用什么方法来抓骨头呢?

962.老师让同学们解释光明的意思,该怎样解释才最到位?

963.江妈妈有一个女儿,你觉得妈妈和女儿谁的身材比较好?

964.你在减肥时,最不想瘦的是哪个地方?

965.小新拿着一张卷子,上面的分数是59分,他却一点也不担心,为什么?

966.一个人有一天遇到一只老虎,请问他为什么没被咬死?

967.悲剧和喜剧有什么相同点?

968.对于头发留到腰部而且穿白衣服的人来说,最重要的事是什么?

969.小牛很调皮,牛妈妈批评说:"兔崽子,再调皮就打屁股。"然后小牛就离家出走了,你知道小牛的理由吗?

970.事情绝对不可能产生的结果是什么?

971.哪一种鸡的毛最多?

972.北京电影学院招收新生,有一位学生长得像宋祖英,唱歌像蔡依林,走起路来像小S,为什么学校不肯录取他呢?

973.一张麻将牌背面向上放在你面前,你怎么才能知道那是什么牌?

974.我国有很灿烂的文化,唐诗、宋词、元曲,你知道现在有什么吗?

975.你知道什么时候人眼睛的视力最好吗?

976.小敏和一位男同学去郊游,他们摘了许多枣,但是为什么当小敏说去河边洗枣时,男生就说我走了?

977.当刀砍在了鲨鱼身上时,它会变成什么?

978.熊猫到森林学校去报名,校长却拒绝接收,为什么?

979.有个馒头,吃了一块糖,会怎么样?

980.一只小猫穿越沙漠去找朋友,为什么它死在了沙漠里?

981.一只小猫穿越沙漠去找朋友,发现了一条鱼,但是小猫还是饿死了,为什么?

982.一只小猫穿越沙漠去找朋友,发现了一条鱼,而且是一条真鱼,结果还是饿死了,为什么?

983.一只小猫穿越沙漠去找朋友,发现了一条鱼,而且是一条真鱼,也没有猫在打架,结果还是饿死了,为什么?

984.有一个蛋走在路上摔了一跤,爬起来走了两步,又摔倒了,猜为什么?

985.你知道成本最低的武器是什么吗?

986.有一种笑声你听到了就笑不出来了,为什么?

987.你知道小白长的和谁最像吗?

988.为什么小松鼠不愿意和小白兔做朋友吗?

989.有一只公鸡从高处掉了下来会变成什么?

990.小驴去剃了一个光头会变成什么?

991.重量单位出现了错误会出现什么情况?

992.小螃蟹在一个狭窄的过道里碰到了小猪,无论小猪怎样走路都无法让开螃蟹,为什么?

993.一只青蛙正在游泳,突然打雷要下雨了,青蛙就沉到了河底,为什么?

994.什么饭里面有生的,有熟的,还有半生不熟的?

995.小新饿得发慌的时候,为什么只能一只手拿东西?

996.丈夫是家里的老大,他却什么都得听妻子的,为什么?

997.为什么妻子可以容忍丈夫和别人的妻子单独住在一个屋檐下?

998.小新不小心打碎了一个花瓶,在什么情况下他会故意再打碎一个?

999.小李发工资了,你知道他最不想让谁知道吗?

1000.某个神秘的人给小张一个锦囊,告诉他赚到一笔钱的时候打开。小张在发工资的那天打开了锦囊,不由感叹一句"说得真准"。你知道锦囊里写着什么?

答　案

第一章　咬文嚼字

1.森森不一定会永远在蕊蕊的左边。若大家围成一个圈，森森会在蕊蕊的右边。

2.3的预报肯定是不正确的。

3.小黑羊买了灰外套，小灰羊买了白外套，小白羊买了黑外套。

4.书法家说："我的书法，在臣子当中要算是最好的，而陛下你的书法，在皇帝中是最好的。"

5.售货员说："哪个柜台会找一百元给人呢？"

6.局长说："预测机下一个预测结果会亮红灯。"如果预测机亮红灯表示"不会"，那么预测机就预测错了，因为事实上它已经亮起了红灯。如果它说"会"，这也错了，因为实际上亮的是绿灯，而不是红灯。这样预测机就预测不准确了。

7.甲说错了。

8.是乙的名字。

9.李阿姨、钱叔叔和虹虹是一家人；王阿姨、赵叔叔和萍萍是一家人；张阿姨、孙叔叔和乐乐是一家人。

10.老人说："这就是那位朋友送来的兔子的汤的汤。"

11.小堂弟说谎，其实他和大堂弟都

吃了。

12.囚犯说的话是："你一定砍死我。"国王听了左右为难，因为如果真地砍了他的头，那么他说的话就成了真话，而说真话的应该被绞死；但是如果要绞死他的话，他说的话就又成了假话了，而说假话的人是应该砍头的。

13.儿子说："如果我正直的话，就不会被神遗弃；如果我不正直，就不会被大众所背叛。所以不论如何，我都不会被背叛的。"

14.这块矿石是铁。

15.那这10两银子不是你的。而你那15两银子，等有人捡到送来的时候我再通知你。

16.王子说的是："让我尝一尝这条鱼，我就可以说出它的名字。"

17.伯爵给他的后人留下的是"一无所有！"

18.智者所问的问题是"你是这个国家的居民吗？"如果对方回答"是"，那么这个国家一定是A国；否则，这个国家是B国。

19.5个人中应该有3个人在撒谎。

20.这个人在看她丈夫的继母的外孙媳妇的照片。

21.一只狗、一只熊猫、一个洋娃娃。

22.甲是组长；乙是班长；丙是学习委员。

23.老大洗菜，老二淘米，老三烧水，老四挑水。

24.甲和丙。

25.大麻子。

26.德德昨天要火腿，今天要猪排。

27.乙是老大。

28.罗西是唯一的女性。

29.苏格拉底问甲狱吏："请问乙狱吏将如何回答他手中拿的是美酒还是

毒酒？"

30.走第三条路。

31.可以问："你的神志正常吗？"

32.C盒子里有梨。

33.纪晓岚是按照属相来算的，比如说今年是牛年，不论生多少人，都只能是属牛的；可是，不论死多少人，都离不开这十二属相，这就是所说的"一年生一人，死十二人"。

34.他们都没有错，很可能是你搞错了。第一个人是第二个人的爸爸，第二个人是第一个人的女儿。

35.这家共有7人，分别是两位女孩和一位男孩以及他们的父母、祖父母。

36.进攻。

37.组长可以这样回答："作为学生的我不愿意自己填，我是作为组长替作为学生的我填写的。"

38.女孩说的是："老爷，你先回答我，我是要出门还是要进门？"

39.颖颖的说法是不正确的。因为下周任何一天考试，颖颖会说："老师今天不能考试啊！""你是不是没想到今天要考试？""所以今天就是抽考的日子啊！"

40.按照女儿的推理，她坚信这个宝贝无法放在某个盒子里。然而当她打开某个盒子，却发现了宝贝，应该说就是一个意外了。

41.分析这个警告，如果这本书中包含一个（或多个）错误，则这个作为序言的警告是正确的。如果这本书中除了这个作为序言的命题以外没有任何错误，则这个作为序言的命题是错误的。但是如果作为序言的命题是正确的，那么本书就没有错误，作为序言的命题就是错误的……所以，这个警告说不通。

42.琳娜说："我能把你吃了。"

43.既然这种液体什么都可以溶解，那么你用什么容器来盛放这种液体呢。

44.乙做了好事。

45.根据性别关系来确定，埋葬在墓地里的最少有3个人。

46.甲肯定有罪。

47.小伙子说："这不是'德性'，是'惯性'。"

48.马克·吐温的意思是这个富翁没有一点点慈悲之心。

49."对不起，我刚才是被观众的热情倾倒了。"

50.今天正好相反，这位先生只署上自己的名字，却忘记了给我写信。

51.夫人，只要你像我一样说假话就行了。

52.虚构故事就是我的职业。

53.因为乙的错误可能达到80%。如果按照乙的意见的相反方向去办，正确率比甲的要高。

54.W小姐打开试演房间的门，对外面的其他应征者说："这次紧急试演会已经结束了，我们剧组已经确定了合适的人选，大家都回去吧。"结果外面的人听见后都离开了，这样只剩下W小姐一个人。剧组因为紧急用人，所以只能录用她了。

55.其实非常简单，就是一只狗。

56.探险家的问题其实并不复杂，他问的是："如果我问你'今天没有猛兽出没吗？'你会回答'是'，对不对？"

57.金匣子。

58.从一楼的窗户往下跳的话，怎么也不会摔伤的。

59.预言家的预言是：你将绞死我。

60.磊磊的盒子里原来有15个小甜圈。

61.对着其中的一个人问："如果我问他（甲、乙中的另外一个人）这条路通不通向京城，他会怎么回答？"

62.是正确的。

63.D的妹妹是c，B的妹妹是b，C的妹妹是a，A的妹妹是d。

64.向西偷吃的。

65.单张的牌在乔巴的手中。

66.A：妻子，汉族人，甲，号码66；

B：丈夫，壮族人，丙，号码44；

C：儿子，乙，号码54。

67.小天做对了。

68.小米的鞋子是红色的。

69.A是河南，B是湖北，C是新疆，D是辽宁，E是湖南。

70.维尔捉到了2条、丹尼捉到了3条、阿莱捉到了3条。

71.《生命》：紫色为主的构图；《颤抖》：黑色为主的构图；《痛苦》：黑色为主的构图。

72.荷叶轩的女子说的是真话，蓝宝石在晨风轩内。

73.答案如下表：

	最初	吃了的	剩下的
希尔	6	2	4
米娜	7	1	6
莉娜	5	2	3
洛纳斯	4	2	2

74.小虹成绩更好。

75.所有的老鼠都偷了面包片。

76.正确。

77.答案是：Y、N、N、N。

78.答案是D。

79.答案：甲：水星人；乙：火星人；丙：水星人；丁：火星人；戊：水星人。

80.穿红裙子的是姐姐，穿黄裙子的是妹妹；时间是上午，姐姐说的话是真的。

81.今天星期四。

82.巴西获得了冠军。

83.A是诚实部落的。

84.中文系二班班长懂会计学。

85.罗罗：2岁；塔塔：4岁；喳喳：3岁；啾啾：1岁。

86.尼尔那：狼；弗洛斯：狼犬；麦茨：狼犬；杜门：狼。

87.玛丽卡：目击者；辛迪亚：救助者；波利娜:被害者；诺丽：旁观者。

88.答案如下表：

	排练	演出
赵华	女仆	森林女巫
林梅	白雪公主	王后
孙芳芳	森林女巫	白雪公主
江雯	王后	女仆

89.长女：梦梅；二姐：梦华；三姐：梦兰；小妹：梦红。

90.莎莎：2朵；顾莉：2朵；娜塔莎：2朵；佩丝：4朵。

91.坐在钢琴前的少女是熙爱，拿着长笛的少女是芊芊，拉吉他的少女是安安，拿竖琴的少女是晓云。

92.有法术的女子是艾利斯，穿着魔力裙裤的是嘉玲和珍妮，带着魔力发带的是克莉和嘉玲。

93.佳佳：胸像；梅梅：手像；小悦：头像；凤桐：半身像；惠芬：全身像。

94.有犯罪前科女子是特熙，戴魔法项链的是朵拉。

95.戴太阳花别针的是伊尔，戴牡丹花别针的是露露西亚，变成魔女及戴雏菊花别针的是妮贝拉，戴水仙花别针的是珍娜。

96.A：秋叶；B：青青；C：千惠；D：辛柔；E：娅芬。

97.大眼：40厘米的飞鱼；大嘴：70厘米的鲸鱼；大脚：60厘米的飞鱼；大羽：50厘米的鲸鱼。

98.老甲：1100米；老乙：1200米；老丙:1300米；老丁:900米；老戊:1000米。

99.红色泳衣的女子：咪咪；黄色泳衣的女子：小琪；蓝色泳衣的女子：茜子；

橘色泳衣的女子：小平；紫色泳衣的女子：君君。

100.说谎话的有9人。

101.姐姐做的好事。

第二章　玩转数字

102.3/7小时后，这台时钟会再一次显示正确的时间。

103.在开始时，甲桶里有5.5升水，乙桶里有2.5升牛奶；在倒来倒去的过程结束时，甲桶里有3升水和1升牛奶，而在乙桶中有2.5升水和1.5升牛奶。

104.根据幻方的组合形式，只要魔术师知道日历中所圈出的9个数字中最小的一个，然后在这个数字上面加上8，再把相加结果乘以9，得出的数和马可计算的结果就是一模一样的！

105.可以先把两个小球放在天平的一边，再在另一边放另外两个小球。这时，天平肯定是不平衡的，记下重的那边是哪边。然后再分别从两端取下一个小球。这时，如果天平是平衡的，那么刚刚重的那端取下的小球就是次品；若天平这时还不平衡，那么现在重的那端的小球是次品。

106.我们知道，如果是小数点的错，那么账上多出的钱就是实际收的9倍，所以用153除9就是17，那么错的地方就应该是17的10倍，这时只要找到170，把它改成17就可以了。

107.每轮报的数目相加总可以使5+1=6，而100除以6余数是4，所以每次要抢报"除以6余数是4"的数，即4、10、16、22……82、88、94；同时要争取先报数。

让100就是要抢报99。99除以6除3，

所以要争取报除以6余数为3的数：3、9、15、21……81、87、93、99；同时要争取先报数。

108.她摘了160个苹果。

109.老板可以先倒出4斤的果汁到安安的瓶子里，然后把这些果汁倒到雷雷的瓶子里，这样雷雷就得到他想要的4斤果汁了。现在果汁桶里还有30-8-4=18斤果汁，老板可以把这些果汁倒到安安的瓶子里，直到桶里的果汁高度是圆桶的一半15斤就可以了，这样安安也就得到了他想要的18-15=3斤果汁。

110.雅雅的策略其实很简单：她总是报到3的倍数为上。由于30是3的倍数，所以雅雅总能报到30。

111.最多只需要取9次。因为玻璃瓶里装有8种颜色的弹珠，就算前8次均摸到不同颜色，第9次也可以摸到和前面同色的弹珠。

112.第5层。

113.没有任何地方出问题。因为这与付账是吻合的。

114.一共是4只小狗。因为4只小狗在一个房间，当然每只小狗前面有3只；每只小狗都有一只尾巴，说每只小狗的尾巴上有一只小狗，当然也对。

115.百货商城实际比原价卖赔了钱。

116.大姐分到了198颗糖果，二姐分到了264颗糖果，小妹分到了308颗糖果。

117. 对于老钟来说，从3点到12点，实际上需要的时间是9×64分钟，如果目前是12点，则已经过了9×60分钟，所以还需要36分钟。

118.不能答应。

119.3架飞机飞5次可以完成任务。

120.正在跳舞的男孩也有12个。

121.盒子里有12个珠子。

122.柳青能按照陈缘的说法倒水。

123.阿凡提说："我会搓很多样子的沙绳，不知道国王你想要的是哪种？请您给我一根沙绳的样子，我保证马上给您搓出一根一模一样的来。"国王哪里能拿出这个沙绳，没有办法，只好放走了阿凡提。

124.按照这种方法能戒掉烟。

125.凶手是代号608的光。因为女侦探背着手写下了608，数字排列发生变化，正反顺序也颠倒了过来，608变成了809。

126.严新说的话是不对的。从第一只坏子放0枚棋子，然后依次为1、2、3……14，最少所需的棋子数为0+1+2+3……+14=105。100枚棋子当然不够装。

127.第二小的完全数是28，第三小的完全数是496。

128.萝莉太太家电话的新号码是8712。

129.在湖里面的歹徒有逃脱的可能性。若歹徒从湖心向刑警对岸划，他只划了一个半径长r，而刑警要骑行半个圆周πr，即半径的3.14倍，而刑警的速度是歹徒的2.5倍，所以歹徒先上岸跑掉。

130.9根烟可以供这个烟鬼抽13天。

131.塑料扫把75把，竹编扫把45把，草编扫把40把。

132.小雅是2日入住7日离开的；南江是1日入住5日离开的；杨夏是4日入住8日离开的；阿紫是3日入住6日离开的。

133.从6个瓶子里分别取出11、17、20、22、23和24粒木糖来，然后放在一起称一次，就可以知道问题出在哪几瓶里。比如：称重之后超重53毫克，而这6个数字能构成53的组合只有一种。即：11+20+22。因此，问题就出在第一瓶、第三瓶和第四瓶。

134.只称重一次，也能够把这箱替代品检查出来的。从第1箱取1支，第2箱取2支……第10箱取10支，一共55支笔。若全是铱金笔，总重为5500克。因此，若称出

的结果比5500克少10克，说明55支笔中有1只是替代品，即第1箱为替代品；如果少20克，说明第2箱为替代品……以此类推便可查出。

135.重量是一样的。

136.先把7分钟和11分钟的沙漏一起计时，7分钟的沙漏漏完后就开始煮饭，11分钟的沙漏将剩余的沙子漏完后，便把11分钟的沙漏马上转过来再计时。这样，这次的11分钟的沙漏漏完后，饭也就熟了。

137.有3张凳子、4张椅子和7个人。

138.（1）两次装满脸盆，将7斤米全部倒入10斤的袋子中；

（2）往脸盆里倒满米，用脸盆里的米将桶装满，这样脸盆中还有2斤米；

（3）将桶里的7斤米全部倒入10斤的袋子中；

（4）将脸盆中剩余的2斤米倒入7斤的桶里；

（5）将袋子里的米倒3斤在脸盆中，再把脸盆中的米倒入桶里，这样桶和袋子里就各有5斤米了。

139.40升的桶装着啤酒。

140.5次。

141.把药片全部碎成粉末，搅匀后平均分成10份，一天吃一份。

142.两次。把8个球分成3个，3个和2个进行称重便可轻松找出。

143.先拿两根香，一根两头一起点，一根只点一头。等第一根烧完之后，即半个小时之后，第二根剩下的部分还可以烧半个小时。此时将第二根两头一起点，这样就可以计时15分钟了，然后等烧完之后再点燃一根香，加起来就是1小时15分钟。

144.小丽和小冬的判断是正确的，因为一正一反的情况出现的可能性是两个都是正面，或者是两个都是反面这两种情况出现的可能性的2倍。

145.最少要从抽屉中取出3只袜子才能保证其中有两只配成颜色相同的一双。

146.你应该先取。第一次取3颗,以后每次只要对方取N颗,你就取5-N颗。因为88=3+17×5,所以先取3颗者,以后取法正确,必能取胜。

147.27除以5(1+4=5)余数是2,所以每次所取的卡片,要使两个人卡片上的数的和是"除以5余数为2"的数,即7、12、17、22、27。争取先拿,第1张拿2。如对方取3,你就再取2,2+3+2=7。如对方接着取1,你就取4,使和为12……最后27必为你所得。

148.只有争取先拿才能够获胜。在15根一堆里拿去7根,使留下的两堆火柴每堆都是8根,记作(8,8)。以后对方在某一堆里拿去几根,你就在另一堆里拿去同样的根数。这样进行下去,就一定能拿到最后一根(或几根)。

149.120米。按照母亲和儿子的行走速度,母亲追上儿子需要1分钟,而宠物狗的速度是每秒2米,即共奔跑了120米。

150.是可以做到这一点的。假设全副牌不包括大王、小王,即总数52张,则把未发的牌从最后一张开始由下往上发,第一张先发你自己,然后按照顺时针顺序把牌发完即可。如果全副牌总数为54张,则第一张牌先发给你的对家。

151.首先,打开开关1,并让它开几分钟,这样相应的灯泡就会热了。然后,关上开关1再打开开关2,再赶紧到阁楼上去。亮着的灯是开关2控制的。暗着的但是发热的灯是开关1控制的,剩下的一个就是开关3控制的了。

152.答案是120英里。也就是说,两列火车相遇前1个小时,它们之间相隔的距离就等于1小时中两列火车行驶的距离之和。

153.富人吃亏。

154.能够利用8个轮胎,把物资送到前线。把这8个轮胎编上号码,每过5 000公里,就换一次轮胎,这样所有轮胎可以使用4次。换轮胎的顺序为:123,124,134,234,456,237,567,568,578,678。这样,正好可以行驶5万公里。

155.把3个苹果各切成4份,把这12块分给每个人1块。另外4个苹果每个切成3等份,也分给每个人1块。于是,每个孩子得到了一个1/4和一个1/3块,也就是说,12个孩子都平均分配到了苹果。

156.教室的钟慢了5分钟。

157.4个小孩能够在17分钟之内全部过桥。方法如下:(1)让第一个小孩和第二个小孩过去,用时2分钟。(2)第一个小孩把手电筒拿过来,用时1分钟。(3)第三个小孩和第四个小孩过去,用时10分钟。(4)第二个小孩再把手电筒拿回来,用时2分钟。(5)第一个小孩和第二个小孩一起走过去,用时2分钟。

158.有15个人只做对了A题,6个人只做对了B题。

159.因为不可能掷到1,实际上只有掷到2~6甲才能赢。掷到2的概率是1/36;掷到3的概率是2/36;掷到4的概率是3/36;掷到5的概率是4/36;掷到6的概率是5/36。总和为5/12,而乙赢的概率为7/12。相差了1/6。

160.死者的出生年是1892年。根据条件(1)和(2),可知其出生年在1890-1990年;据条件(3),可得出44²=1936,由此得出1892。

161.跟丽莎小姐一样,押500个金币在"3的倍数"上就可以了。

162.主席台上一共站了13个人,女员工有4个人,老田是男的,小王是女的,他们都没算自己。

163.5个人。属相一共有12个。假设

答案是两个人时，拥有不同属相的概率是（12/12）（11/12）=92%。而3个人拥有不同属相的概率是（12/12）（11/12）（10/12）=76%。以此类推，当人群中有5个人时，拥有不同属相的概率是38%，降到了50%以下。5个人拥有不同属相的概率是38%，那么其中最少有两个人是相同属相的概率就是62%。

164.他在每只袋子里各装了60、16、6、6、6、6个桃子。

165.应该是在星期二的13点12分爬到9米高。因为：毛毛虫每米需要爬144分钟，而在星期二早上6点钟时，正处于6米高，而达到9米高还需要爬144×3=432分钟，即72个小时，这样一算，就是13点12分。

166.移动后的图形如下图所示：

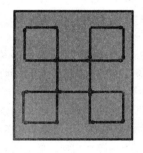

167.结果如下：12+3+4+5-6-7+89=100。

168.找零95美元。

169.晓华今年是9岁，妈妈是35岁。

170.小孩一共有7个柠檬。

171.一共有14 641只蜜蜂。

第一次搬兵：1+10=11（只）

第二次搬兵：11+11×10=11×11=121（只）

第三次搬兵：……一共搬4次兵，总数为11×11×11×11=14641。

172.只要让乙、丙、丁各拿出10元钱给甲就可以了，这样只动用了30元钱。否则，每个人都按照顺序还钱的话就要动用100元钱。

173.郑先生和郑太太一共握手6次。

174.陈源老师一共买了60本笔记本，原本有12个人来补习。

175.每人的首饰中都有一些精品，先选出来，老大选出1件，老二选出2件，小弟选出3件，余下的按7件5元成套卖出。大哥的7套卖35元，二哥的4套卖20元，小弟只1套卖5元，价格一样。精品按15元一件卖出，大哥得15元，二哥得30元，小弟得45元，价格还是一样，而每人都卖够了50元。

176.先从大桶中倒出5千克油到9千克的桶，再从大桶里倒出5千克油到5千克的桶里，然后把5千克桶里的油将9千克的桶灌满。现在，大桶里有2千克油，9千克的桶已装满，5千克的桶里有1千克油。

再将9千克桶里的油全部倒回大桶里，大桶里有了11千克油。把5千克桶里的1千克油倒进9千克桶里，再从大桶里倒出5千克油，现在大桶里有6千克油，而另外6千克油也被换成了1千克和5千克两份。

177.8个人。

178.这个大家庭一共有7个人：一对夫妻、他们的3个孩子（两女一男）以及丈夫的父亲和母亲。

179.篮子里的苹果总数为59个。

180.焕焕将9个球分为三组，每3个球为一组。先将其中任意两组球置于天平上称重，如果天平表现出不平衡，显然，较轻的小球一定在跷起的一组中。如果天平两边平衡，那么较轻的小球一定不在天平托盘上的两组小球中，而在第三组小球中。

这样，从可能包含最轻的小球的那一组中任取两个球放在天平上。如此一来，根据前一次称重的经验，我们完全可以判断出较轻的小球是哪一个了。

用同样的方法，也可以在27个小球中找出重量较轻的那个小球，只不过需要称重3次。有兴趣的可以做一做。

181.9支粉笔就可以供老师用13天。

182.这台电视机的价格应该是480元。

183.每双皮鞋的价格是34元。

184.解决的办法，当然不是把23匹马卖掉，换成现金后再分配。假定还有24匹马。在这24匹马中，长子得到1／2为12匹马；次子得到1／3为8匹马；三儿子得到1/8用为3匹马。不偏不倚，按照遗嘱分完后，三人分到的马加起来正好是23匹。

185.第一个人的计算方法是正确的。

186.127颗。开始时只有1颗，第二天出现36颗，第三天又出现了12颗，3天后又出现了18颗，即：1+6+12+18+24+30+36=127。

187.公园里有4只狮子、31只鸵鸟。

188.绿地的价格是50/3万元，约16.67万元。

189.春羊会迟到3分20秒。

190.一开始最少有25个红枣。

191.最多可以喝到20瓶。

192.这位主妇的想法能够实现。主妇可以在最先去的商店里分别使用50元钱买12元和21元的商品，这样找回的钱在以后的4家商店里买后4种东西时就可以完全不用找钱了。

193.商人在这笔交易中一共赚了20两银子。

194.他们下一次一起赶集的时间是第二年的4月24日。

195.最少需要3次。方法如下：

第一次，在天平的左边放两个砝码2+7=9克，右边放9克盐。

第二次，在天平的左边放7+9=16克，右边放16克盐。

第三次，在天平的左边放前两次分出的9+16=25克盐，右边放25克盐。

两个25克的盐混合在一起，即得50克，剩下的为90克，完毕。

测出的盐还可以当做砝码来测量物品，所以只要用2、7及它们的和9凑出25即可，很简单，7+9+9=25。

196."越洋"号船出发后3小时与此物相遇。

197.钱德的帽子值6.5美元。这对夫妻一共花了29美元。

198.假设这个司机驾车的时速不超过100千米/小时，那么，在此期间他的时速是55（千米/小时）。

199.实行"九八折"销售方式比上述有奖销售让利给顾客得多。

200.一共有60个人来给举人贺喜。

201.大灯笼有120个，小灯笼有240个。

202.因为1路车过后需要1分钟2路车就会到达，而2路车过后要9分钟1路车才能来。

如果小明的妈妈在1路车刚走的时间到达车站，那么她会坐2路车，还有1分钟的时间。而妈妈在2路车刚走的时间到达车站，那么她会坐1路车，这有9分钟的时间。所以她坐1路车和2路车的概率比为9：1，所以坐1路车要比2路车多得多。

203.最少需要4次才可以把它们全都翻转成口朝上。前两种翻转杯子都是不能成功的。第三种最少需要4次。如果把这8个杯子标号为1～8，翻转的步骤为：第一次翻转1，2，3；第二次翻转3，4，5；第三次翻转5，6，7；第四次翻转3，5，8。

204.遗产分配：女儿10000元，母亲20000元，儿子40000元。

205.兄弟三人同时回到家里，最聪明的是大哥。

206.为了决出冠军，必须进行31场比赛。

207.王剑想要问爸爸要625元。

208.最多40瓶。20个空瓶子换10瓶，10瓶换5瓶，5个空瓶子中拿4个换两瓶，然后就有了3个空瓶子，其中两个空瓶子换1瓶，最后只有两个瓶子的时候，换取最后一瓶。还剩下一个空瓶子，把这1个空瓶换1瓶汽水，这样还欠商家1个空瓶子，等喝完换来的拿瓶汽水再把瓶子还给人家即可。所以最多可以喝的汽水数为：20+10+5+2+1+1+1=40。

209.这套书的价格是38元。

210.小军出去了40分钟。

211.粗面条的数量为128根，细面条的数量为256根。

212.数学家的年龄为84岁。

213.傻兔子先到终点，并且快于笨乌龟84－72.6＝11.4分钟。

214.萱萱班级总共有29个男生。

215.安瑞撕的第一张是2号，最后一张是10号。

216.他们的计划是能够实现的。韩寒骑1个小时的自行车后把自行车放在路边，并继续步行2个小时，行走8千米后到达他的朋友家的农场；李亮步行2个小时后到达放自行车的地方，然后骑1个小时的自行车，这样他就能够和韩寒同时在最短的时间里到达朋友家的农场。

217.如果按照正常计算，米兰和安瑞分别会卖得15元和10元，一共是25元。当安瑞带60只小鸡去集市时，每5只小鸡中，2只是自己的，3只是米兰的。这样直到把米兰的小鸡卖完。接下来，她开始卖自己剩下的10只小鸡。按理说，她自己的5只小鸡应该价值2.5元，但是在最后两笔交易中她每次都损失了5角钱。所以，最终少了1元钱。1元钱不是安瑞拿走的。

218.他们需要骑262/3分钟。

219.11次。

220.他应该以每小时15千米的速度骑车，他工作的地方与家相距60千米。

221.他在没有风的时候走1千米用了3分钟26秒。

222.大牧场主有7个儿子，56头牛。

223.第二队迷路的人有3个人。第一队遇见第二队时，第一队已经喝掉了一天的水，所剩下的只够第一队自己喝4天；但第二队加入之后只能喝3天，也就是说第二队在3天里喝的水等于第一队9个人1天喝的水，所以第二队有3个人。

224.乙获胜。因为3 000不是2的K次方，所以甲不能一次全部取走。而1或者2的K次方都不是3的倍数，所以第一次甲取完火柴后，剩下的火柴数目必然不是3的倍数。乙取火柴的策略就是，每次甲取完火柴后，乙取1根或2根，使得剩下的火柴数目是3的倍数。这样，最后剩下3根火柴时，无论甲取1根还是2根，乙都能取到最后一根火柴。

225.兔子最多能够背25根胡萝卜回家。

226.32架。

227.32小时。

228.第一个人选择17颗豆子，则存活几率最大。

229.明明可以趁着榕榕出来巡视的时候，快步走到城门，等到榕榕巡视回来时，他就转身向回走，这时榕榕会以为他想溜出城去，于是就会把明明赶进城堡。

230.红豆、绿豆各放一粒，这样炒完后就自然分开了。

231.先把5升的壶灌满，倒到6升的壶里，这时6升的壶里有5升水。

再把5升的壶灌满，用5升的壶把6升的灌满，这时5升的壶里剩4升水。

把6升的壶里面的水倒掉，再把5升的壶里剩余的水倒入6升的壶里，这时6升的壶里有4升水。

把5升的壶灌满，倒入6升的壶，5-2=3，就能取到3升水了。

232.老师的生日是9月1日。

233.D是2。

234.有158个小朋友。

235.湖中市。

236.这个企业共有1733个员工。

237.一共打碎了40个花瓶。

238.W=5。

239.小葛是既聪明又有爱心的人。

240.小萍和学前是孙家的人。

241.第一次比赛得了B分的是丙班。

242.卖苹果的数量是534个。

243.3个女儿的年龄分别为2、2、9。

244.

	周一	周二	周三	周四
奶糖	3	1	4	2
水果糖	1	4	2	5
合计	4	5	6	7

245.儿子的年龄分别是1、6、6。

246.第一种办公桌的单价是1300，第二种办公桌的单价是900元，第三种办公桌的单价是1800元。

247.过桥方法如上，所用时间是46秒，来得及赶公交。

248.这两堆分别有45个和27个。

249.16张1元，12张2元，5元的有32张。

250.赚了20元。

251.东升赔了80元。

252.俊青的年龄是11岁，分数是89，相应的竞赛名次是2。

253.第十个数是109。

254.15个孩子，因为她把自己算进去了。

255.山猪9头、豺狼13头、野山羊7头。

256.可以卖出1255个李子。

257.23匹马13天能把水喝光。

258.每个小朋友分到的月饼是2个。

259.默默有弹珠10个，小月有弹珠6个。

260.和尚敲钟的速度是按敲钟的间隔一算，第一个和尚间隔为十分之九秒，第二个和尚间隔为二十分之十九秒，第三个和尚为五分之四秒，所以二个和尚敲钟的速度是最快的，他最先敲完50下。

261.7次后灯是亮的，20次是关的，25次灯是亮的。

262.货柜的价值应该是1500+1000=2500元。

263.能买到26瓶。

264.22、44、66、88、33、55、77、99。

265.四份分别是12、6、27、3。

266.这辆公交车最少要有25个座位。

267.每个人有60个。

268.答案是B。

269.预期售出白菜后收回20元钱，实际收回不足20元，因此白菜卖主必定赔钱。

270.不会，男生先到。

271.这家人需要120周、840天才能吃到老板免费送的10餐。

.272.天不会黑。

273.火车提前了20分钟到站。

274.红宝石至少有59个。

275.1月26日开始打工，2月18日结束。

276.这只蛀虫咬的距离是13厘米。

第三章　图形迷宫

277.5小块图形中最大的两块对换了一下位置之后，被那条对角线切开的每个小正方形都变得高比宽大了一点点。这意味着这个大正方形不再是严格的正方形。它的高增加了，从而使得面积增加，所增加的面积恰好等于那个方洞的面积。

278.将102改成10的平方就可以了。

279.正确的答案如下图所示：

280.圆圆安排后的图形如下图所示：

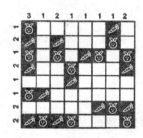

281.三角形的三条边长被确定之后，它的形状就不会改变了，可见D图是最稳固的。

282.五角星在图的左下方。

283.其实所有的竖线都是一样长的。

284.图表示的是钟表两个指针的位置，即12点，9点，6点，3点。因此D图代表的是3。

285.观察不难发现，每个图形上面3个数字之和减去下面丙个数字，结果为中心的数字。因此最后一个五角星应该填入11。

286.选择C。

287.兔子的食物如下图所示：

288.剪后的图形如下图所示：

289.连接后的图形如下图所示：

290.每个点引出14条边，15个点共210条边，但每条边都有两个点相连，即算了两次，所以答案为210的一半，即共有105条边。

291.A：左下是时针，右上是分针；

　　B：左边是时针，上面是分针；

　　C：左上是时针，下面是分针；

D：左边是时针，右边是分针。

292.划分后的图形如下图所示：

293.分放后的图形如下图所示：

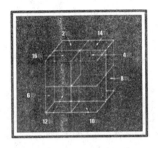

294.最多可以排出25个大小相同的正方形。

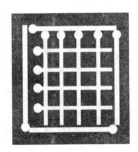

295.从象脚往上观察不难发现这头大象有4条腿。

296.这8块玻璃可以组成一个正方形。

297.找出后的图形如下图所示：

298.选项D。

299.无论如何击放在一个焦点上的球，它都会落进放在另一个焦点的洞里（当然别撞到障碍物）。另一方面，如果球放在两个焦点之间，那无论如何击球，都不会落进放在另一焦点的洞。

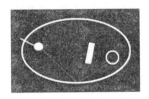

300.黑面的对面是另一个黑面，展开后就会发现：

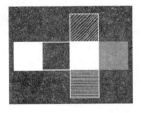

301.大地毯恰好遮住了小地毯的25%。

302.进入迷宫的路线图如下图所示：

303.涂后的图形如下图所示。

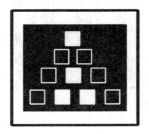

304.选择C。

305.如下图所示：

306.图中除了7个小正方形外，还有两个大正方形，所以一共9个，比原来增加了4个。如下图所示：

307.移动后的图形如下图所示。当然答案并不是唯一的，发挥一下你的聪明才智，看看还有其他的移动方法吗？

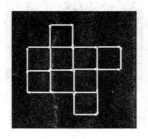

308.有11种不同的走法。

309.选择A。

310.最多可以放入12枚棋子，如下图所示：

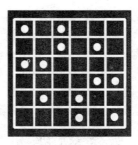

311.选择D。

312.挂好后的图形如下图所示：

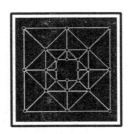

313.如图所示，找到B点相对于河边的对称点C点，然后连接AC。交河边于D点，则ADB为取水救火的全程的最短路线。

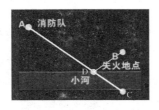

314.移动后的图形如下图所示：

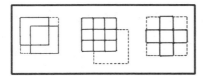

315.由于两枚硬币的圆周是一样的，因此，你可能认为硬币A在紧贴硬币B"公转"一周的整个过程中，仅围绕自己的中心"自转"一周，即一个360度，但当你实际操作一遍，你就会惊奇地发现，硬币A实际上"自转"了两周，即两个360度。

316.移动后的图形如下图所示：

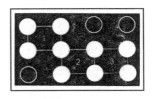

317.八张纸的顺序如下：

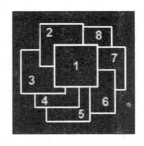

318.移动后的图形如下图所示：

319.16个。

320.将拼图按照第一幅图粗线所示剪成3块，再按照第二幅图所示拼合。

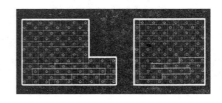

321.分割后的图形如下图所示：

322.下图便是围成后的三角形的一种：

323.全部填完后的图形如下图所示：

324.分割后的图形如下图所示：

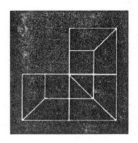

325.母鸡能在格子里下12个蛋。如下图所示：

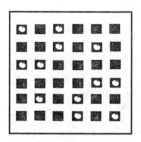

326.有8条直线上有3只兔子；有28条直线上有2只兔子。6只兔子排成3排且每排3只，可以如下图排列：

327.如下图所示，粗线所描述的箭头就是路标。

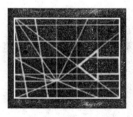

328.找出后的运动如下图所示：

229

329.若要使这个图形能转出10个三角形，那么这两条线要画成对角线才行。

330.导游叫出的顺序是：白、黑、黑、黑、黑、白。

331.总共有13颗珠宝。

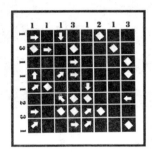

332.分割后的图形如下图所示：

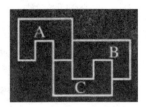

333.找寻后的路线如下图所示：

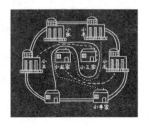

334.高舒在上网；高洋在看书；高先生躺在床上；高太太在听歌。

335.问号处的图形如下图所示：

336.选择B。

337.选择D。

338.选择第一个。

339.选择第二项。

340.选择A。

341.选择A。

342.选择A。

343.选B。

344.A选项正确。

345.A正确。

346.B正确。

347.A正确。

348.选择D。

349.选择第一个A。

350.选择B。

351.选择B。

352.选择E。

353.选择C。

354.选择A。

355.选择B。

356.选择C。

357.选择B。

358.选择D。

359.选择B。

360.选择A。

361.选择C。

362.选择C。

第四章 足智多谋

363.小辉的妈妈建议，从车子其他3个轮胎上各拆下一个螺母，然后把它们装在第4只轮子上。这样慢慢将车开到下一个镇子，在那里买螺母就可以了。这样一来小辉的爸爸不用走那么久的路，大家也不用等很久了。

364.这3个人中，爱德华是女的，其他两个人是男的。

365.拍《黄金手镯》的导演姓白；拍《孙悟空新传》的导演姓黄；拍《白衣天使》的导演姓孙。

366.将第二只杯子里的水倒入第7只杯子，将第4只杯子里的水倒入第9只杯子里，这样就可以使其相间了。

367.A、B、E、G为男性；C、D、F为女性。

368.她们3个之中至少有两个天使。

369.圣地亚哥是鱼贩，福克纳是瓦匠，海明威是木匠。

370.手表是乔治拾到的。

371.应该先在桌子的正中心放一个硬币，之后无论对方怎么放，你只要在对称的地方放上硬币，直到对方无法放置，你就赢了。不管什么图形，只要形状是上下左右是对称的，都只要先在桌子的正中间就能赢。

372.乔乔的电话号码是83410。

373.35页和36页之间是不存在页码的。

374.这是有可能的。

375.需要往返7次。1.人和马一起过河；2.人回来；3.人和老虎一起过河；4.人带马回来；5.人带草一起过河；6.人自己回来；7.最后一次，人带马一起过河。这样，人、虎、草和马就都过河了。

376.乌龟赢了第二次比赛。

377.最多称3次。把红豆和绿豆、红豆和黄豆、绿豆和黄豆分别两袋一起称，三次称重的重量相加除以2，即为3种豆子的总重量，再分别减去三次称重的数值，即可得出各自的重量。

378.一样多。

379.问题出在日期的书写方式不同。

380.丁——甲——丙——戊——乙。

381.丹彤和言言得了优秀。

382.A是英语老师；B是语文老师，C是数学老师。

383.地主能赢。

384.星期日。

385.把3个房间命名为甲、乙、丙，小娟三姐妹分别拿一个房间的钥匙，再把剩下的钥匙这样安排：甲房间内挂上乙房间的钥匙，乙房内挂丙房的钥匙，丙房内挂甲房的钥匙。这样，无论谁先到家，都能够凭借自己掌握的一把钥匙进入3个房间。

386.老师的生日是9月1日。

387.赵了最后进的门，是他忘记了插门。

388.小辉7岁，彬彬10岁，大伟16岁。

389.毛玻璃粗糙面只要有人湿润，就会变得透明，从而轻松看到出纳在房中的一切事情，可见，是右侧办公室的人偷的。

390.匀匀说的是假话。

391.花店在从右向左的第二家。

392.甲是42岁，乙是44岁，丙是43岁，丁是41岁。

393.第一步：猎人与狼先乘船过去，放下狼回来接女人的一个孩子过去。

第二步：猎人放下孩子将狼带回来，然后一同下船。

第三步：女人带她的另外一个孩子乘船过去，放下孩子，女人再回来接男人。

第四步：男人和女人同时过去，然后男人放下女人，男人回来下船，猎人与狼过去。

第五步：猎人与狼同时下船，然后，女人再上船过河。

第六步：女人过去接男人，男人划船过去，放下女人，接自己的一个孩子过河。

第七步：男人放下自己的一个孩子，把女人带上，划回去，放下女人，再带着自己的另外一个孩子过河。

第八步：男人再回来接女人，至此全部过河。

394.今天是星期六。

395.他们合作造一所房屋所需要的时间是175.2天。

396.另外两个人的贴的数字是108和36。

397.他的第一个问题是：今晚你愿意和我一起去吃饭吗？

他的第二个问题是：对这个问题的回答，与对第一个问题的回答是一样的吗？

这样，小静如果对第一个问题说"不"，那么对于第二个问题，她无论说是还是"不"，逻辑上是自相矛盾的。所以，她对第一个问题只能回答"是"。

398.鼓手是陈靖。

399.第一位实习老师在星期一、星期三和星期六值班；第二位实习老师在星期三值班；第三位实习老师在星期一值班。三位实习老师在星期五同时值班。

400.这张纸条上写的是乙的名字。

401.A去了澳大利亚，B去了加拿大，C去了荷兰。

402.以下判断（3）最有可能是正确的。

403.当黑球比白球多2005个的时候，就是在黑球1002层的最后一颗。

404.D是正确的。

405.A要把枪丢到A和B之间，且枪离自己0.7米，离B有0.3米。

406.小娜没有输过。

407.是冉冉干的。

408.今天是星期四。

409.金刚最高，贾山第二，萧然第三，刘元最矮。

410.嘉上是星期一去的休闲城。

411.C最小。

412.照相机是苗宇捡到的。

413.大力得了4分。

414.D女士是幸运者。

415.高一（1）班是第一，高二（1）班是第二，高二（2）班是第三，高一（2）班是第四。

416.排成六角形。

417.王先生的妻子姓李。

418.这一轮牌中按各盘获胜者排出的序列可能有4种（A代表安卡，B代表波波，C代表陈鹏）：

	发牌者A	B	C	A	B	C
I	获胜者B	A	B	C	A	B
II	获胜者B	C	B	C	A	B
III	获胜者B	C	A	B	A	B
IV	获胜者B	C	A	B	C	B

419.是B的名字。

420.今天是星期四。

421.丁是明明。

422.小丽是网球选手。

423.EDACB。

第五章 创意无限

424.答案如下图所示：

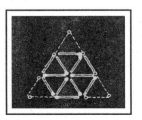

425.要想不超重的话，那前后两辆汽车就不能一起过桥。这么想的话，答案就出来了。加长中间钢索的长度，保证一辆汽车在桥上的时候，另一辆还在岸上就行了。

426.由一只蚂蚁把沙子搬出凹处，放在通道里，然后另一只蚂蚁进入凹处，再由那只蚂蚁推着沙子过凹处后暂停，然后另一只蚂蚁爬出凹处沿着通道爬走，最后那只蚂蚁将沙子再拖回凹处，自己走掉。

427.小姑娘还是能玩乒乓球的，小姑娘可以从袋子里拿出一个乒乓球之后，立刻藏在身后。如果爸爸要求小姑娘把它亮出来，而此时小姑娘就可以说：“我亮不亮出来没有关系，只要看看袋子里面留下的是什么颜色的乒乓球，就知道我拿的是什么颜色的乒乓球。”此时，爸爸一定无话可说了，因为袋子里装着的就是白色乒乓球。

428.聪明的化妆师为了能让这个逃犯被抓住，特意把他画成了另外一个通缉犯的样子。

429.如下图所示：

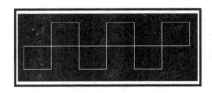

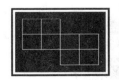 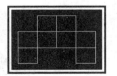

430.其实并没有多复杂，也不需要把垃圾桶劈成两半。只要把垃圾桶按照下面这个图中的方式摆放就可以了。

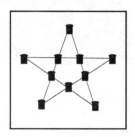

431.小舅舅偷喝之后，留在威士忌瓶内的酒和水的重量总和等于偷喝之前的威士忌量，所以小舅舅用水代替偷喝的威士忌的量就解决了这一问题。忽略密度的不同，两者应该是相等的量。

432.下一幅图应该是C。

433.除了把不等号变成等号外，从不等号上取下的一根牙签能把加式中的5变成9，然后移动6中的一根，把6变成9。这样等式就成立了。

434.最终问号处的花形应该如下图：

435.把树种成如下图所示的五角星形状。

233

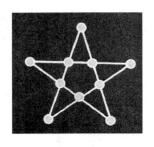

436.3根火柴棍摆出的π。

437.因为杨峥是从镜子里看时间，而镜像是反着的。

438.眼睛。

439.爷爷可以买一个长、宽、高均为1米的箱子其对角线为3的平方根，即1.732米，刚好超过1.7米。

440.两个人面对面站立，才能够看到对方的脸。

４４１.老师是不会给他们放假的。因为实际是办不到的。需要$10×9×8×7×6×5×4×3×2×1=3628800$天，相当于10000年。

442.把最后的数字减去365，百位数字与千位数字就是你的出生月日，剩下的十位与个位数字就是你的年龄。

443.王子可以在装有金币的盆里留1枚金币，把另外9枚金币和10枚银币倒入另一个盆里。

444.可以用冰造一条船。

445.陆倩是个每天上学、放学回家的小女孩。当她早上进入电梯时，她可以够得着标有"1楼"的底部按钮。但是回家时，她够不着任何高于"5楼"的按钮。如果与成年人王琳做伴，那么陆倩可以请她帮忙按一下"16楼"的按钮，然后可以一直乘坐电梯到家。

446.杰克把篮球里的气放掉，把球压瘪，使球呈现出一个碗形，然后把鸡蛋放在里面。

447.你只要把客人移到号码是现在居住的房间号码的两倍的房间里就行了。1号房间里的客人移到2号房间，2号房间里的客人移到4号房间，3号房间里的客人移到6号房间。以此类推，最后，所有奇数号的房间都空了出来，就能安置所有新来的客人了。

448.狡猾的商人在这个普通的瓷瓶里装了一些与瓷瓶材质相同的碎片，所以当富翁打碎了瓷瓶后，不可能从一堆碎片中发现他的骗人伎俩。

449.在纸上画出3条直线，把10个樱桃果平均分成5份。

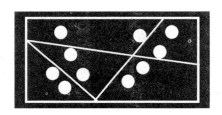

450.把水倒入坑洞中，网球就浮上来了。

451.科学家挑选的是给对方理出最好发型的那位理发师。

452.新来的园丁指挥大家用铲子挖开巨石下方的土壤，把小岩石放进去就可以了。

453.这道题其实并不难，按照下面的图形来切就好了。

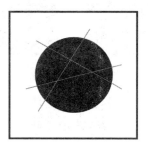

454.因为老牛仔拿的是一张1美元的纸币，而后一个人拿的却是美分凑成的零钱，并且在这些零钱里面，完全可以凑成90美分，所以如果他想要普通酒的话，直接给调酒师90美分就行了。既然给了1美元，那就是要烈性酒。

455.绳子的一头虽然拴住了羊脖子，但是另一头并没有拴在树上。所以羊是自由的，能够吃到牧草。

456.先把狼带到对岸，然后返回，把一只小羊带回过去，顺便把狼带回原岸，把另一只小羊带到对岸。然后再返回，把狼带过去。

457.因为他的女友是外科医生，正在给病人做手术。

458.干完活儿后，没有来得及照镜子，姐姐看到妹妹脏兮兮的脸，以为自己的脸也是脏兮兮的，就急忙跑去洗脸。而妹妹看到姐姐的脸很干净，就以为自己的脸也干净，所以没有跑去洗脸。

459.8步。请按下图移动。所用步数按硬币编号从①至⑥的次序相加为：1步+2步+1步+1步+2步+1步＝8步。

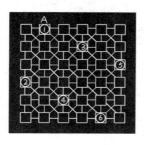

460.西红柿汁是不会不翼而飞的，总得有去处，可能的去处只有一个地方，即当西红柿汁流下来时，约翰朝上张大嘴，把流下的西红柿汁全部接住喝了。

461.他们正在一座很长的桥上工作，并且路轨旁边没有多余的空间。火车到来

时，他们离火车进入大桥的一端已经很近了。所以他们可以跑到大桥的一端，然后跳到一边去。

462.0只。

463.可以在"十"字的中心位置摆放两枚硬币，这样10枚硬币不论横竖都是6枚了。

464.卖给要买12升水的客人。

465.因为他是这辆车的司机。

466.对它实施10折以上，谁也做不到。每对折一次，页就翻一倍。对折9次后就会有512页，更别说10次以上了。

467.人紧闭两眼，猴子也两眼紧闭。可是，人什么时候睁开双眼，猴子是永远都不知道的。题目中所举的是一只眼的情况，猴子只要是一只眼不闭着，始终能够看到它眼前所有人的一举一动。

468.杀手心慌，看到的只是仇人映在镜子上的影像而已。

469.由蛇构成的圆环会停止缩小。因为这些蛇逐渐相互填满对方的肚子，而且不会再继续吞食任何东西。

470.当弹力球在杯里时，它受到地球引力而要下坠，怎样让弹力球不从杯子里掉出来呢，只有给它一个横向的速度，这样它就不会掉下来了。可以摇动杯子，将这个弹力球弹起来，这样弹力球就会在杯子的壁上弹来弹去，而不会落到地上了。

471.可以让杯子完全浸没在水里等，只要合理就可以。

472.因为当时是白天。

473.这有可能。这两人分别在河的对岸，一人乘船过河后，把船交给另一个人，这样，两人最终都能过河。

474.小红家的门牌号码是1986。

475.让两个孩子分别坐在一个竹筐里，然后这个农民把竹筐前后调一下，这样两个孩子就换过来了，谁也不用后退了。

476.当这群抢匪抵达银行前不久，刚好有另一帮劫匪洗劫完这家银行。

477.一次。

第六章　乐趣横生

478.切出来的蛋糕如下图所示：

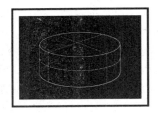

479.下雨天道路非常泥泞，土地松软，只要在石头前挖个大坑，把石头埋起来就可以啦。不挡道的地方，埋起来一样可以不挡道。

480.猎人走过陷阱的路线图如下：

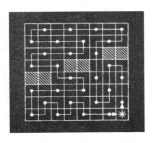

481.走道的设计如图所画的那样。

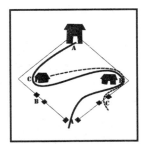

482.女王的头像是向上的。

483.移动后的硬币图形如下：

484.裁剪后的效果如下图：

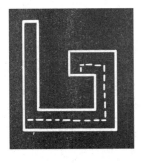

485.能够完成。纸带太长，采取猛拉纸带的做法是不可能的。你必须先在距离硬币2厘米的地方把纸带从一边剪断或者撕掉才行。然后，抓住纸带的另一端，并且拉直使纸带与瓶子成90度。然后，伸出另一只手的食指，快速击打手与瓶子之间纸带的中间位置。这样，纸带就会快速从硬币下面脱出，同时由于速度很快，硬币会依靠惯性而不至于从瓶子的顶部掉落。

486.这个游戏是能够完成的。将两把叉子插在瓶塞上，使它们与瓶塞保持60°。然后，把瓶塞底部挖空，使它能够紧贴在鸡蛋大头那边。现在，把插有叉子的瓶塞放在鸡蛋上面。然后，把鸡蛋放在拐杖的末端。稍微调整之后，你就可以把鸡蛋完好地放在上面了。

487.由于塑料管是软的，可以把软管变曲，使两端的管口对接起来，让两颗浅蓝色的滚珠滚进另一端的管口，这样深蓝色的弹珠是可以取出来的。

488.移动的顺序是：（1）5号跳到8号，拿掉7号；（2）2号跳到5号，拿掉4号；（3）9号跳到2号，拿掉6号；（4）10号跳到6号，拿掉8号；（5）1号跳到4号，拿掉2号；（6）3号跳到7号，拿掉4号；（7）5号跳到8号，拿掉7号；（8）6号跳到10号，拿掉8号。

489.老吉买的是别克车，大瑞买的是奔驰车，阿穆买的是现代车。

490.移动骨牌B使其垂直竖立时正好可以碰到A骨牌的边。然后将你的食指穿过塔的拱门，放在B骨牌的底边并且按紧了。之后，"弹起"并迅速击打A骨牌。这样，A骨牌便会从塔上分离，它上面的骨牌随即落在两边竖立的骨牌上，而塔安然无恙。因此，可以在塔不塌的情况下利用骨牌B将A骨牌从塔上移开的。

491.在拿走玻璃杯之前，先把第二根火柴点着。然后，再用它垫着支撑住两个玻璃杯之间的那根火柴；当这根也点着时，等一两秒钟，然后吹灭。稍等片刻，这根火柴就会熔贴在玻璃杯上。然后，你可以将另一侧的玻璃杯拿走，这时，这根火柴将会悬在空中。

492.吉姆能将并不坚硬的吸管穿过土豆，是借助了大气压的作用。他将拇指按住吸管的上端，也就把空气留在了吸管里，在往下插的时候，空气被封在吸管内，使得柔软的吸管变得坚硬起来，所以就能够轻易地插进土豆。

493.阿利的住房居中。

494.云云是汉城县人，得到三等奖；奇奇得二等奖，沙石县人；乐乐是水杨县人，得一等奖。

495.两手各拿一根火柴棒，将火柴棒底端的正方形对齐。保持这两根火柴棒底端正方形互相接触后，在火柴棒接触的地方便会发现8个三角形了。

496.移动长颈鹿腹部下方的两根火柴棒，让两根火柴棒相交的部分向下突出。这样看起来长颈鹿的腹部向外鼓出，就像是怀孕了一样，肚子里多了一头小长颈鹿来。

497.画法如图所示：

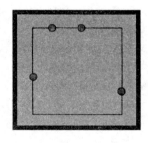

498.拿掉火柴后的图形如下图所示：

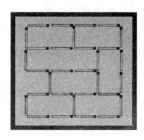

499.做这个游戏时，首先要保证横排和竖排都是偶数列，因为有10个棋子，所以必定要有两行是4个棋子，而其他的都是2个棋子。然后再考虑下一步如何调整棋子的位置。相信你一定能找到最合适的摆放棋子的方法的。

500.移动后的图形如下图所示：

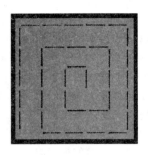

501.如图所示，由正三角形所做成的正三角锥体，是由4个全等三角形所围成，称为正四面体的立体图形。起先使用桌子上的3支火柴棒做成三角形，然后利用剩余的三支火柴棒，使下端连接桌子上三角形的顶点，接下来使上端和三角形的重心一致。这样，就可以获得这个问题的答案。摆好后的图形如下图所示：

502.下面就是移动硬币后的效果图：

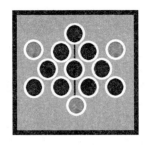

503.以下是移动硬币的详细步骤：

504.能，最少需要3次。

505.第一步，先将两个用细绳连接在一起的纽扣穿过铁环，然后将铁环对折成一个半圆状，将硬塑环从半圆中穿过，到达纽扣的连接绳处，最后将软绳穿过铁环。

506.将麦秆从一端约3厘米的地方轻轻地折起来，使麦秆呈现"V"字形。然后，把这一端插入瓶内，慢慢调整麦秆直到把它楔牢（如下图所示）。这样，你便可以把瓶子从桌子上提起来了。

507.一笔画出的路线图如下图所示：

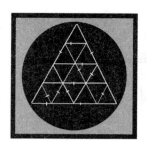

508.移动后的图形如下图所示：

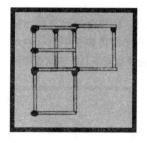

509.按照下图所示的样子把纸打成褶，这样纸就可以承受一个杯子的重量了。

510.将原图中最右边的3根牙签移到下图中的新位置上，这样，图中就有9个小正方形、4个由4个小正方形组成的中等正方形以及1个由9个小正方形组成的大正方形，一共是14个正方形。

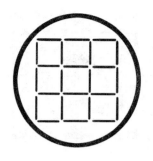

511.把花瓶门改成长方形门，只要从花瓶中心纵向锯开，再反转拼合即成（如图1、图2所示）。把花瓶门改成正方形门，则必须依照虚线将花瓶分割成3块。

512.下图中的A到C，向我们展示了如何将这些杯垫重新排列，形成一个圆的过程。

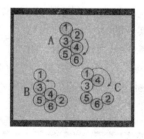

513.拼接后的图形如下图所示：

514.可以这样放这些刀：每把刀都在它左面刀的上面且在它右面刀的下面，或者正好相反。这样有三脚的桥一定不会倒塌，而且可以承受一个相当大的重量——比一个平底大玻璃杯的重量要重得多，如下图所示：

515.因为中央的那个小方块有6个截面，一定要被锯6次才行。木匠的奇思妙想是不能实现的。

516. 取线段BC、CH、HE、EF、FG、GB的中点。这6个中点在同一平面上，通过这个平面把立方体一切为二，所得的截面显然就是正六边形。

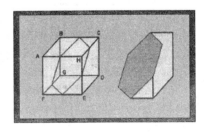

517.如下图所示，共有3种拼法，其中A、B、D、F这4块要翻过来用。

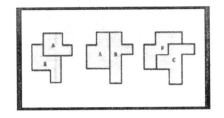

518.如下图所示，先塞牢U形玻璃管的两边开口，接着将玻璃管倒过来，使这两个塑料球浮在玻璃管中央。然后，依照逆时针方向缓缓摆正U形玻璃管即可。

519.拼接后的图形如下图所示：

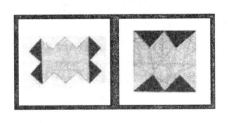

520.如下图所示，把纸靴夹在方框中，再把方框对折起来，从下端套小圆环，然后套在纸靴上。

521.要想拼接成一个正方形，剪法如下图所示：

522. 移动的火柴为金枪鱼最上面的几根。移动后的图形如下图所示：

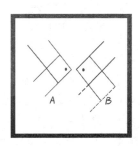

523.这个题的秘密就在于两只手交叉时的位置。没有经验的人将两只手交叉时，手掌往往朝向身体，这样就会出现我们所描述的结果。要解决这个难题，要把右手的手掌向内转并把左手的手掌向外转，然后再抓住瓶塞。这样，两只手不仅不会相互交叉在一起，反而会轻而易举地分开。

524.用6根滑雪橇可以拼成6个小三角形与2个大三角形。

525.一笔画成的顺序如下图所示：

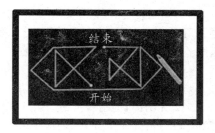

526.拼接后的图形如下图所示：

527.移动后的步骤如下图所示：

528. 从长方形长的一边剪开约1/3，然后向下折，把它折在反面，剩下的就很简单了。

折叠的步骤如下图所示：

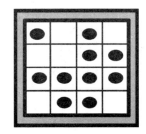

529.毛毛：打电话；李丽莎：在读书；贾凤梅：在写东西；李晶晶：在剪指甲。

530.助手姓邓。

531.B做了这件事。

532.先沿图1的虚线折叠，然后再沿图2的虚线折叠，最后沿图3的虚线对折一下，并沿着这条线剪一刀，就把十字形分成了4块相同的图形。把它们拼起来，就是一个正方形了。如图所示：

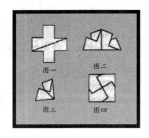

533.剪下来的形状如下图所示，是一个正方形。不信的话，你就试试看。

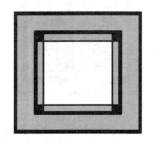

534.摆放好的棋子如下图所示：

535.将其中一条短链上的3个环都切开，作为连接其他4条链子的枢纽。

536.伊凡杀了人，说真话的是康奇。

537.养鱼的是德国人。

538.C是女性。

539.说话的人是一位女护士。

540.詹姆斯先生的未婚妻是黛丝小姐。

541.莉莉丝和露丝是姐妹。

542.小宋昨天吃的是套餐，今天吃的是拉面。

543.闹闹先将蘑菇平均分成两份，然后由笑笑在两份中挑走其中的一份，剩下的一份就是属于闹闹的。因为蘑菇是由闹闹分的，所以在他的眼中，这两份当然是一样多的。笑笑在两份中挑选的时候，当然会挑走他认为比较大的一份。反过来由笑笑分，闹闹选也是一样。这样，两个兔子便都满意了。

544.A是正确的。

545.医生是陈先生的女婿。

546.阿兵和阿成相遇于1月17日。

547.阿明是四人中唯一的男性。

548.红色领巾有4个，黄色领巾有3个。

549.古物是岳飞的。

550.玛利亚并非存款上万。

551.小白兔买了黑外套，小黑兔买了灰外套，小灰兔买了白外套。

552.去A岛的阿兰19岁，拣到2个野雁蛋；去B岛的璐璐20岁，拣到3个野雁蛋；

去C岛的纯美18岁,拣到2个野雁蛋;去D岛的亚南21岁,拣到1个野雁蛋。

553.情况如下表所示:

	上衣	裙子
玲玲	丽丽	自己的
丽丽	娜娜	宝宝
宝宝	自己的	娜娜
娜娜	玲玲	丽丽

554.第1次称量:天平左端放27个乒乓球,右端也放27个乒乓球。有2种可能性:A平衡、B不平衡。如果平衡了,那么下一次就以余留的80－27－27＝26个乒乓球作为研究对象。如果不平衡,那面选择轻的一端的27个乒乓球作为第二次称量的物品。

第2次称量:天平左右两边都放9个乒乓球。研究对象中还有8～9个乒乓球没有放入天平中。有2种可能性:A平衡、B不平衡。如果平衡了,那么下一次就以余留的8～9个乒乓球作为研究对象。如果不平衡,那么就选择轻的一端的9个乒乓球作为下次称量的物品。

第3次称量:左右两边各放3个乒乓球。研究对象中还有2~3个乒乓球没有放入天平中。有2种可能性:A平衡、B不平衡。如果平衡了,那么下一次就以余留的2～3个乒乓球作为研究对象。不平衡,那么就选择轻的一端的3个乒乓球作为下一次称量的物品。

第4次称量:天平的左右两边各放1个乒乓球。研究对象中还有0～1个乒乓球没有放入天平中。有2种可能性:A平衡、B不平衡。如果平衡了,那么余留的另一个乒乓球就是要找的乒乓球。如果不平衡,那么轻的一端就是你要找的乒乓球。

555.答案见表格:

	朋友的家	奶酪	红茶
第一	山羊的家	意大利奶酪	伯爵红茶
第二	小兔的家	荷兰干酪	薄荷茶
第三	小鹿的家	英式干酪	祁门红茶
第四	斑马的家	干羊乳酪	水果茶

556.答案如下表:

	眼睛的颜色	服装的颜色	蜘蛛的数量
琳娜	绿色	黑色	3只
艾玛	褐色	紫色	1只
罗拉	灰色	银色	4只
辛迪	蓝色	红色	2只

557.答案如下表:

	入住	离开
阿珠	3日	6日
娜美	4日	8日
蒙蒙	1日	5日
莉莉安	2日	7日

558.答案如下表所示:

	谁的上装	谁的下装
玛丽安	莫妮卡	自己
奥利尔	自己	露西亚
莫妮卡	露西亚	奥利尔
露西亚	玛丽安	莫妮卡

559.小波需要找零。

560.答案如下表:

	最初	送给谁	交换后
A	7枚	B4枚	5枚
B	5枚	D3枚	6枚
C	8枚	A2枚	7枚
D	6枚	C1枚	8枚

561.共需要17分钟。

562.他们四人做模特的时间分别是:鲁尔:5日~8日;Ben:4日~7日;金:3日~6日;杰夫:1日~4日。

563.森林队与雷霆队的比分是3:2;台风队与雷霆队的比分是3:4。

564.下一行数字是311311222113。

565.第一步:点燃红色喜烛的两头,并点燃金色喜烛的一头,红色喜烛燃烧完用时30分钟。第二步:当红色喜烛燃烧完后,再点燃金色喜烛的另外一头,待金色喜烛燃烧完后,用时15分钟。一共耗时45

243

分钟。

566.

时间	做的事情
09：00～09：20	英语学习
09：20～09：50	地理学习
09：50～10：00	语文学习
10：00～10：50	数学学习
10：50～11：30	历史学习

567.A是正确的。

568.答案如下表：

	梦200元	湖400元	等待100元	远山300元	合计
曼曼	○	×	○	×	300元
丽丽	×	○	○	×	700元
朵朵	○	○	×	×	300元
彤彤	×	×	×	○	300元

569.答案为C。

570.答案见表格：

	开始	向谁	几个	赠送后
A	8	C	2	10
B	7	D	1	9
C	6	B	3	5
D	5	A	4	4

571.答案见表格

	运动项目名称	开始	结束
第一项	高尔夫球	1日	5日
第二项	滑雪	6日	8日
第三项	游泳		只有9日
第四项	躲避球	10日	11日
第五项	骑马	12日	15日

572.应该选择2年只准一次的钟。两年准一次，即每天慢1分钟，需要走慢720分钟，即24小时才能再准一次；而每天准两次的钟是停的。

573.答案为C。

574.这个男人是个侏儒。

575.甲姓王、乙姓张、丙姓程。

576.郭是丁先生的表妹。

577.孙凯、戚薇、吴梅分别被北京大学、厦门大学、天津商业大学录取。

578.（B）是正确的。

579.3只毛毛虫不会撞到一起的概率是1/4。

580.柯警官要比留香飞贼多走一层。

581.甲是壮族人；乙是瑶族人；丙是白族人；丁是赫哲族人；戊是回族人；己是汉族人

第七章 一眼戳穿

582.因为1993年2月根本没有29日，可见原告提供的是伪证。

583.凶手是伯纳。伯纳在正常使用水果刀朝外的一面浸了毒，而莫斯是左撇子，用这把刀时带毒的一面上正好朝向平果肉。

584.根据脚印深浅可以判断凶手其实就是那个报案者。

585.凶手就是女佣罗斯，因为椅子冰凉，说明很久没人坐了，而保姆的话与之矛盾。

586.凶手是住在五号房的糖尿病患者。

587.厨师。

588.时间是2时12分。

589.盗窃犯是方东旭和郑梧桐。

590.组长的判断是正确的。

591.凶手先为猫注射麻醉剂，再把棉花团系在猫的尾巴上。然后把猫尾巴塞进煤气橡皮管出口处。这样，即使把煤气打开，煤气也不会泄露出来，而过了1小时，大约在10点左右，麻醉剂药力过后，猫醒了过来，一走动，棉花团便从橡皮管内拔了出来。煤气大量外泄，室内正在熟睡的被害者连同猫，才会一起中毒而死。

592.罪犯在案发的前一天晚上溜进董事长的院子，把氰化钾气体充进自行车的车胎里。第二天早晨，当被害人要骑自行车出去晨练时，发现自行车的车胎气太足了。于是，他就拧开气门芯放气，剧毒气体就冒出来将他毒死了。

593.若真是下午3点的话，照片上钟楼的时间应该是上午9点，所以杰西说的话是有根据的。

594.凶手是黛妮小姐的情人。因为黛妮小姐可以通过窥视窗看到来人是谁，若是学生，定不会穿睡衣迎客。

595.杯子上的红色，也就是唇印，一般修女是不会涂口红的。因为修女和司机进来的时候，哈瑞并没有注意看修女的唇，因此没有立即发现这个疑点。

596.警察的判断是正确的。澳洲在南半球，圣诞节时那里是夏天。

597.后发射的子弹，裂纹在先发射的子弹裂纹处被挡住停下。按顺序查一下就知道子弹发射的顺序是D、A、B、C。因此，最后一枪的弹孔是C。

598.布德鲁是按门铃进来的，所以门铃按钮上还留有一个指纹，而警察敲门进来的原因，就是不破坏这最后一个没有清除掉的指纹。

599.电力工程师在说谎。日本国旗是白底加太阳的图案，无所谓正反的区别，更别说出现挂倒这种事情了。所以，电力工程师根本没有重新挂国旗，他有足够的时间作案。

600.本杰伦的失误在于没有考虑到火车本身的长度。

601.作案时间是12:05。

602.从是否把小而未成熟的茄子留下，就可以断定是否是偷来的。

603.战俘用那几件衣服和伞制作了一个降落伞，还将毛衣拆散，编成绳子做伞绳；将那几件羽绒服连在一起，在伞地四周做伞布，一个不怎么像样，但基本还能

使用的降落伞就完成了。利用这个降落伞，他成功越狱。

604.甲是罪犯。

605.探长的判断是正确的。因为若是跳车，尸体和行李包应该距离很近，而且不能是头先落地。跳车者是不会采取这种姿势的。

606.老查理没有说谎。

607.因为艾利事先已经做好演出准备。

608.A和B都是凶手。

609.如果真的是在书房被枪杀的，那么磁带中就理应录上了昨晚报时钟报22点的鸽子叫声。之所以录音中没有鸽子的叫声，是因为凶手是在别处一边录音，一边枪杀受害人的。

610.闯闯和叔叔在打电话时做了点儿手脚，在通话时，他一讲到无关紧要的话，就用手掌心捂紧话筒，不让对方听到，而讲到关键的话时，就松开手。这样警探听到的是这样一段"间歇式"的情报电话："我是福特……现在……金冠大酒店……和坏人……在一起……请你……快……赶来……"。

611.凶手是死者的弟弟。

612.警员一看帐篷支在一棵大树下，就断定为他杀。因为被害人是有经验的老气象员，他不可能在野外将帐篷支在大树下，如果天气骤变，会有遭雷击的危险。

613.若凶手是男子和老太太的话，他们应该连同那位小姐的钱包一块偷走，就算不全偷，也不能判定哪个是职业小偷的，所以凶手是时髦小姐。

614.绑匪是邮差。

615.如果有人数着墨镜从寒冷的室外进入热气腾腾的室内，镜片上会蒙上一层雾气，根本无法看清屋里的人。

616.虽然杰克自认为做得完美，字迹也模仿得很逼真，但他疏忽了一件事：笔

上没有留下任何人的指纹。凭借这一点警方足以认定遗书是伪造的。

617.大牛。

618.因为王刚从来没有和加油员说过自己是什么车，而加油员就可以准确地买来两个正确型号的轮胎，说明他之前见过王刚的车。所以，那4个劫匪中肯定有这个加油员。

619.拘捕的是甲。对一般人来说，只能看到老人开门或关门，而甲却知道老人在锁门，说明他在观察老人。

620.因为如果陌生男子真的是走错房间，那么他最开始的时候就不会敲门了。

621.按照常理，如果贾斯没去上船，船夫应该直接喊："贾老板，你怎么还没有上船啊？"只有在船夫知道贾斯不在家的时候，他敲门才会直接喊："大嫂，天不早了，贾老板怎么还不上船啊？"可见应该是船夫见财起意，把贾斯杀害了。

622.那人之所以是小偷，因为他不去找自己的包。

623.律师是诚实人。

624.A一定卷入了此案。

625.D先生是穿蓝色大衣的间谍。

626.丙是罪犯。

627.原来窃贼扮成搬家公司的工人，所以才敢在大白天把小北家偷得这么彻底。

628."那么受伤以前，你能举多高呢？"原告下意识地很快把手举过了头顶。顿时，引起在场的人一片哄笑，原告这才明白自己上当了。

629.大徒弟说了谎。

630.露西是受害者。

631.那个女郎在手指指纹部分涂抹了透明的指甲油，故而咖啡杯上没有留下指纹。

632.另一个侏儒把瞎侏儒的家具都锯短了，这也是现场留下大量木屑的原因，

瞎子侏儒一摸到家具都突然矮了一节，以为自己长高了。

633.由于昨晚有台风刮过，因此，死者的帽子是不可能遗留在现场的。

634.王先生将狗训练的一听见电话铃响就立刻对人进行攻击。当时，王先生打电话给作家，狗听见电话铃声后便依照平日的训练去攻击人。

635.据报案人所述，其妻子应该在10点15分前遇害，那么在他赶回家中的11点左右，浴池中的肥皂泡早就消失了。因此法医认为报案人在说谎。

636.刑警看到蜡烛后产生了怀疑，再加上停电，蜡烛一直没有熄灭。假如露西是在自己屋里被杀，过了24个小时，蜡烛早就燃尽了，一定是有人夜里把尸体弄来，走时忘了灭蜡烛。

637.因为船在大风中航行，并且会摇晃，而那位自称是作家的小姐，在写稿子的时候，却能写出整齐秀丽的字，所以嫌疑最大。

638.从落叶上分析的。如果车子在森林中停放两天，车内的尸体一定会堆满落叶；如果车上落叶很少或者基本上没有，证明车子放到这里时间不长。而罪犯只能步行离开，在大森林里这样做既容易留下痕迹，又不容易走远。

639.毒品埋在下午3点时银杏树顶在地面的投影处。

640.小林正在偷东西，发现有人进来了，以为是主人，就躲到衣柜里去了，小强进屋后找不到小林，在衣柜前看见了小林，他在玻璃里的像正好在小林的位置，他以为这是镜子，却没有看见自己的像，而消失的小林却是自己的像，就以为闹鬼了，吓得跳楼了。

641.凶手就是男侍应。他在汤中放了很多盐，使女特工喝后感到口渴。于是叫

他拿水，而毒药则放在第一杯水中，当男侍应再拿杯子去倒第二杯水时，暗中已经换了另一个杯子。

642.简的妻子为了保住遗产，故意把没有墨水的钢笔递给简。由于多克和简都是盲人，自然也就没有发现，就这样，没有字的白纸最终被当成遗书保存了下来。可是，虽然没有字迹，但是钢笔划过白纸留下的笔迹仍然存在，如果仔细鉴定是可以分辨出来的，所以遗嘱仍然有效。

643."百步穿杨"这个成语使他联想到凶手用钢条做箭，在远处用弓射杀。于是把查案范围扩大到死者周围100米左右，终于找到了凶手留下的足印，再顺藤摸瓜地查下去，凶手终于就擒了。

644.绑匪是司机。赎金在汽车里。他车中放着两个同样的手提包，埋进去的是空包。

645.嫌疑人自称"自拍下了开启啤酒的一瞬间"，但是警长看到照片上的他在打开罐装啤酒的时候，罐口上没有泡沫，于是断定照片是伪造的。

646.嫌疑人说他在那个帐篷里已经住了一个多月，然而帐篷旁边的草还是绿的。

647.玻璃鱼缸里面养的是热带鱼。刑警看到热带鱼欢快地游动，便识破了这个女人的谎言。

648.那位同事临死前说的"多拉"，实际上是钢琴键盘的"1"和"6"的发音。也就是说，密室的开关在键盘1和6的下面，只要检查键盘就可以找到打开密室的机关。

649.凶手是菲尔特。他是先杀了卡特，然后才开始煮咖啡。

650.后来出现的那个男子是凶手。

651.寒冷的天气里，室内温暖，冰霜都是结在室内玻璃上，室外玻璃上是不会结厚厚的冰的。

652.如果狗咬伤索菲太太，她的裤子不可能完好无缺，根本无须拉起裤子，就应该能明显地看到伤口。

653.死者若是自杀，拿枪的手必然露在毛毯外面，而他的手却在毛毯里。

654.因为电灯亮了后，电视没了节目。

655.医生将病人抬上救护车时，必须是先进头，后进身子，歹徒做的正好相反。

656.罗林问道："既然你的雨伞是用来遮雨的，那为什么你的身上湿淋淋的，而雨伞却是干的呢？"

657.罪犯卡罗虽然把地上的血迹清理得一干二净，但是却没想到当他用匕首杀死格林时，一些血液会溅到睡莲的花瓣和叶子上。

658.在波特将杰夫的头按进装满海水的水桶时，杰夫的手表并没有接触到海水。直到凌晨1点的时候，波特把杰夫的尸体扔进了大海。杰夫的手表在被海水浸泡后，指针停止了摆动。

659.当海蒂打开电热炉后，并没有闻到电热炉上有灰尘烧焦的味道，所以海蒂才知道有人曾进入过他的家中。

660.暖气修理工是凶手，因为色盲是分不清红色和绿色的，所以他才会把梅里夫人红色和绿色的丝巾放错。

661.罪犯将康特的妻子和儿子杀死之后，先用几根细线将门闩拴住，然后将细线穿过插销，通过门上的一条缝隙伸到门外，接着从门外将细线收紧。这样门自然随着细线插入到插销中，将房门反锁上。最后，罪犯拉断细线，便造成了密室。

662.从男童身上的鲜血可以看出，罗林说的话更正确。

663.罪犯就是那个鼻梁上有痕迹的人，他在盗窃的时候，不小心将鼻梁上的眼镜弄掉摔碎了。为了掩饰眼镜片碎玻璃的痕迹，他就将屋子里所有的玻璃器皿都摔碎了。

664.彼得在进屋前发现德克家的烟囱上仍然覆盖着厚厚的积雪，所以判断德克在说谎。

665.在死者的尸体被发现时，遗书放在桌子上而没有被吹走，这表明遗书是在死者死后才被放在桌子上的。

666.凶手在楼顶用一根绳子将一头固定在楼顶，另一头拴在自己身上，然后再顺着绳子从楼顶下到15楼的窗口，用枪将被害人射死。再将凶器扔到死者身边，之后逃离现场。

667.艾特太太是一个盲人，她在临死前，用毛衣织针在白纸上刺上了盲文，用盲文告诉了他人到底是谁谋害了她。

668.女星助手的头发是昨天中午刚理的，发梢被剪得很齐。而根据死亡时间来推断，死者手里的头发则是理发之前掉落的。拿放大镜检查，若发梢是圆的，便可知女星助手并非凶手。

669.比亚迪可是凶手，因为他读书的次序是错误的。

670.破绽就在指纹上。

671.哈维既然说自己不知道曼妮的住处，而他也是第一次来曼妮的小楼，那么他是不会知道曼妮家后门的位置的。

672.案发当天晚上是阴天，月光早已被乌云遮盖得连一点儿影子都露不出来，可死者的妻子居然还能看见凶手戴着墨镜，这是可笑万分的。

673.彼得说自己看着海鸟在棕树上筑巢，显然是撒谎的。

674.盗贼的雨衣是干的，基本可以断定他一定是在昨天进馆的，昨天法老面具正好被盗，他具备充足的作案时间。

675.凶手其实是先把男人打晕，然后把女人的头和嘴巴绑住，所以有淤痕。而凶手把女人用绳子绕在身后绑在椅子上，然后放置了一个定时炸弹（时钟的作用是定时），并用锁锁住，需要钥匙才可以解开，但是钥匙又被凶手让男的吞下。于是女人只能把他肚肠里面的钥匙从肚子里面取出来，所以女的就拿刀子扎烂了男的肚子，因此她的手上有血，当然也从他肚子里找到了钥匙。

676.死者房间的门扉是木制的，但是门闩却是一个长约10多公分的铁制门闩，凶手就是利用了磁铁来吸引门闩的，凶手在杀死男子后，出门将门关好便用磁铁在门外吸引了门闩，然后制造了密室杀人案。

677.死者全身都是伤痕，但所戴的太阳镜却完好无损，这就不得不让人怀疑了。

678.因为当时电视机只有声音而没有画面，女管家的偷窃行为，全在电视机的屏幕上反映出来了，所以富翁可以看得一清二楚。

679.如果死者从台阶上滚下来，那么匕首就应该在死者滚动的过程中全部插进死者背部，而现场尸体背部的匕首却只插入一半，就说明匕首是在死者滚落到下面之后才插上去的。

680.凶手先将死者在房内杀害，然后把她放在椅子上，之后在门外让自己训练已久的猩猩把门从里面锁上，之后才离开现场。

681.一壶水从晚上烧到第二天中午，整整烧了十几个钟头，水壶肯定会被烧穿的，因此波克朗的情人在说谎。

682.房内的旧挂钟要经常上发条，而报案者说出差了1个月。如果是真的，挂钟早该停了，所以他在撒谎。

683.柯道尔认为艾伦并没有吃放了药的蓝莓饼。

684.地板和地毯上应该会有落下的花瓣，不可能"只有一点儿灰尘"而没有别的东西。海尔丁认为那些凋落的花瓣是凶手清理血迹时一同弄掉了。

685.主人不在，屋里没人而烟囱竟然冒烟，一定会引起巡逻警察的注意。

686.吸烟的人通常会把烟灰弹在烟灰缸里，但是现在烟灰缸里只有烟蒂，没有烟灰。高探长据此判断出是翁小姐事前准备好烟蒂，企图杀人嫁祸。

687.舞厅里温度很高，空气中充满了人和食物所散发出来的水蒸气。圣彼得堡地处寒带，室外十分寒冷，打开窗户后室内空气突然遇冷，水蒸气就凝结成雪花，而蜡烛燃烧后形成的灰尘正好就是水蒸气凝结时所需要的凝结核。

688.吉川侦探看到梅姑杯子里只有两块冰块浮在水面上，另外两块则沉到了杯底，推测里面一定藏有钻石。

689. 在案发后1小时，不可能会收到信件。这个时候，唯有真正的凶手才知道王小姐是被刺杀的。李先生过早地亮出这封信，恰好透露出自己是真凶的信息。

690.因为打字机上未留下任何指纹。如果打字机上的字是富翁所打，上面一定会留下他的指纹的。

691.那个装有水的保温瓶里装的其实不是水，而是一种能将黄金熔掉的溶液，在经过重新加入另一种药水，就可以将熔在其中的黄金提炼出来。

692.案发前的那个坐在窗户下面沙发上的人，因为身材矮，所以窗外看不到他的人影。如果是高个子，他就是坐在沙发上，从户外也能看到他的背影。因此，凶手是矮胖男人。

693.其实死去的是两只鱼，它们装在一个有水的玻璃杯里，但是黄猫想吃它们，于是把玻璃杯弄到地上了，玻璃杯碎了，两只鱼便窒息而死。

694.卡车其实是运送轿车的运输车辆，所以整个事故中虽然有9辆车，但仅有一个卡车司机。在这里，轿车全被摔烂，卡车司机死亡。

695.因为血中含有铁，当刀子受热时，沾在刀子上的血中含有的铁就会被分解出来，使刀子上出现青色斑点。

696.威尔斯把氯化钾涂在灯的外面。当室内的温度高到一定程度时，锅里蒸发的热气凝结在灯的表面后变成小水珠，含有毒素的水珠掉在戴尔斯的碗中，将其毒死。

697.因为小木船是向后划的。那名男子背向桥全速划船，当然不可能看到桥上发生的事情。

698.背后的人的影子是不可能照在水面上的，从这一不真实的细节，警长就断定这个人是在胡说八道。

699.一般人穿衣服都是先穿左胳膊的，所以当时肖恩不是在穿而是在脱衣，这说明他刚刚出去过。

700.枪里面装的是火药，如果是开枪自杀，死者手上、衣袖上会粘上火药微粒。石蜡可以检验出是否有火药的残留物。

701.因为8点20分时，分针正好遮住了上发条的眼儿，因此不可能给挂钟上发条。

702. 通常骑车人的重量在后轮上，平路或下坡时，前轮印浅而后轮印深。上坡时骑车人用力弯腰，重心前倾，前后轮印大致相同。据此就可以判断出凶手是从右边路逃跑的。

703.伯瑞警探根据两个条件判断出了威廉先生不是自杀的。一是窗户的布料很厚，影子映不出来；再者威廉上吊的地方在远离窗户的灯的另一边或是在灯下，这样影子就不可能投到窗帘上。这就证明威廉的司机和秘书在说谎。

704.报案人就是罪犯。因为，手电射进门缝时，报案人如果往外看，是根本什么都看不见的。报案人说看到抢劫者脸上的伤疤是不可能的。

705.送货员说他最后一次到老人的小屋里来是6天前，如果真是那样，他脚印的气味早已荡然无存了，狗也就不会嗅着脚印而来。因此，送货员就是凶手。

706.真正的小偷是和车主一起将车子停放在收费停车场的人。他将自己的车胎调换以后，就开到作案现场，之后又换了回来。

707.那女人其实是在打电话，她说"请稍等一下"，是对对方说的，她请打电话的人稍等一下，所以电话未挂。那个女人就是报案人。

708.水龙头一开，热气立刻让镜子变得模糊一片。一片模糊的镜子，又怎么能看的到客厅里的情形呢？所以，事实证明了，这位电影明星在说谎。

709.查理忘记了，他把假胡子摘掉后，下巴露出的皮肤是白色的，所以罗林才会看出查理就是那个杀手。

710.杀人凶手正是那个打电话的人。他并没有将毒药放到酒杯或者是酒瓶里，而是涂在了酒杯口上，死者嘴唇和酒杯接触后就会中毒，且酒杯上也不再留下痕迹。

711.小偷在车上贴了张纸条，上面写着："违章停车。"这样就可以用拖车将车子拖走了。

712.这是因为田中在追赶盗贼的过程中已经放了一枪，而这枪只是为了吓唬盗贼们，并不是真正的射击，那么他的枪里就剩下了5颗子弹，也只能打中5个盗贼。

713.因为如果是交通事故的话，骑摩托车的男子在撞上大树的时候由于惯性应该身体往前面落去，死者的尸体应该在摩托车的前方，而现在死者的尸体却在摩托车的后方，显然不符合常理。

714.女子在6小时前自杀，尸体也会慢慢地变僵硬，不过女子的手一直握着手枪，当女子的身体变僵硬的时候，她的手指收缩，于是一直拿着枪的手指便二次扣动扳机开了第二枪。

715.汤姆在医院接受检查时，忘记将照相机从口袋里拿出来，因此胶片受X光照射被全部曝光了。

716.杰克的雇主用的方法很简单，就是在道路上立了一块大大的镜子。当杰克的车子转弯驶来的时候，车灯顿时照在了镜子上，然后镜子反光，让杰克形成了一种错觉，以为是有车子朝着自己驶来，于是便导致了上面的情况发生。

717.凶手先把死者约到家里，然后再将其溺死在家里的一口水缸里。缸里早已装满了事先从池塘运来的水，这样只需10分钟便可搞定。

718.那位工人每天就是走私同一型号的自行车。

719.警察忽略了嫌疑人身上携带的几封信上的邮票，因为从英国邮来的信封上的邮票是一种稀有邮票，每枚价值近万美元。

720.凶手先把钓鱼线穿过插销槽，然后把一头系在插销上，把钓鱼线的另一头接在电扇上，接着凶手把电扇打开，然后赶紧离开房间，把门关上。这时电扇通过不断的转动把钓鱼线卷进了电扇转轴里，通过钓鱼线不断地收紧，将插销准确地拉进了插销槽中，最后随着电扇越卷越紧，钓鱼线从插销上脱掉，直接卷入电扇的扇轴里不见了。

721.罗林警探的方便袋里面放的是马

粪。马的粪便和牛的粪便人们一看便知，盗马贼虽然能让马留下牛的足迹，但却不能让马也拉牛粪。

722.如果主人与盗贼进行了搏斗，屋内就会混乱不堪，但事实上屋内却很整齐。而主人被绑着，报警的人是谁呢？可见，这家主人是伪装被盗，目的便是为了获取保险赔偿金。

723.是第二个。因为彩虹的位置总是和太阳相反的，看彩虹的时候，是不可能看到太阳的。

724.鲍比是H公司的间谍，他把玻璃酒杯放在桌子上，酒杯好像放大镜，把很小的文字放大了，鲍比即使离得很远，也能看清楚。

725.证据就是那只冰凉的灯泡。因为仆人说从锁孔中窥看时电灯突然关闭，而她们两人破门而入不超过两分钟，加上夏季气温较高，灯泡应该还是热的才对。

726.闹钟一般都是在指针上涂有荧光粉，方便晚上醒来的时候察看时间。如果长期不用的话，荧光会非常暗淡，甚至看不到，而刚刚被台灯光线照射过的荧光则非常明亮，所以凯乐一进门，看到荧光很明亮，就知道有人来过。

727.广播了几个小时，对方还是没有听见，因此警官猜测对方可能是聋子。于是根据这个线索，警方很快就找到了那位女顾客。

728.凶手是喝了白水的刘易斯，他喝的水是常温的，对玻璃杯没有丝毫影响，所以杯子上才留下了清晰的指纹。而在炎热的天气里，冰镇饮料会让杯子迅速结出一层水露，这样留下的指纹就应该是模糊的。

729.在苹果表皮的细胞里含有一种氧化醇素。平时，它被细胞膜严密地包裹着，不与空气接触，一旦细胞膜破了，氧化醇素就与空气中的氧气发生氧化作用，导致苹果变色。而案件中咬过的苹果还没有变色。如果真像所长所说的是30分钟前被人麻醉昏倒的话，那么苹果的颜色应该会发生变化。

730.放火的是画家。他把猫关在密闭的房子里，只给了猫很少的食物。饿得没办法的猫就去抓书架上的金鱼缸，鱼缸倾斜落了下来，洒出来的水正好浇在生石灰上，生石灰遇水发生化学反应，产生强热变成熟石灰。而熟石灰的热能燃着了书架上的书籍和席子，从而引发火灾。

731.出租车司机看到的车牌完全没错，可是由于是从后视镜中往后看的，所以看到的景象是相反的。所以，正确的车牌号应该是10AU81。

732.照片上的影子在西，也就是照片的上方，那么，太阳就在东，也就是在照片的下方，就是说这张照片是上午拍的。

733.当警方检查那位董事长的右手时，发现他的右手既没有火药味，也没有火药的颗粒。因此，确定这起案件为他杀案件。

734.因为那位警官所持的是旋转式手枪。虽然里面可以装6发子弹，但一般为了预防突发事件发生，第一枪都是空仓弹。所以，不管林成警官是多么厉害的射击高手，他也只能发射5发子弹。而两个没被击中的小偷就趁机开车逃走了。所以，至少有两个人能逃走。

735.那些女模特头上戴的是由黄金丝编成的假发。

736.博士怀疑校车上可能有恐怖分子，因为在经过铁路道口时规定校车必须停车，而且规定司机不得在穿越铁轨时换挡。

737.自称律师的年轻人是杀害美女的凶手。半夜，赤井看到杀人现场，他把赤井打昏，拿走相机，在中途停站时扶赤井下车。一个半小时后，搭上另一列同方向快车，并把他安顿在同车厢同号码的卧铺，目的是要使赤井产生错觉。

738.汽车高速跑了很长时间，不但发动机比较热，甚至发动机上面的车头盖都是热的，这是可以检验出来的。所以，警长用手一摸发动机车头盖，就知道肇事者说一天没出去是撒谎的。

739.警察是根据车顶上的积雪推断的。因为如果被害者用排气管排放的废气自杀的话，引擎的热气必定会使车子变热，那么车盖上的积雪就应该被融化。

740.D把车子停下来时还没有下雨，雨是在停车之后才下的，所以车底下的地面是干的。如果真的10点45分才来，车底下的地面应该是湿的。

741.警官在检查衣柜时，发现里面有一些颗樟脑丸。如果他们已经两年没有回来住过，那么放在衣柜内的樟脑丸早应该挥发干净了，显然别墅主人在撒谎。

742.凶手在胶囊里装入毒药，谎称是安眠药，给死者服下。在胶囊尚未消化时，凶手就先行离去，所以造成不在场的证据。

743.凶手在公用电话键盘"1"的按键处下了毒，爱丽斯在拨打110报警时中了毒。为了让爱丽斯到外边用公用电话报警，凶手故意恐吓她，说在她家安装了窃听器。

744.罪犯就是鲁克伯的侄子。表从高处掉下来，不是停，就是变慢，不可能变快。这是他侄子故意拨快的。他又有意朝天空放枪并大声诅咒，知道伯父只要被吵醒必定要下楼来对表，就事先在地毯上弄了皱褶，让他绊倒，从楼梯上滚下来摔死。

745.百货公司的女职员就是另一犯罪集团的接头人。

746.这两个间谍利用了浴室里的镜子。淋浴的时候，镜子上笼罩了一层雾气，可以写字，等雾气散去时，字迹就不见了，从而可以掩盖一切证据。

747."假装往邮筒中投信"，说明邮筒就在附近。窃贼事先准备好若干个信封，上面写好自己的地址，然后贴好邮票，从精品屋里出来后，就直接将这些纸币分装在信封里，寄给自己。

748.事后张某才知道，由于晚间看不清楚，加上他性子急又慌忙，把那封信投到举报箱里去了。

749.史密夫先将冰箱移到窗户前，再将冰箱门开开关关，利用冰箱内闪烁的灯光来发出求救信号。

750.4句隐语的意思如下：昼指日，夜指月，昼夜不分开，即"明"字；"二人"一齐来是"天"字；往街各一半，"往"字的左半部分和"街"字的最右边，合成"行"字；"一直去"是"云"字，而"力在"即将云和力合成"动"字。这4句话是"明日行动"的意思。

751.其实那个邮差是个种族主义狂热分子，在得知市长的有关种族主义的提案后，在进入办公室后就是用那本《为自由而战》中的一页纸将市长杀害了。

752.越狱犯在树林里脱下了鞋子，并往鞋里撒尿，再继续往前跑。如此一来，足迹的味道改变了，警犬再厉害也会被弄糊涂的。

753.那些空胶桶就是偷运出去的橡胶。工人先将橡胶提炼制作成桶形，待运出厂后，再将它溶化掉，转卖给他人。

754."子"是子时，就是深夜12点。而当时正是腊月，"腊"字的一半是"昔"，按离合法来解谜，可以得到：腊月二十一日深夜12点，在解放桥。

755."朝"字拆开为"十月十日"。"朝"本身含有早晨之意，所以老王判断，接货时间应为十月十日早晨。

756.不错，凶器是玉米。玉米曾经长时间被放在冰箱中，变得又硬又实。打伤人之后，它被煮熟了，所以不容易察觉出来。

757.凶手是紫玲。案发时刘伟正在用扑克牌向紫玲表白：I love you Ring。所以可知当时站在他身后的人是紫玲。是她拔刀杀了他。

扑克暗号的解法时：

黑桃：A—A 2—B 3—C 4—D 5—E 6—F 7—G 8—H 9—I 10—J J—K Q—L K—M

红桃：A—N 2—O 3—P 4—Q 5—R 6—S 7—T 8—U 9—V 10—W J—X Q—Y K—Z。

758.凶手是主办者的儿子。在尸体上发现了一个只有主办者才有的徽章，并且上面没有指纹，这些是身为残疾人的主办者的儿子可以做到的。此外，杀人凶器是刀，可以藏在他的假肢里面。

759.E国间谍提前在深谷的出口处，预备了一艘快艇。

760.那个小锯条是由鸽子带给政治家的。

761.劫匪利用汽车起重机在途中改变了轿车行驶的方向——他们用起重机将汽车吊起来，放到由B地到A地的高速公路上。在这条公路上的汽车都是驶向A地的，由于A地警察局没有能预料到这一点，劫匪返回A地后就可以从其他道路安全逃跑。

762.山野当然不可能将汽车倒行4公里，但他利用汽车泵把汽车的后轮抬起（假设车子是由后轮驱动的），把车轮向反方向逆转，于是改变了里程表的读数。

763.凶手是风。正当死者享受日光浴时，海滩上突然刮起了一阵飓风，把太阳伞吹起，当风吹过后，那把太阳伞正好插入了死者的腹部。

764.清洁工人。他利用吸尘器吸出了钻石。

765.石碑上的字，是刘邦的军师张良用蜜糖写的。蚂蚁发现了蜜糖后，就从四处赶来，爬满了涂蜜糖的地方，这就组成了6个大字。

766.事实上，凶手与死者并无仇恨，只是想抢钱而已。凶手在开枪之前，这个爱财如命的守财奴一心想到的是他的保险箱，于是便一口吞下了手里的钥匙。凶手出于无奈，只好剖开他的胃，取出钥匙，然后打开保险箱，掠走了全部财产。

767.毒药是放在冷冻饼干后的那道海蛎里面。由于布里达连吃两份冷冻饼干，嘴里被冻得发麻，于是再吃下海蛎时，就不会察觉出毒药的苦味了。

768.凶手B用前端装有铅球的箭去射A的后脑。而这支箭，是由和A一起去散步的狗衔回家中的，事前B曾经对狗做过这种训练。

第八章　灵机一动

769.各自往后退一步。

770.把瓶塞压进酒瓶里。

771.不能再往上爬。

772.穿针。

773.为了看更多的书。

774.小美站在与倾斜方向相对的地方看塔。

775.这只鹦鹉是聋子。

776.不能，因为小鸡不会游泳。

777.这张床是一张水床，凶手用剪刀划破水床，把被害人淹死了。

778.加个洞。

779.可能，这4辆车都同时向右转。

780.昨天、今天、明天。

781.放在其中一个人的头顶上。

782.长寿。

783.这个人穿的是宇航服，当时他正在太空行走。

784.他朝与回家相反的方向走。

785.猴子可能生跳蚤，跳蚤却不可能生猴子。

786.放在右手肘关节上。

787.人。

788.山羊都有胡子。

789.有参考书。

790.一前一后。

791.可能，这两个朋友是夫妻。

792.再去买一台电脑。

793.编号不一样。

794.不是，热带雨林里没有猎豹。

795.逃兵。

796.不对，用嘴吃饭。

797.往上抛。

798.吃鸡肉来判断老嫩。

799.纸上写着"不要念出此文"。

800.坚持每天下一个蛋。

801.没人吃鱼。

802.先做一个拉灯的动作。

803.警察是小孩的妈妈。

804.因为不是同一天。

805.防弹衣。

806.犯罪的成功率。

807.这节是体育课。

808.摇晃自己的身体。

809.薇薇说："阿姨，我妈妈走丢了，快帮我把她找回来。"

810.黑夜，那是地球的影子。

811.不会摔死，会饿死。

812.每天一个冰激凌。

813.松花蛋。

814.其中一个人有两个舌头。

815.包着蛋黄和蛋清。

816.面包。

817.天上，"黄河之水天上来"。

818.窗外有足球赛时。

819.船长很气愤地说："让它补票。"

820.甜言蜜语。

821.天国。

822.互联网。

823.蚊子王国（咬人的都是雌蚊子）。

824.猫和狗。

825.先把救生圈扔下去。

826.唐僧说梦话念起了紧箍咒。

827.把水井当做单筒高倍望远镜。

828.因为当老师不用写作业。

829.发洪水的时候。

830.那是夹心饼干，从中间分开即可。

831.出生年份。

832.吃到肚子里。

833.仰泳。

834.光着脚在地上走。

835.围裙。

836.罚款。

837.烤鸭。

838.星星，因为都唱"天上的星星不说话"。

839.小李牙不好。

840.小白猫说："瞄。"

841.找个姓钱的结婚生孩子。

842.情人眼里，因为情人眼里出西施。

843.家长和孩子都多睡半小时。

844.当然是你自己的鼻子。

845.先洗手。

846.小美最不喜欢的那件，因为不常穿。

847.乘客。

848.小莲站在100米高的悬崖边往下扔砖头。

849.奇迹出现。

850.第一次感冒别治好，就不会有第二次感冒。

851.乐乐当时躺在地上。

852.来自于人，是人给表上了发条表才会走。

853.白色。因为只有在北极，才能往南一千米，往东一千米，往北一千米之后又回到起点，在北极的熊当然是北极熊啦。

854.两种，男厕所和女厕所。

855.总统还是总统。

856.别人的手指不疼。

857.不用按铃。

858."小心，门向外开。"

859.兵来将挡（不输才怪）。

860.先由一辆车拉着另一辆车前进，用完了油再换过来。

861.能，先把足球的气放掉。

862.当别人欠自己钱的时候。

863.把大硬币放在桌子的下面。

864.身高，经过一年的时间，少年犯极有可能已经长高很多。

865.指纹不同。

866.赶紧逃跑。

867.怕偷。

868.会变成红豆。

869.因为美美跑的是接力赛的第一棒。

870.不能说，因为说的人是小狗。

871.衣服湿了。

872.用手巾包住石头后再扔。

873.懒的那一只。

874.那人说："你不知道这里有渡船吗？"

875.相信，因为桌子根本不可能跳。

876.还有一只捂着胸口说："吓死我了！"

877.感冒。

878.阿呆泄露了公司的最高机密。

879.把它折成纸船。

880.等冬天湖水结冰。

881.子弹。

882.售票员说："下一站，滑铁卢。"

883.先捡文具盒，才好把其他东西装进去。

884.先打开冰箱门。

885.幻想小说。

886.从桥上走过去。

887.火星语。

888.不停地哭，直到泪水把自己淹没。

889.遇到的是鳄鱼。

890.梅（没）花。

891.收信的人会听到敲门声。

892.老师问："这道题你会不会做？"你说："不会做。"

893.差一点。

894.当然是公鸡叫太阳起床，因为太阳不会叫。

895.风流。

896.把"不"字去掉。

897.浑身都是酸的。

898.把"犬"上的点去掉。

899.他们通过手语交流。

900.害怕被做成果酱。

901.蜡烛只会越烧越短。

902.因为我们能看到月亮，却看不到美国。

903.打开包就可以拿到了。

904.因为他喝醉了。

905.因为油漆未干。

906.这里并不是小孩的家。

907.吃火锅的时候。

908.乌龟要求把终点定在河中央。

909.看果园的人不在的时候。

910.两张都捡。

911.蜈蚣一直坐在门口穿鞋。

912.再买一根。

913.肉跟你装熟。

914.一个内裤穿里面，一个穿外面。

915.要逃命。

916.有传染病的老鼠。

917.乐哭的。

918.是天方夜谭。

919.不可能完全重合，时针和秒针的长短不一样。

920.多"背"分就会多。

921.可以省双鞋。

922.袜口。

923.在"火"字上加一横变成"灭"字。

924.不可能，因为容器溶化就装不了胶。

925.把汽车放在火车上。

926.惨叫声。

927.自己走到另一边去即可。

928.拿着苹果照镜子。

929.出手不凡。

930.外语考试的时候。

931.因为有人开门。

932.动物。

933.一公一母。

934.不确定。螃蟹只会横行。

935.大人塞车。

936.孔子的"子"在左边，孟子的"子"在上边。

937.把冰字的两点去掉。

938.不会停，它会一直沉下去。

939.调时间时。

940.鸽子。

941.从纸上开始画的。

942.故意考零分。

943.帐篷丢了。

944.写了"红"字。

945.停电了。

946.门忘记锁了。

947.再睡一觉。

948.厨师培训班。

949.植物人。

950.王太太在吃甘蔗。

951.儿子回答道："蚂蚁什么也没有说。"

952.等小牛饿了，放它们去吃奶。

953.把自己吃掉。

954.他们都死了。

955.见过。因为盒子有里面和外面。

956.男生说："我在等我的秘书。"

957.凌乱的那个，因为头发整齐的理发师的头发是头发凌乱的理发师理的。

958.毛毛虫说："爸爸，我要买鞋。"

959.装模作样。

960.时间，因为日久见人心。

961.转过身来用后腿刨。

962.把教室里的灯打开。

963.江妈妈，因为姜还是老的辣。

964.钱包。

965.他拿的是别人的试卷。

966.因为他早被吓死了。

967.都是别人的生活。

968.晚上不要出门。

969.妈妈说它是兔崽子，而不是牛崽子。

970.没有结果。

971.铁公鸡。

972.因为他是男的。

973.把牌翻过来。

974.盗版书。

975.考试的时候。

976.因为枣和澡同音。

977.受伤的鲨鱼。

978.戴墨镜的孩子不是好孩子。

979.变成糖包。

980.饿死的，沙漠里没有鱼。

981.是一个鱼的雕塑。

982.有许多猫为这条鱼大打出手，小猫被误杀。

983.因为其他的猫都是母猫，它不好意思吃。

984.因为它是笨蛋。

985.拳头。

986.因为那是海（笑）啸。

987.他哥哥大白，真相大白。

988.小白兔生气都红了眼睛，小松鼠觉得它很凶。

989.变成了飞机（鸡）。

990.变成了秃驴。

991.半斤八两。

992.螃蟹是横着走路的。

993.青蛙怕打雷，用脚去捂耳朵了。

994.夹生饭。

995.因为他把一只手的手指放进了嘴里。

996.因为妻子资历深，她是老婆。

997.因为那个女人是他们的女儿。

998.妈妈问他花瓶是怎么打碎的。

999.他老婆。

1000.你今天会有一笔钱进账。